小学校英語への専門的アプローチ

ことばの世界を拓く

◎

綾部保志 編

春風社

小学校英語への専門的アプローチ
ことばの世界を拓く

目次

プロローグ　5

第Ⅰ部　教育理念、教育政策、教育目的

第1章　英語教育政策史から考える小学校英語
果てなき夢が行き着いた先
　　　　　　　　　　　［英語教育政策史・英語教育学］鳥飼玖美子　11

第2章　「なんで小学校英語やるの？」
基礎知識としての英語教育目的論
　　　　　　　　　　　［言語社会学・教育目的論］寺沢拓敬　31

第Ⅱ部　語彙、音声、文字、文法

第3章　語彙とコミュニケーションを≪つなぐ≫学習
類似性への気づき、つながりの創造としての語彙指導に向けて
　　　　　　　　　　　［記号論・言語学］綾部保志・小山亘　49

第4章　英語発音指導を考える
間違いやすいイントネーション
　　　　　　　　　　　［音声学・音韻論］川越いつえ　66

第5章　小学校からの系統立った文字指導
アルファベットの読み書きから絵本の一人読みまで
　　　　　　　　　　　［文字論・文字指導］畑江美佳　82

第6章　小学校における英文法教育について
知的な小学校英語授業を目指して
　　　　　　　　　　　［英文法・統語論］古田直肇　96

第Ⅲ部　語学、文学、絵本、演劇

第7章　学習意欲と知的好奇心を維持するための外国語学習論
観察の面白さと発見の喜びを自律的学習へとつなげる
　　　　　　　　　　　　　　　　　　　　［外国語学習論］安原章　　115

第8章　変わらない価値のあるもの "Get back to the basics yet again."
「英語を学ぶ者には必要不可欠なもの」再考
　　　　　　　　　　　　　　　　　　　　［英米文学・児童文学］菊池亮子　　128

第9章　小学校英語における絵本を再考する
絵本論の視点から
　　　　　　　　　　　　　　　　　　　　［絵本論・絵本指導］村松麻里　　140

第10章　英語教育における演劇
演劇の立場からの英語劇の再考
　　　　　　　　　　　　　　　　　　　　［英語劇・演劇指導］飛田勘文　　154

第Ⅳ部　個別指導、協働学習、内容統合学習、多モード的自己表現

第11章　ていねいに、分かりやすく教えるための視点
英語が苦手な生徒の立場に立って力を与える
　　　　　　　　　　　　　　　　　　　　［個別指導・エンパワーメント教育］小林隆史　　177

第12章　協働学習を取り入れた小学校英語の提案
英語嫌いを作らないために
　　　　　　　　　　　　　　　　　　　　［協働学習・学習ストラテジー］津田ひろみ　　190

第13章　CLILを取り入れた外国語教育
全ての児童にとって学びある英語教育の実現のために
　　　　　　　　　　　　　　　　　　　　［CLIL・児童英語教育］山野有紀　　206

第 14 章　アイデンティティ・テクスト
　　　　　「二言語での文章産出」から「多モード的表現」へ
　　　　　　　　　　　　　　　　［社会言語学・談話分析］本林響子　221

第Ⅴ部　使用言語、教室談話、社会文化コミュニケーション、越境コミュニケーション

第 15 章　教室内コミュニケーションにおける効果的な母語使用
　　　　　コードスイッチングの観点から
　　　　　　　　　　　　　　　　［バイリンガリズム・言語習得］森(三品)聡美　239

第 16 章　コミュニケーションについてのコミュニケーションに目を向ける
　　　　　「見方・考え方」そして「感じ方」に気づく一視点
　　　　　　　　　　　　　　　　［教室談話分析］榎本剛士　253

第 17 章　〈社会文化〉と〈コミュニケーション〉の接点
　　　　　規範意識と行動様式から言語使用を考える学習
　　　　　　　　　　　　　　　　［社会文化コミュニケーション論］綾部保志　266

第 18 章　コミュニケーション力を育てる英語教育
　　　　　クリティカルな視点から
　　　　　　　　　　　　　　　　［応用言語学・言語教育学］久保田竜子　283

エピローグ　299
索引　303
執筆者紹介　306

プロローグ

　小学校英語の実践について考えるとき、例えば、以下のような一歩踏み込んだ問い対しては、どのように答えればよいでしょうか。実際にカリキュラムや授業計画を考えたり、教材選びをしたりするときに、こうした多くの疑問が生じるはずです。

　「通じる英語を目指すには、どのような発音指導を心がけるべきか？」
　「単語の量ではなく質を重視した指導は、どのようにすればよいか？」
　「文字指導の時、ローマ字の訓令式とヘボン式をどう扱えばいいか？」
　「絵本を使うためには、どのような種類の本を選んで使えばよいか？」
　「国語、社会、理科などの教科とつなげるには、どうすればよいか？」
　「協働学習とアクティブ・ラーニングって、一体何がどう違うのか？」
　「教室で日本語を使うとき、どのような点を意識しておけばよいか？」
　「そもそも、なぜ小学校で英語を扱わなければならなくなったのか？」

　本書は、そのタイトル『小学校英語への専門的アプローチ——ことばの世界を拓く』にあるように、上記のような問いや疑問、さらに言えば、不安に応えるために、英語教育に関連する分野の**専門的な知見**を分かりやすく示すことにあります。

　読者の中には、小学校英語は簡単な内容しか触れないから専門性など必要ない、短期の研修を受ければ誰にでも教えられる、指導書通りに教えればよい、英語に堪能な地域人材や派遣のネイティブ・スピーカーにお任せすれば大丈夫、と考える人もいるかもしれません。

　しかし、英語の授業を実際に受ける子どもの視点に立ってみると、小学校で受けた授業の印象や体験がその後の学習を大きく左右するかもしれません。中学への橋渡しをするためにも、小学校段階では児童の興味や関心を育てるような指導の充実が求められます。

小学生たちの学習意欲を喚起したり、知的好奇心を刺激したりする魅力的な授業を展開するためには、中高で一般的に教えられているような従来のものとは異なるアプローチが必要かもしれません。そのときに求められるのが英語教育に関する専門性なのです。

　私は職業柄、小学校教員や教材開発者など、さまざまな人たちから相談を受けることがありますが、そのたびに小学校英語を中高の単なる「先取り」にするのではなく、小学校には小学校にしかできない独自のユニークな実践を生み出すべきと答えます。

　その理由は、小学校英語は歴史が浅いため、中高のように産業化・慣習化していないからです。また、小学校は学級担任制なので、教科横断的な授業が組みやすい、授業時間が弾力的に運用できる、子どもたちとの距離が近い、などの特長があるからです。

　歴史的にみても、教科の枠を超えて創意工夫を生かした特色ある教育を行う「総合的な学習の時間」の中で始まったことから、小学校英語には、より広い視点から英語を捉えようとする萌芽――異文化理解、多文化共生、国際理解など――が見られます。

　こうした小学校の特長や強みを十分に活かしつつ、魅力的で独創的な教育実践を行うためには、新しい発想や柔軟なアイディアを生み出すための土台が必要です。それこそが、本書が扱う英語教育に関わる幅広い**隣接科学の視点**です。

　短期の研修で得られるノウハウや、ハウツー本に書いてある指導テクニックは、すぐに教室で使えるものがほとんどですが、その背後にどのような思想や理論があるのかに触れられることが少ないため、脆弱で場当たり的なものになってしまうかもしれません。

　書店に行けば英会話や検定試験の本が溢れていますし、オンライン上でも英語学習の情報に簡単にアクセスできる時代ですが、英語教育の研究分野にはさまざまなジャンルがあることが、一般にはまだあまり認知されていないようです。

　新しい試みをするときに遭遇する疑問を解消し、実践をより豊かで確かなも

のとするために、各々の分野で活躍する18人もの執筆者が集い、それぞれの領域から小学校英語について踏み込んで論及している点が類書には見られない本書の特色です。

本書の構成は次の通りです。第1部（1・2章）では教育の根幹に関わる大きなテーマである教育政策や教育目標に切り込み、第2部（3〜6章）で音声や文字や文法など言語構造に関する指導を取り上げ、第3部（7〜10章）で語学や文学や演劇など言語の機能を扱い、第4部（11〜14章）で学習者や学習形態など教室での人や学びを焦点化し、第5部（15〜18章）で教室空間や外部世界を捉えます。

章をまたいで関連すると思われる用語や概念については、本文中に参照表現（第○章○節を参照）を挿入しました。こちらは各章の執筆者によるものではなく、全体のバランスを見ながら編者によって書き加えたものであることを注記しておきます。

読者の皆さんは、それぞれの興味に応じて好きな章から読み進めて頂いて構いません。最終的に全てを読み終えたとき、それまでとは異なり、小学校英語が進むべき新しい道が拓けてくるはずです。各章末には**推薦図書**も挙げていますので今後の参考としてください。

本書は小学校教員を主な読者と想定していますが、他にも、中高大の教員、民間の教育関係者、教員を志す若者、保護者、および一般読者などにとっても多くの発見があると思います。本書が、日本の小学校英語教育の発展の一助となることを願っています。

綾部保志

# 第Ⅰ部

教育理念、教育政策、教育目的

第1章 英語教育政策史から考える小学校英語

―― 果てなき夢が行き着いた先

鳥飼玖美子

1. なぜ「教育政策」を振り返るのか

　本章では、小学校における英語教育を歴史的な流れに置き、日本人の英語に対する心情や日本政府の思惑が結実している**英語教育政策**に照らして論じたいと思います。それは問題の本質を明らかにする上で避けては通れないと考えるからです。

　世の中の出来事は往々にして、その時点における状況をもとに判断されます。しかし、どのような事柄であっても、その出来事を取り巻く状況コンテクストという横軸とそこに至る歴史的コンテクストという縦軸を捨象してしまうと、十分な理解には到達しえません（コンテクストについては第3章2節も参照）。特に教育においては歴史を忘れがちですが、教育のあり方を議論する際に、自分たちが立っている地点を見極めるために歴史を振り返ることは不可欠です。それがないから、これまでの英語教育の議論が不毛であったと言えます。

　日本では、例えば太平洋戦争（第二次世界大戦）を一つの分岐点として、それ以前とそれ以降を比較して語ることはありますが、諸外国に比べると忘却が極めて早いといえます。英語が好例です。戦時中、英語が「**敵性語**」とされていたことは、1945年8月15日の敗戦を境に見事に忘れ去られ、9月には『日米会話手帳』が刊行され空前のベストセラーになっています。廃墟と食糧難の中、日本人は「敵性語」であったはずの英語学習に邁進し始めたのです。

　ところが、これは不思議な現象ではないことが英語教育政策を振り返ると分かります。政府は、英語を「敵性語」と位置づけ国民の敵愾心を煽りましたが、政策として英語教育を禁止したわけではなかったのです。太平洋戦争中も末期近くまで、英語教員養成や英語教科書の検定が実施され、女学校は別として男子を対象とする中等教育では英語が教えられていたのです。現在より時間数も

多く、高度な内容の英語教科書が使われていました。このダブル・スタンダード政策の背景には、政府が戦後の世界を見越し英語の必要性を認識していたことがありそうです（鳥飼，2007，2018b）。日本における英語学習は、少なくとも政策においては、戦争による断絶の時期は短く、連綿と続いていたからこそ、敗戦後も国民は直ちに英語学習に取り組むことができたのでしょう。

「同時通訳の神様」と呼ばれた國弘正雄氏は、中学生だった戦時中の神戸で捕虜収容所へ出かけて行き、習いたての英語で話しかけて通じた喜びを回顧し、「ミスター同時通訳」として知られた村松増美氏は、敗戦直後の中学校で英語教師が占領軍の米兵と英語で対決した姿が英語学習への動機付けになったと語りました（鳥飼，2007）。

歴史を振り返ることの重要性は、小学校英語教育において、とりわけ明白です。なぜなら、小学校での英語教育も明治時代から国策の推移に伴い翻弄され、試行錯誤されており、小学生に英語を教えることの是非も議論されているのです（伊村，2003；江利川，2018；鳥飼，2018b）。

明治維新以降の日本の150年は、近代化を計画的に行った社会の歴史と言えます。「欧米への「キャッチアップ」をこれほど明確な国家目標として自らに課した社会は他にない。その過程で、教育が重要な役割を果たした」（苅谷，2014, p.331）ことは、小学校における英語教育の変遷に顕著です。幕末の不平等条約を撤廃させるための外交政策の一環であった「鹿鳴館」に象徴される**欧化主義**政策時代には、小学校教育に英語に関する規定が追加され「英語の初歩を加ふるときは読方、会話、習字、作文等を授くべし」（1884（明治17）年，文部省達第14号）とされています。当時の新聞記事には「全国小学校に英語科を新設」という見出しの後に、小学校教員が英語専門家ではない問題が指摘されており（伊村，2003；江利川，2018）、現在の日本のことかと驚くほどです。

ところが、不平等条約改正交渉が頓挫し、欧化主義政策が終焉した1887（明治20）年には、一転して**国粋主義**の時代に入り、小学校での英語教育廃止論が相次ぐようになります。

それでも、1890（明治23）年に第二次「小学校令」が公布されると、外国語科を加設する条件を厳格化した上で、次のような教授方針を定めています。

> 読方、訳解、習字、書取、会話、文法、及び作文を授け、外国語を
> 以って簡易なる会話及び通信等をなすことを得せしむべし
> 　外国語を授くるには常に発音及び文法に注意し、正しき
> 国語を用ひて訳解せしめんことを要す

1894（明治27）年に、日本が第一次条約改正に成功し、日清戦争（1894-1895）に勝利すると、商工業が盛んになり、「商業の国際共通語」である英語を高等小学校でも教えるべきだとの声が高まりました。1900（明治33）年の第三次「小学校令」では「外国語」が「英語」になり、「発音」から始める音声重視の導入と「常に実用を主」とする英語教育に変化します（江利川、2018）。

このように振り返ってみると、現代の日本における小学校の英語教育導入は何も新しいことではなく、明治時代にすでに実施されていたことが分かります。もっとも、小学生から発音など実用を中心に国際共通語としての英語教育を行ったのに、その後の日本人が英語を流暢に使ったという話は聞きません。

明治20年代前半には大半の高等小学校で英語が課されていたようですが、1884（明治17）年、東京府尋常中学校外国語科主任であった岡倉由三郎は『教育持論』に連載した「外國語教授新論」の中で、小学校から英語を学ばせるのは、「日本語の習得すら不十分な小学生に外国語を教えるのは弊害が少なくない」「外国語教授に十分な支出ができないので、不適当な教師しか雇えない」などを理由に、「害こそあれ、利はない」と主張しました（伊村、2003）。

21世紀の日本でなされているのと同じように明治時代の日本で、小学校英語教育の目的、学習方法、教員の資質や制度の問題などが議論されていたことは、歴史を振り返る必要性を如実に示しています（小学校英語の目的論については第2章を参照）。

ところで、大谷泰照（2007）は、日本では「英語一辺倒」と「英語拒否」が周期的に反復してきたと興味深い観察をしています。明治の初め1868年頃からの約20年間は「英語一辺倒の欧化主義」時代。1889（明治22）年に帝国憲法が制定され、翌年に教育勅語が公布された頃から国家主義的傾向が強くなり国語重視の教育政策が推進されます。大正デモクラシーの時代になるとハロルド・パーマー（Harold E. Palmer）をロンドン大学から招いて英語教育大改革を実施。ところが昭和に入ると一転して、再び国家主義的傾向が強まり、時代の空気は英語教育排斥に傾きます。やがて太平洋戦争に突入し敗戦。その直後の1945年からは空前の英語ブーム。しかし経済復興により自信を取り戻した日本は、"Japan as Number One"（Vogel, 1979）と自信満々の時代を迎え、1985年に英語の授業時間数は削減され、中学校では「週3時間」になります。平成に入りバブルが崩壊すると再び英語一辺倒時代。「英語第二公用語論」が登場し、「抜本的」と銘打った英語教育改革が次々と打ち出されます。

無論、この「英語一辺倒周期論」は大きな歴史の流れに英語を位置づけてい

るので、細部を仔細に調べれば、英語排斥の動きの中でも英語教育は実施されています。社会の動きや教育の実態は単純ではありません。しかし同時に、滔々と流れる歴史の中で、英語教育が翻弄されてきたこともまた、事実です。そこには、その時代に生きていた大衆が抗えない強い流れもあったでしょう。とはいえ、一般の国民は、外国語教育政策の流れに全く関与しなかったのでしょうか。

2. 政策を水面下で支える「英語を話せるようになりたい」願望

　「教育政策」の歴史的流れをたどると、「政策」というのは必ずしも上意下達だけとは限らない側面があることに気づきます。無論、政府が一旦決めた方針に国民が反対したり抵抗したりして覆すことは難しいのですが、英語教育政策を検討すると、政策の裏には一般市民の夢や願望が見え隠れしているのです。換言すれば、英語教育政策を分析してみることで、それを支え推進している「世論」が浮き彫りになるのです。

　最近の例を挙げてみます。2020年度から開始予定の**大学入学共通テスト**における**「英語民間試験の導入」**という政策は、2019年11月1日に「延期」が公表されましたが、もともと英語教員だけでなく教育学者やテスト理論専門家および高校現場での反対が強くありました。民間業者の試験は**学習指導要領**に依拠しておらず業者試験対策で高校英語教育が歪む、6実施団体による7種類（レベル別を入れれば23種類）の民間試験は、それぞれ目的・内容・難易度・試験方法・採点方法・試験時間・試験回数・検定料などが異なり公平公正な合否判定が不可能、保護者の経済状況により受験回数や受験対策に差が出る経済格差、都市圏以外は試験会場が近くにないなどの地域格差、運営方法や出題方針が不透明で、採点基準の妥当性、採点の信頼性への疑念等々、数十万人が受験する共通テストとしては不適切であることが度々指摘されていました。

　それでも、「ならば、やめよう」という世論が盛り上がるまでに至らなかったのは、人々の中に根強くある「英語を話せるようになりたい」願望が後押しをしているように思われます。英語は話せなければ意味がない、だから学校で話すことを教えるべき、その力を入学試験で測定するのは当然、という素朴な感情が、「これまでは読む聞くの2技能だった」けれど、これからは「話す書くを含めた**4技能**だ」という説明に納得してしまうのではないでしょうか。

　「読むこと書くことが土台となって話せるようになるので、むしろ大切なのは読む力」、あるいは「話すことが大切だとしても、それを入学選抜に使う理由はない。大学入学後に指導が可能」という主張を聞いても、「日本人は英語を読

めても話せない」という長年にわたって積み上げられた思い込みの壁は崩れません。「4技能」は新しい考えではなく、長きにわたり外国語教育の常識でしたが、**欧州評議会**（Council of Europe）は 2018 年、「伝統的な 4 技能はコミュニケーションの複雑な現実を捉えるのに不十分」だと宣言しました（CEFR Companion Volume）。代わりに「4つのコミュニケーション様式（mode）」における「7技能」を提示していますが、そのような専門的議論は、一般の人たちの「話せるようになりたい」願望に食い込めないでいます。

　これは、小学校における英語教育導入についても同じです。明治時代から小学生に英語を教えることの功罪が議論され、成果が上がらないことが指摘され、近年では教員養成などの条件整備が不十分であることが批判されていても、保護者はおおむね「我が子には英語で苦労させたくないから、小学校で教えてくれるなら有難い」という反応です。英語ができないとグローバル社会の落伍者になるという危惧と、自分がかなえられなかった英語を話す夢を我が子に託す思いが、小学校英語教育の現実から目をそむけさせているかのようです。

　考えてみれば、日本人は幕末のペリー来航でアメリカに圧倒されて以来、英語に取り憑かれたようになり、英語を話せるようになりたいという夢を追い続けてきた感があります。その夢は社会の底流で長く温められてきましたが、やがて水面上に顔を出すに至ったのが、1974～75 年の「**平泉・渡部英語教育論争**」です。

　次節からは、2011 年に**小学校で英語が必修化**されるに至った日本の英語教育政策の流れを、1970 年代から俯瞰してみます。外国語教育政策の道標ともいうべき欧州評議会による **CEFR（ヨーロッパ言語共通参照枠）**については、その後で説明します。

3. 平泉・渡部論争

　日本の英語教育史に残る「英語教育大論争」は、1974（昭和 49）年に平泉渉・参議院議員（当時）が自民党政務調査会に「外国語教育の現状と改革の方向──ひとつの試案」（略して「**平泉試案**」）を提出し、それに対して翌年、渡部昇一・上智大学教授（当時）が文藝春秋社のオピニオン誌『諸君！』に「亡国の『英語教育試案』」と題した論文を寄稿したことから始まります。この渡部論文に対し平泉議員が誌上で反論し、論争は半年間続きました。

　この論争は、いつの間にか「実用英語（の平泉）」対「教養英語（の渡部）」というくくりで拡散し再生産されていますが、「試案」を読み、平泉・渡部両氏

の誌上論争を熟読し、かつ両氏にインタビュー取材をしてみると、その二項対立は乱暴だと言わざるをえません。両者の英語学習についての主張に根本的な違いはなく、むしろ英語教育のあり方をめぐる政策論争であったことが分かります（鳥飼、2014）。

「平泉試案」の問題提起は、1）「高度の英語の学習が事実上全国民に対して義務的に課せられている」、2）「その成果は全くあがっていない」の2点です。その理由を分析した後に平泉議員が提案した「改革方向の試案」は、7項目からなります（以下、抜粋）。

1) …英語は「膨大な時間をかけて修得される暗記の記号体系であって、義務教育の対象とすることは本来むりである。
2) 義務教育である中学の課程においては、むしろ「世界の言語と文化」というごとき教科を設け、ひろくアジア、アフリカ、ヨーロッパ、アメリカの言語と文化についての基本的な「常識」を授ける。同時に、実用上の知識として、英語を現在の中学一年修了程度まで、外国語の一つの「常識」として教授する。
3) 高校においては、国民子弟のほぼ全員がそこに進学し、事実上義務教育化している現状にかんがみ、外国語を行う課程とそうでないものとを分離する。（高校単位でもよい。）
4) 中等教育における外国語教育の対象を主として英語とすることは妥当である。
5) 高校の外国語学習課程は厳格に志望者に対してのみ課するものとし、毎日少なくとも二時間以上の訓練と、毎年少なくとも一ヶ月にわたる完全集中訓練を行う。
6) 大学の入試には外国語を課さない。
7) 外国語能力に関する全国規模の能力検定試験制度を実施し、「技能士」の称号を授ける。

「平泉試案」の最後は、「外国語教育の目的」として次のまとめになっています。

> わが国の国際的地位、国情にかんがみ、わが国の約五％が、外国語、主として英語の実際的能力をもつことが望ましい。この目標が実現することは将来においてわが国が約六百万人の英語の実用能力者を保持することを意味する。その意義は、はかりしれない。

渡部昇一は、平泉試案で「成果は全くあがっていない」と総括されたことに強く反発した上で、1)において、英語が「暗記の記号体系」とされたことに対して反撃、2)の提案について、英語の授業内容と時間数を変えるというものであるのを、義務教育から英語を外すと解釈して反論、3)と5)に記載された「高校で外国語課程とそうでない課程に分離する」ことに反対、6)「大学の入試に英語を課さない」案を批判し、さらに「外国語教育の目的」としてまとめられた文章にも嚙み付きました。ここでは両者の議論の詳細は省きますが、現代にも通じる論点が多いので、『英語教育大論争』（平泉・渡部、1975）及び二人の語りと当時の識者による論評などを加えて分析した『英語教育論争から考える』（鳥飼、2014）を参照して下さい。

　渡部による「亡国の「英語教育試案」」を読むと、三点において大きな誤解をしていることが判明します。

　第一は、義務教育では英語が不要だと受け取ったこと。二つめは、「外国語課程」と「わが国の約五％」とあるのを混同し、「外国語課程」に入るのが高校生全体の五％と誤って解釈したこと。三点目は、平泉試案を「外国語会話能力養成」だとみなしたことです。その誤解に基づく批判に対して平泉は反論の冒頭で、試案は「外国語教育不要論ではない」、「外国語会話能力の養成だけを強調するものではない」と明言しています。さらに「「今の学校教育の英語では、よみ・書きは習うが、しゃべることは教えてくれない、これでは実用的でない」という人がある。私はそうは言っていない。私は、よみも、書きも、しゃべることも、何もできていないのが殆どではないかといっている」（平泉、1975）と注意しています。「外国語課程に入るのは志望者」であって、その結果として「本当に外国語ができる人がふえること、そしてもしそれが、将来、せめて国民の五％にも達することになれば、その意義は"はかりしれない"といっている」と説明しています。後年、筆者が平泉本人に確認した際にも、「せめて学習者の五％は外国語が役に立つようにして欲しい。歩留まり五％ということ。十％は到底難しいと思ったから」と語りました（鳥飼、2014）。

　もう一つの誤解が生まれたのは、「実際的能力」「実用能力」という言葉の意味の取り違えです。渡部は、この用語を「会話能力」と解釈しているのが論文で散見されます。ところが平泉の反論では、試案に言う外国語の「実用能力」とは、英語で言う working knowledge, つまり「よんで、書いて、はなして、きく、という、人間のコミュニケーションの手段としての言語の使い方を一応こなせるという能力である」（平泉、1975）と説明しています。何のことはない、平泉

は今でいう英語の「4技能」を指して「実用能力」と呼んでいたわけで、読み書きの重要性は随所で強調しています。

　この論争は決着がつかないまま平泉が打ち切りを申し出て終わりましたが、マスコミが取り上げ、シンポジウムが開かれるなど、社会的に大きな話題となりました。しかし、この英語教育論争の本質が十分に理解され後世に伝えられたかといえば、むしろ逆でした。中高英語教員は、従来の英語教育を擁護した渡部昇一を自分たちの守護神と考えたようですし、英会話重視派は平泉試案にある「実用能力」を利用したと考えられます。

　ELEC（英語教育協議会）は1974年に2回にわたり、平泉を迎えてパネル・ディスカッションを主催しましたが、2013年刊行の『英語教育協議会の歩み　日本の英語教育とELEC』では、次のように平泉試案を誤解して伝えています。下線を引いた箇所が誤っている部分です。

　　これは伝統的教授法から聞く話すを中心とする新教授法への分岐点を象徴する論争で、当時は一般の英語教員は英文和訳による頭の訓練の重要性を支持する人が多かったが、時がたつうちに選ばれた人材を人口の五％選び、徹底した集中訓練を施す方式を支持する平泉氏の主張する方向に変化していった。（小池・寺村，2013, p.14）

　平泉本人をパネリストとして2回も招いているELECが、このように肝心な論点を誤解しているわけで、「時がたつうちに」世間でも、このような誤解が定着していきました。1974年の『諸君！』での論争は、1975年に文藝春秋社により『英語教育大論争』としてまとめられ、1995年には文春文庫として刊行されましたが、この文庫本の帯には「大学入試に英語はいらない！？　読む英語か、話す英語か？」という二項対立の紹介文が踊っています。編集者も内容を誤解したか、読者をひきつけるためにあえて対立させたかでしょう。出版界では販売戦略としてありえることで、筆者自身も経験していますが、この文庫本の帯が「平泉試案」に対する誤解の流布と定着に寄与したことになりそうです。このような史実の伝承における歪みは、私たちが歴史から学ぼうとする際に注意を要する点です。

　さて、「平泉試案」の英語教育政策への影響はどうだったのでしょうか。

　自民党政務調査会では英語教育をテーマに公聴会が開かれ、当時の文部省では「試案」が出てまもなく「英語教育改善調査研究協力者会議」が初等中等局に設置されました。会議の報告書で提案された「教員研修の充実」により、「つ

くば研修（合宿制の教員再研修）」が発足しました。

　ただし「試案」の重要部分である、義務教育では「中学一年修了程度までの英語」と「世界の言語と文化」を学ぶという平泉案は実現しませんでした。話題にもならなかったと当時の文部省関係者は証言しています。受験勉強により英語学習への意欲がそがれることを理由に提案された「大学の入試には外国語を課さない」項目も、全く顧みられることがありませんでした。

　それでも、直接的な影響かどうかは不明ですが、平泉試案の中で実現しているものもあります。エリート養成だと批判された「外国語課程」について、現在では「外国語科」を設けている高校は珍しくありません。

　しかも、その後の英語教育の状況を見ると、「実用能力」とは「会話能力」との解釈が大きな流れとなり、改革への原動力となっています。渡部昇一がみじくも述べたように、「大抵の日本人は、『外人としゃべれたらどんなにかよいだろう』と思いながら育ってきた」（1995, p.33）からなのでしょう。

　英語教育改革の底流に、「会話能力」と誤解されたままの平泉試案の存在があった可能性は否定できませんが、英語教育改革実現への嚆矢となったのは、平泉試案から十年後の臨時教育審議会です。

4. 臨時教育審議会とその波及効果

　1984年に中曽根康弘首相が設置した**臨時教育審議会（臨教審）**は政治主導の教育改革であり、1987年8月の最終答申まで三年をかけて審議が行われました。

　英語教育の見直しを強く求めたのは、「**教育改革に関する第二次答申**」（1986）です。「現在の外国語教育、とくに英語の教育は、長期間の学習にも関わらず極めて非効率的であり、改善する余地がある」と断じている箇所に平泉試案の影響が感じられます。「答申」では、「各学校段階における英語教育の明確化」などの他に、現在につながる提案が何点か盛り込まれています。

　例えば、「大学入試において、英語の多様な学力がそれぞれに正当に評価されるよう検討するとともに、第三者機関で行われる検定試験などの結果の利用も考慮する」とあるのは、2020年からの大学入学共通テストにおける英語民間試験利用につながります。

　加えて、「中学校、高等学校等における英語教育が文法知識の修得と読解力の養成に重点が置かれて（ママ）過ぎていることや、大学においては実践的な能力を付与することに欠けていることを改善すべき」とあるのは、まさしく現在の英語教育政策そのものです。

さらに、「英語教育の開始時期についても検討を進める」（傍線原文ママ）という一文が唐突に付け加えられています。臨教審のヒヤリングを受けた一人である小池生夫（元・大学英語教育学会会長）は、自分の主張が取り上げられた結果であり、「後の展開に移るきっかけになった」と証言しています（鳥飼, 2014, p.99）。たった一人の意見で、小学校英語教育についての一文が入ったのかどうか確証はありませんが、経済界をはじめとする委員たちから支持されたのでしょう。小池が総括するように、この答申が現在までの「英語教育の基本方針のスタート」となります。

　答申から 3 年後の 1989 年に、中学・高校の学習指導要領が改訂となり、新たに「外国語で積極的にコミュニケーションを図ろうとする態度の育成」という目標が掲げられました。これは平泉試案から 15 年後のことです。平泉自身も「文庫版のためのあとがき」で、「中学校や高等学校の方針はやっとここまで変わってきた」と評価しています（1995, p.244）。

　「積極的にコミュニケーションを図ろうとする態度」という表現は、小池生夫によれば、高校英語学習指導要領策定の主査であった自身の提案だとの話でしたが、当時の文部省関係者は、「～とする態度」という表現について「教育学者の提言で全教科に横並びで入れた」と証言しています（鳥飼, 2014, p.104）。

　いずれにしても重要なのは、日本の英語教育史上初めて、英語教育の目標が「**コミュニケーション**」であると明記され、カタカナ英語が政府の公文書で使われたことです。さらに言えば、科目名も「リーディング」「ライティング」などカタカナになり、とりわけ選択科目の「**オーラル・コミュニケーション**」に注目が集まりました。結果として肝心の必修科目である「英語 I / II」の影が薄くなり、各高校でディベートやディスカッションを取り入れるようになったことで、「コミュニケーション」とは「聞くこと・話すこと」であり、つまり「会話」であるという根拠のない認識が広がりました。平泉試案の「実用能力」が「会話力」と誤解されたのと同じです。「コミュニケーション」が文化や状況などのコンテクストに根付く多層的な機能を有し、工学的な情報伝達モデルをはるかに超える社会的行為であることが理解されなかったのは、極めて不幸なことでした。

　この学習指導要領により、日本の学校英語教育は「コミュニケーションという名の会話」中心の英語教育に変容していきます。

　答申から 13 年後の 2002 年、文部省は「「**英語が使える日本人**」の育成のための**戦略構想**」を発表し概算要求で予算を獲得してから「「**英語が使える日本人**」**の育成のための行動計画**」を 2003 年から 07 年度までの 5 カ年にわたり実施しました。これは「コミュニケーションに使える英語」を目指した抜本的かつ包括

的な英語教育改革であり、現在に至る相次ぐ英語教育改革の第一弾であったといえます。センター入試にリスニング試験を導入、公立中高の全英語教員に対する悉皆研修、ALT増員等々に加えて、小学校での**外国語（英語）活動」必修化**がこの「行動計画」に盛り込まれました。2008年告示の小学校学習指導要領では、2011年度から「外国語活動」として週1回の英語が5・6年生に対して必修となるに至りました。

さらに、政府のグローバル人材育成推進会議による「**グローバル人材育成戦略**」が2011年に「中間まとめ」として公表され、それを受ける形で文部科学省は同年、「**国際共通語としての英語力向上のための五つの提言と具体的施策**」を発表しました。

2012年には「グローバル人材育成戦略」の「審議まとめ」が発表されました。これは省庁横断的に出された提案を集約したもので、現在の日本における教育、特に英語教育は、小学校から大学に至るまで、この「グローバル人材育成」政策に基づいています。

まず「グローバル人材」として、次の要素が挙げられています。

1) 語学力・コミュニケーション能力
2) 主体性・積極性、チャレンジ精神、
   協調性・柔軟性、責任感・使命感
3) 異文化に対する理解と日本人としてのアイデンティティー

第一に登場するのが「語学力・コミュニケーション能力」です。解説を読むと、これは英語でコミュニケーションができることを指しているのが明白です。第二番目には人格的要素が羅列されています。最後に「異文化理解」が登場しますが、「異文化理解」について特段の説明はなく、「日本人としてのアイデンティティー」と並列して扱われています。異文化を理解しつつも、日本人らしさを堅持することを求めているようです。

このような「グローバル人材」を育成する政策が誰のためかは、文書の中に示唆する文言があります。

> グローバル人材の育成・活用の必要性を最も痛切に感じているのも、経済社会が中長期的に活性化することで直接のメリットを享受するのも、人材を採用する企業等の側である。
>
> 　　　　　　　　　　　「グローバル人材育成戦略」（2012, p.20）

「グローバル人材」とは、日本企業が求めている人材であり、その内実は要するに「グローバルに戦う企業戦士」であろうことが読みとれます（第18章も参照）。

そのような人材を育成するために、政府は様々な施策を推進し、「**スーパーグローバル大学創生支援事業**」や「**スーパーグローバル・ハイスクール事業**」には巨額の予算が投じられています。

文科省も政府の方針に呼応して、「**グローバル化に対応した英語教育改革実施計画**」を2013年に公表し、これが2020年から順次施行される新学習指導要領に反映されています。小学校の英語教育では、5・6年生を対象に**教科としての「英語」**が始まり、従来の「**外国語（英語）活動**」は3・4年生におろされます。**高大接続**を目指す**大学入試改革**により「**センター入試**」が廃止され、新たな「**大学入学共通テスト**」に**英語民間試験**が使われるのも、大学教育において英語による講義を増やし、卒業時の英語力に数値目標を立てることなども、すべて「グローバル人材育成」政策の一環です。

次に、そのような「グローバル人材育成」政策を反映した小学校における英語教育を、2020年度から施行の新学習指導要領から見てみます。

5. 新学習指導要領における小学校の英語

「学習指導要領」とは、小学校、中学校、高等学校ごとに、それぞれの教科の目標や教育内容、年間の授業時間数などを定めているものです。具体的な教育課程（カリキュラム）の指針を書いた文部科学省の「大臣告示」であって法律ではありませんが、公立学校では学習指導要領に従って授業が行われ、教科書も学習指導要領に準拠したものが検定に合格するので、実質的な拘束力はあります。

2020年から順次施行される新たな学習指導要領では、2006年改正「**教育基本法**」の精神が生かされ、「**育成するべき資質と能力**」として以下の3点を挙げています。

(1)「何を知っているか、何ができるか」（個別の知識・技能）
(2)「知っていること・できることをどう使うか」（思考力・判断力・表現力等）
(3)「主体的に学習に取り組む態度も含めた学びに向かう力」

この中で小中高を通して繰り返し強調されているのが**思考力・判断力・表現力**であり、アクティブ・ラーニングを言い換えた「**主体的・対話的で深い学び**」

です（アクティブ・ラーニングについては第12章2節も参照）。

　新学習指導要領における外国語（英語）教育は、従来の基本方針を堅持し、「外国語で多様な人々とコミュニケーションを図ることができる基礎的な力を育成する」ことを目指しています（下線は筆者による）。

　現行学習指導要領との大きな違いは、小学校です。これまでは5・6年生を対象に「外国語（英語）活動」（以下、「英語活動」「活動」と略す）を行ってきましたが、それを3・4年生におろし35単位時間（週1コマ、45分）の英語活動を行います。5・6年生では「教科」としての英語を70単位時間（週2コマ）実施することになり、検定教科書を用い成績評価も出すことになります。**習得語彙数**は小学校4年間で600～700語です。（検定に合格した教科書では、各社とも700語前後になっています。）

　中学校では、これまで高校だけだった方針が適用され「英語の授業は基本的に英語で」行うことになります。習得語彙数は3年間で1600～1700語です。

　高等学校では、これまでと変わらず「英語の授業は基本的に英語で」行います。習得語彙数は、1800～2500語に増え、小中高合わせての総語彙数は4000～5000語で、従来の3000語から大幅な増加となります。

　学習指導要領は、小中高の各段階でほぼ同じような文章が並んでいるので違いが分かりにくいのですが、全体として「**異文化理解**」についての記述は不在と言ってよく、「外国語を使って何ができるようになるか」という点が強調されています。

　「文化」は外国語の背景に存在するので、外国語でコミュニケーションを図るために大切だという認識ですが、「文化」が何を指すのか、それがどのようにコミュニケーションに関わるのか、「文化」の何をどう理解するのかについての説明は、高校でも中学でもありません。以下に示す小学校における英語（3・4年生の「活動」および5・6年生の「教科」）においても同様です。

　　　　　小学校「外国語活動」
　　外国語を通して、言語やその背景にある文化に対する理解を深め、相手に配慮しながら、主体的に外国語を用いてコミュニケーションを図ろうとする態度を養う。

　　　　　小学校「英語」
　　外国語の背景にある文化に対する理解を深め、他者に配慮しながら、主体的に外国語を用いてコミュニケーションを図ろうとする態度を養う。

つまり、「文化」は「外国語の背景にある」ものなので、外国語を使ってコミュニケーションを図るために、「文化に対する理解」を深め、「文化の多様性を尊重」することが求められています。ただし、具体的な内容にまでは触れていません。英語を勉強するには英語圏の文化は知っておかねばならない、という程度のことで、小中高を通して英語教育の重点は後段の「外国語を用いてコミュニケーションを図ろうとする」にあると考えられます。

6. 欧州評議会による「外国語教育政策」——複言語主義から CEFR へ

ここで視点を海外へ移し、欧州評議会による外国語教育政策を取り上げます。
欧州評議会（Council of Europe）は、ヨーロッパの再建を目指し、EU より早く 1949 年に設立されました。ヨーロッパにおける人権・民主主義・法の遵守を担う独立した組織で、現在の加盟国は 47 カ国で EU 加盟の 28 カ国は全て入っています。日本は米国やカナダとともにオブザーバーとして参加しています。その欧州評議会が言語政策に取り組む理由は、欧州評議会の意思決定機関である閣僚委員会が 1982 年に採択した、現代言語に関する勧告の前文で説明されています。以下はその一部です。

> Considering that the rich heritage of diverse languages and cultures in Europe is a valuable common resource to be protected and developed, and that a major educational effort is needed to convert that diversity from a barrier to communication into a source of mutual enrichment and understanding;
>
> (Council of Europe, Committee of Ministers, Preamble to Recommendation R(82)18)
>
> ヨーロッパにおける多様な言語と文化の豊かな遺産は価値のある共通資源であり保護され発展させるべきものであることに鑑み、その多様性を、コミュニケーションの障壁から相互の豊穣と理解の源へ転換するには教育における多大な努力が必要だと考える。（日本語訳は筆者による）

ここで言及されている「教育における多大な努力」として欧州評議会が提唱したのが**複言語複文化主義**です。**多言語主義**（multilingualism）は多様な言語が共存している状態を意味します。EU では「多言語主義」を標榜し、多くの言語が共存することを可能にするために、すべての加盟国の公用語を EU の公用語として定め、通訳翻訳に多額の予算を割いています。欧州評議会の**複言語主義**

(plurilingualism）は、そのような多言語主義とは異なり、「母語以外に二つの言語を学ぶ」ことで、文化的なコンテクストの中で多様な言語体験が相互に関連してコミュニケーション能力を作ることを目指しています。EU 市民が他者の言語と文化を学ぶことで相互理解と平和につながることが究極の目標です。

その複言語主義を具現化するために策定されたのが、**Common European Framework of Reference for Languages「外国語の学習、教授、評価のためのヨーロッパ言語共通参照枠」**（CEFR）です。2001 年に公表されて以来、世界中に広まり、2018 年現在 40 言語を対象にしています。

日本でも英語教育に CEFR が取り入れられていますが、言語能力を多面的に評価するための**能力記述文**（Can Do descriptors）を、単に「到達目標」として中高現場で作成させたり、前述の**英語民間試験の対照表として「共通参照レベル」**（Common Reference Levels）のみを使用したりと、理念を無視した乱暴な CEFR 受容が横行しています。

CEFR は 40 年の年月をかけて策定されたもので、その目的と理念を簡単に説明することは難しいのですが、概要は以下の通りです。

・国際理解を深め、生涯学習を促進し、学校における言語教育の質を高めるために 1964 年から研究を開始。試作を経て 2001 年に完成
・「カリキュラム・指導・評価」の一貫性と透明性を追求するのが目的
・言語能力の複雑さを論じ、言語学習の目的と成果について考え伝えるためのメタ言語を提供する
・カリキュラム開発と教員研修に刺激を与える
・評価のための透明性と明確な参照点を提供する目的だけでなく、カリキュラム改革と教授法に資するために使う
・言語熟達度を微細に分類
・能力記述文（Can Do descriptors）は熟達度を評価、学習行程を明確にし、共有するために作成する。学習の進捗を測る上で、試験の点数だけに焦点を当てるより、はるかに微妙な違いを見ることができる
・各技能における部分的な能力を許容する
・自己評価も客観評価も可能
・個別言語にとらわれず全ての言語に応用可能

さらに、CEFR は常に試行錯誤を続け進化します。全世界で参照枠を使用した結果に基づき、2018 年には **CEFR Companion Volume（増補版）**を公表しました。

その主要な変更点は次の通りです。

- コミュニカティブ・アプローチから脱却
- 「伝統的な4技能はコミュニケーションの複雑な現実を捉えるには不十分」として「4様式（four modes of communication）」に変更
  これは次のように実質的には「7技能」
  ［受容 reception（聞くこと・読むこと）］［産出 production（話すこと・書くこと）］
  ［相互行為 interaction（話すことのやりとり・書くことのやりとり）］［仲介］
- 「仲介」（mediation）の内容を拡張
  言語、テクスト、概念、コミュニケーション、学びの全ては「仲介」
- 参照レベルを6段階から11段階へ
  pre-A1, above C2 を追加、A2, B1, B2 にそれぞれ「＋(plus)」を加えて細分化
- 理想的な母語話者を目指さないという意味で、能力記述文から「母語話者」（native speaker）という用語を削除

　欧州評議会では、言語政策の決定にも加盟国政府が関与しているので、EU市民が複数の言語を学習することを奨励する背景には、政治的・経済的な思惑もあるでしょうし、CEFRが移民の選別に使われかねないという危惧を抱く研究者がいることも事実です。それでも、平和構築には言語教育が欠かせないという強い思いが共有されていることは欧州評議会の数々の公式文書から読み取れます。そして、その言語政策の具体化に当たっては、政治家ではなく、言語教育専門家集団による言語学・社会言語学・語用論・第二言語習得理論・異文化コミュニケーション学等々の学問的考察が基盤となっていることは、CEFR2001年版、2018年の増補版で明らかです。

　日本の英語教育がCEFRから学ぶことがあるとすれば、このような言語教育政策のあり方を知り、CEFRの原理を知ることです。端的にまとめると、言語と文化とコミュニケーションの密接かつ複雑な関係性についての知見、対人コミュニケーションが、場、状況、参与者などのコンテクストに依存することの認識、外国語は生涯かけて学ぶものであり、そのためには学習者の自律性を涵養することが前提であるとの洞察、何よりも、「異質な言語を学ぶことは異質な世界を知り自分の世界を相対化すること」という理念を理解することでしょう。

7. 英語教育政策を作るのは誰か

　政策が生まれる背景や経緯に注意を払って見ると、政策立案者と一口に言っても政治家や官僚ばかりではないことが分かりますし、さまざまな歴史的・社会的要因が絡まっていることが浮かび上がります。言語教育政策も同様で、実施されるまでに多くの人間が関わることは当然ですが、大衆の**言語イデオロギー**が間接的に関与することも否めません。特に日本の英語教育の場合は、個人が抱く英語についての恨み、幻想や思い込み、希望や願望などが、一種の空気を醸し出し、これが「世論」なるものを形成して、政策立案者にそこはかとない影響を与えているようです。

　1970年代の平泉・渡部論争は、「実用派」対「教養派」の対決を超えて、効果が上がらなくても頭の体操で良しとするのか、膨大な時間をかけるのだから実効があってしかるべき、という言語イデオロギーの対立であると同時に、義務として万人に英語学習を強いるのか、希望者だけを特訓するのかという論争でもありました。明示的な結論は出なかったものの、その後の推移を見れば、「英語教育は全員を対象に行う」ことについて暗黙の合意が社会の中で形成されたといえます。さらに、臨教審とそれ以降の「抜本的改革症候群」と呼びたいくらいに相次いだ英語教育改革を検討すると、政治主導となっていることに加え、経済界の意向が強く反映されていることが分かります。それは教育の素人によるトップダウンの理不尽な改革であると現場で感じられる場合が多いのですが、どこかでその政策を黙認している世論があることも否定できません。

　英語教育の場合は、「小さい時から英語をやればきっとうまくしゃべれるようになる」という幻想が、小学校における英語教育への危惧を吹き飛ばしている実相があります。

　しかし、実際に小学校での英語教育が始まってから、「英語をペラペラ話す我が子」は儚い夢であったと気付いた時に、世論はどう動くのでしょうか。その時になって現実を認識しても、子どもにとっての小学校生活は人生で一度きりです。誰がどのようにして失われた年月を補填するのでしょうか。

　最近は、PDCAなるものが教育界で流行しています。Plan-Do-Check-Actionというサイクルは、最後のアクションだけが名詞で、あとは「計画する」「実行する」「チェックする」という動詞です。これは終戦直後の日本に品質管理の手法を持ち込んだ数理統計学者のデミング（William Edwards Deming）が創始者だとされていますが、事実はそうではなく、日本だけで行われていることのようです。デミング自身は、自分だったら、Plan-Do-Study-Actにすると述べたことがあると

されますが、このサイクル自体が製造に関することです。教育においては、計画して実施するまでの段階に相当の時間とエネルギーをかけなければならないはずです。特に国家の教育政策にあっては、とりあえずやってみよう、は許されません。綿密に計画を練り、多様な要因をもとにシミュレーションを繰り返し、万全な準備をしてから慎重に実行に移すべきです。調査研究に時間をかけてから計画を立て、その計画を多角的にチェックした上で実行に移す Study-Plan-Check-Do というサイクルを推奨したいくらいです。

　未来を担う子どもたちの教育についての政策は、慎重にして綿密な準備を切に望むものです。そして、それは私たち一人一人が、教員として親として人間として、「政府にお任せ」ではなく、自ら考えるべきことです。たかが英語ではありません。一事が万事です。大学共通テストにいくつもの民間英語試験を使う政策を、東京大学高大接続研究開発センター長（当時）の南風原朝和教授は「マヨネーズ状の軟弱地盤の上の辺野古基地と同じ」と評しました（2019年3月3日京都大学「CEFR の理念と現実」国際研究集会における発表）。問題の根っこは同じということでしょう。

　日本が無謀な太平洋戦争を始めた時に、反対した人たちはいましたが、なすすべがなかったといわれます。ドイツではヒトラーが国民の支持を得て権力を行使したといわれますが、なぜ多くのドイツ国民がホロコーストを黙認し、声をあげなかったのか。その疑問を解こうとしたテレビ番組を見ました（NHK BS1 スペシャル「独裁者ヒトラー・演説の魔力」2019年3月12日（火）19:00〜21:00 再放送）。少年時代にヒトラーに憧れナチスに参加した何名かの語りによると、ヒトラーは極めて雄弁であり、演説で語る内容が間違っていると気付いた時には遅かった、ということのようです。そのうちの一人が最後に語った言葉が印象的でした。このような事態をどう防ぐか。それには「一人の声だけでなく、多くの人々の声を聞くしかない」。つまり多様な意見を聞くことが大切だというのです。

　複眼的な視点を持ち多面的な見方を知り、自分なりに考えて判断することで、誤った方向に進みそうな政策に気づく。さらには異論を唱える勇気を持つ。まっとうな社会を維持し未来へ発展させるには、そのような個々人の努力が欠かせないと考えます。

【引用文献】

Council of Europe (2001). *Common European Framework of Reference for Languages.*
Council of Europe (2018). *Common European Framework of Reference for Languages: Companion*

Volume with New Descriptors.
江利川春雄（2006）．『近代日本の英語科教育史』東信堂．
江利川春雄（2008）．『日本人は英語をどう学んできたか──英語教育の社会文化史』研究社．
江利川春雄（2018）．『日本の外国語教育政策史』ひつじ書房．
平泉渉（1974）．「外国語教育の現状と改革の方向──一つの試案」（四九・四・一八）（自由民主党政務調査会、国際文化交流特別委員会副委員長．参議院議員）．
平泉渉・渡部昇一（1975）．『英語教育大論争』文藝春秋．文春文庫版（1995）．
平泉渉（1975）．「渡部昇一教授に反論する──外国語教育改革試案・私の真意」平泉渉・渡部昇一『英語教育大論争』（49-75頁）．文藝春秋．
伊村元道（2003）．『日本の英語教育200年』大修館書店．
苅谷剛彦（2014）．『増補 教育の世紀──大衆教育社会の源流』ちくま学芸文庫．
小池生夫・寺村繁（2013）．「戦後日本の英語教育とELECの果たした役割」『英語教育協議会の歩み 日本の英語教育とELEC』一般社団法人英語教育協議会（ELEC）．
文部省（1987）．『臨時教育審議会の答申』2013年12月5日、http://www.mext.go.jp/ より情報取得．
文部科学省（2008）．『小学校 学習指導要領』．
文部科学省（2008）．『中学校 学習指導要領』．
文部科学省（2009）．『高等学校 学習指導要領』．
日本政府グローバル人材育成推進会議（2012）．「グローバル人材育成戦略」（グローバル人材育成推進会議審議まとめ）．
大谷泰照（2007）．『日本人にとって英語とは何か──異文化理解のあり方を問う』大修館書店．
鳥飼玖美子（2007）．『通訳者と戦後日米外交』みすず書房．
鳥飼玖美子（2014）．『英語教育論争から考える』みすず書房．
鳥飼玖美子（2018a）．『英語教育の危機』ちくま新書．
鳥飼玖美子（2018b）．『子どもの英語にどう向き合うか』NHK出版新書．
Vogel, E. F.（1979）．*Japan as number one: Lessons for America.* Cambridge, MA: Harvard University Press.
渡部昇一（1975）．「亡国の「英語教育改革試案」──平泉渉氏の改革試案を批判する」平泉渉・渡部昇一『英語教育大論争』（13-47頁）．文藝春秋．

【推薦図書】
①Council of Europe (2018). *Common European Framework of Reference for Languages: Companion Volume with New Descriptors.*
➤ 欧州評議会が2018年に公表したCEFR増補版です。www.coe. int/lang-cefrを検索すると読めます。2001年発表の*Common European Framework of Reference for Languages*「外国語の学習、教授、評価のためのヨーロッパ共通参照枠」をもとに、その理念は生かしつつも、質的にも量的にも相当な修正が加えられています。
②西山教行・大木充（編著）（2015）．『世界と日本の小学校の英語教育──早期外国語教育は必要か』明石書店．
➤ 小学校で英語教育を導入した日本の現実を踏まえ、早期外国語教育の実像を世界各国の

言語教育政策から考えようとした書です。ヨーロッパの言語政策と早期外国語教育についてのインタビューなど、日本の文脈においても参考になる内容が多く含まれています。巻末には、編者の西山教行・大木充と鳥飼玖美子の鼎談も掲載されています。

③鳥飼玖美子（2018）．『子どもの英語にどう向き合うか』NHK 出版新書．

➤ 小学校での英語教育が教科になる現実を踏まえ、特に小学生を持つ保護者を念頭に、過大な期待を抱かず無用な心配もしないよう、子どもにとって大切なことは何かを考察した書。内田伸子による発達心理学分野の調査も参考にしています。

④海後宗臣（著）寺崎昌男・斎藤利彦・越川求（編）（2018）．『海後宗臣　教育改革論集――カリキュラム・教育実践・歴史』東京書籍．

➤ 海後宗臣（かいご　ときおみ）は、1962 年に東大教授を定年退官した教育学者です。『海後宗臣著作集』（全 10 巻）から漏れていた重要論考や講演録、極東軍事裁判における証言（1946 年）速記録などを集めた書。日本の近代教育史であり、教育改革についての思索や実践などが貴重な記録となっており、現代の英語教育改革にも示唆を与えてくれるものです。

第2章 「なんで小学校英語やるの？」
——基礎知識としての英語教育目的論

寺沢拓敬

1. なぜ、小学校英語で教育目的論なのか

(1) 教育目的論は面白い！

　本章では**小学校英語教育の目的論**について論じたいと思います。

　目的論と聞いてどのようなものを想像するでしょうか。多くの方々は面白い話だとはなかなか思わないのではないでしょうか。むしろ抽象的な「べき論」が列挙されている無味乾燥な話だと思う人が大半でしょう。

　目的論にそういうイメージを抱くのは無理もありません。小学校英語の目的・目標は、**学習指導要領**（「外国語活動」の部分であれ「外国語」であれ）の一番最初に必ず書いてありますが、学習指導要領を読み物として面白いと思う人はよほど奇特な人です。また、小学校英語の入門書をうたったハンドブック・教科書類でも、ほぼ必ず、最初の章が目的・目標に関する議論にあてられていますが、学習指導要領の文言を使いまわしただけの説明だったり、さまざまな目的がダラダラと列挙されている場合がほとんどで、読むのはなかなかの苦行です。

　指導要領や教科書類がこうなってしまうことは仕方ない面もあります。これらは、「こういう目的で小学校英語が実施される」ということが大前提です。したがって、各目的を徹底的に読み込み、相互の関係を整理することで、目的間の矛盾を明るみに出すといったエキサイティングな分析は期待できません（むしろ、そんなことをしたら怒られます）。さらに、そうした矛盾した目的論がまるで「平和共存」しているという謎にメスを入れるという面白さもありません。

　従来の小学校英語目的論は、「こういう風に決まったからこういう目的・目標で教えましょう」という、いわば「文科省天下り型目的論」です。天下りだから（実務的にはそれなりに役立ちますが）面白くありません。しかし、一歩引いて丁寧に分析してみると、実はなかなか複雑なことになっていることが分かるはず

です。本章では、その複雑さはそれなりに興味深いことを示します。

(2) 教育目的論は役に立つ！

ここまでは「面白さ」を強調してきましたが、単に知的に興味深いだけというわけではありません。実務的な有用性もあります。以下に役立つポイントを挙げます。

指導行為に対する深い理解

現在の小学校英語の目的には分かりづらい面があります。なぜこのような目的が提示されているのか、その背後にある論理や経緯を理解することは、日々の指導行為の基盤となります。

柔軟かつ創造的な指導計画

前述の「天下り型目的論」では、「御上」の言っていることを右から左に流しているだけであり柔軟な指導計画はできません。政府が提唱している教育目的と自分の教育理念をすり合わせながら、自身の教育実践を創っていくうえで、何が要求されていて何は要求されていないのか理解する必要があります。分析的に理解できていれば、無駄な忖度などもなくなるでしょう。

本章の構成は次の通りです。まず第2節で、少し回り道になりますが、小学校英語のこれまでの経緯を論じます。この歴史的経緯が、現在の目的論を検討するうえで決定的に重要だからです。それを踏まえ、第3節で、小学校英語の諸目的を批判的に検討します。第4節でこれまでの議論を一度まとめた後、最後の第5節で、なぜ英語を学ぶのか児童に考えさせるヒントを提示します。

2. 小学校英語導入の経緯

小学校英語の経緯を表にまとめます。なお、ここでの「小学校英語」とは、公立小学校の正式なカリキュラムの枠内で英語を取り扱った何らかの教育行為と定義します。したがって、教科としての英語だけでなく、外国語活動や総合学習における英語を使った活動も含みます。

表1は制度に関わるものと理念に関わるもの（特に論争）を分けて整理しています。

第2章 「なんで小学校英語やるの？」

表1　小学校英語の経緯

	制度に関わるもの	理念に関わるものや論争
1990s	1992 文部省指定研究開発校で英語教育が実験的に開始 1995-98 新学習指導要領に向けた議論が始まる。次期指導要領から「外国語会話等」（後述）の実施が可能に	1995 日本児童英語教育学会のアピール 90s後半 小学校に英語学習を導入することのメリット・デメリットが議論され始める
2000s	2002 新学習指導要領施行。「総合的な学習の時間」の枠組みの中で「外国語会話等」が可能に 2003 構造改革特別区域法施行。教育特区に指定された自治体は、独自の判断で外国語教育（国際理解教育、英語活動、英語科等）を実施することが可能に 2004-08 中央教育審議会外国語専門部会を端緒に、小学校での英語教育のあり方が検討される。それを受けて、中教審は最終的に「外国語活動を小5・6から必修」と答申を出す 2008 新学習指導要領告示。外国語活動必修化が決定	2000s 賛成派・反対派の間で激しい論争が巻き起こる 2006 伊吹文明文科相（当時）「英語より日本語が先」発言
2010s	2011 新学習指導要領施行。公立小5・6年で「外国語活動」が必修化 2010s半ば 新学習指導要領のための議論。教育雑誌や報道等で教科化が既定路線の論調が多くなる 2017 新学習指導要領告示。小5・6から教科としての外国語を必修化。小3・4で「外国語活動」が必修化	反対派は教科化既定路線への反対論陣をしばしば張る 賛成派には、ほとんど目立った擁護論（および反対派への反論）はなし
2020s	2020 新学習指導要領施行予定。小3・4で「外国語活動」が必修化。小5・6で「外国語」が必修化	

(1) 1990年代

　外国語教育は長い間、小学校教育の埒外でした。明治時代に近代教育制度が発足してから100年以上もの間、小学校の正式な教育課程のなかで英語を教えることはまったく考えられていませんでした。

　しかし、この状況は、20世紀の終わり頃に大きく変わります。政府および旧文部省が、小学校英語の可能性について真剣に考え始めるからです。1990年代には文部省指定の研究開発学校で実験的に英語教育が開始されます。

　この時期、関係者の間でも小学校英語の是非が大きな議論になります。早期から英語を始めることの有効性を訴える推進派。そのデメリットを指摘する慎重派。賛成論・反対論どちらかに与せず一歩引いた観点からさまざまな課題を指摘する研究者。このように多様な人々が多様な意見を述べていました。

　私見では、推進論が特に熱を帯びていたのがこの時期だと思います。当時、小学校英語はまったく制度化されていませんでした。その実現のためには、早期開始の意義を声高に叫ぶ必要があったのです。1995年には日本児童英語教育学会（JASTEC）が「小学校から外国語教育を！――JASTECアピール」を採択しました。同学会は、異文化理解を目的とする外国語教育を小学校1年生から行うべきだという要望を出しました。「1年生から」という提言は現代から見ても驚くほど野心的だと思います。

　結果的に、非常に多岐にわたるメリットが提示されました。こうした議論の蓄積が、小学校英語賛成論の基礎を固めたといえます。現在流通している賛成論のほぼすべてが、この時期から2000年代前半くらいまでに出尽くしたといってよいと思います（詳しくは後述）。

　最初の大きな制度改革は、2002年です。この年に、新たな学習指導要領が施行され、**総合的な学習の時間**（以下「総合学習」）がスタートしました。そして、この総合学習で、**国際理解教育の一環としての外国語会話**等を教員の判断で行うことが可能になります。導入形態はともかく、外国語教育が小学校のカリキュラムで正式に認められた瞬間でした。

(2) 2000年代

　前述の通り、2002年から、「外国語会話」が正式に可能になりました。ただし、英語という教科教育が始まったわけでもなければ必修になったわけでもありません。総合学習の枠内で、かつ、総合学習の選択肢として国際理解教育を選ぶのであれば、その一環として外国語に関連する内容を扱ってもよくなっただけです。その意味で、あくまで国際理解教育が主、外国語は従です。また、国際

理解教育という名目なので、外国語の中から英語を選ぶことが原則化されたわけでもありませんでした（ただし、実態は、英語に関するものがほとんどでした）。

　一方、この流れとは独立して、国際理解教育を前提にしない英語教育（つまり、英語活動や教科としての英語）を独自に行う自治体も現れ始めました。2003年から始まったいわゆる「教育特区」制度では、特区に指定された自治体は国のカリキュラムに縛られず、独自の判断で小学校英語を実施できるようになりました。この結果、例えば金沢市や東京都荒川区は、小学校に英語教育を導入しました。

　こうした一連の改革の結果、小学校英語の状況は非常に多様なものとなりました。国際理解教育の一環としての外国語会話が指導要領上は標準でしたが、教育特区の中には教科として行う学校、英語活動として行う学校、国際理解教育を中心とする学校などさまざまありました。そしてもちろん、まったく英語学習を行わない学校もありました。

　こうした、良くいえば多様な、悪くいえば混沌とした状況は、2011年、小学校外国語活動の必修化で大幅に解消されることになります。この必修化が、既定路線になったと見なせるのが2006年3月です。中央教育審議会外国語専門部会が必修化を提言しました。

　この時期を前後して、小学校英語に関する大々的な論争が巻き起こりました。注目すべき点が、英語教育界ばかりか一般の人々を巻き込んだ、一種の社会問題になっていた点です。教育界でおそらくもっとも有名な論争が、慶應義塾大学で計3回行われた小学校英語に関するシンポジウムでしょう。特に第1回目（2003年）は何人もの賛成派・反対派双方がお互いの意見を正面からぶつけていましたから、まさに「論争」の体をなしていました（詳細は、大津由紀雄（編著）『小学校での英語教育は必要か』（慶應義塾大学出版会，2004年）を参照）。一般の人々にとっては、2006年9月の伊吹文明文部科学大臣（当時）の発言が記憶にあるのではないでしょうか。伊吹は、第一次安倍政権の文科相に就任した直後に報道各社のインタビューのなかで小学校英語教育に関する持論を展開します。美しい日本語が書けないのに外国語を学ぶことは無駄だとして、必修化に対する反対姿勢を明確に示しました。中央教育審議会の頭を飛び越えた、審議会軽視ととられかねない発言であり、文部官僚はたいへん困惑したことは想像に難くありません。伊吹はのちに撤回します。

(3) 2010年代以降

2010年代の状況はご存じの方が多いと思うので簡潔に説明します。

2011年、新学習指導要領が施行され、外国語活動が必修になりました。この結果、すべての小学校5・6年生が外国語（事実上、英語）に触れることになりました。この「外国語活動」はこれまでの教育課程には存在しなかった、まったく新しい教育内容です。制度上は「領域」と呼ばれ、中学校の英語の時間のような「教科」とは異なります。教科ではないので、外国語の運用能力の育成は目的とせず、したがって達成度の評価もしません。このような位置づけの結果、中学校英語とは制度上の連続性はありません。

そして、2017年に、2020年度施行の学習指導要領が発表されました。この改訂で、それまでの小5・小6の外国語活動は教科（つまり「外国語」）に移行することが決まりました。さらに外国語活動は小3・小4に前倒しすることにもなりました。

外国語活動導入と同様、いやそれ以上に教科化は大改革です。さぞかし議論は盛り上がるのかと思いきや、2000年代と比べるとかなり寂しい言論状況でした。特筆に値する論争がほとんどなかったからです。

もちろん以下に述べる通り、教科化・早期化には根強い反対論が存在しました。しかし論争に至らなかったのは、推進側がそうした批判を正面から受け止めなかったからです。聞こえていないのか、聞こえていても聞こえないふりをしたかは定かではありませんが、いずれにせよ推進側の応答がない以上、論は争われませんでした。ということは、対話もなかったということを意味しています。

簡単に反対論の状況を見ていきます。「教科化が既定路線になりつつあるのでは？」という警戒感（実際そうだったわけですが）を持った多くの論者が、教科化に対する反対論陣を張ります。その代表的人物のひとりが、前述のシンポジウムを主導した大津由紀雄です。大津は、編著『英語教育、迫り来る破綻』（ひつじ書房、2013年）のなかで、「教科化・専科化絶対反対」を明確に宣言しています（専科化とは、学級担任ではなく専科教員が指導を行う形態にすること）。

小学校英語反対論の一般書の刊行ラッシュもこの時期でした。書店に並んで一般の人もアクセスしやすいと思われる新書・選書等を挙げると以下の通りです。

・施光恒（2015）.『英語化は愚民化：日本の国力が地に落ちる』集英社新書.
・永井忠孝（2015）.『英語の害毒』新潮新書.
・平田雅博（2016）.『英語の帝国：ある島国の言語の1500年史』講談社選書メチエ.

注目すべきはこの著者のいずれもが狭い意味での英語教育研究者ではない点です（施は政治学、永井は北米先住民諸言語、平田は歴史学がそれぞれ専門）。つまり、英語教育界の外側でも声が上がったということになります。

　こうした一連の批判に対し、推進派が応答（あるいは再反論）してもよさそうなものですが、実際にはそのようなことはありませんでした。

　なぜ再反論する人が現れなかったのでしょうか？　確実だと思われる理由は、応答するインセンティブが推進側にはもはや存在しなかったというものでしょう。2000年代のように小学校英語が制度的裏付けをまだ持っていない頃は、積極的にその意義を強調する必要がありました。その必要性は1990年代ではいっそう強く意識されていたはずです。事実、90年代の小学校英語推進論を読むと、現在の私たちからは少々過剰にも思える強烈な理想論が述べられていました。

　しかし、2011年に外国語活動が正式にスタートすると、小学校英語はもはや達成すべき課題ではなくなりました。もう声高にその意義を唱える必要はありません。さらに教科化が既定路線だという話がどこからともなく聞こえてきた以上、反対派に再反論してヤブをつついて蛇を出すことになりかねない事態はむしろ忌避され始めたのだと思います。

　さらに私はもうすこし邪推すらしています。それは、「教科化がうまくいかなかったときのための予防線」という可能性です。つまり、小学校英語推進論を声高に叫んだ場合、もしうまくいかなかったら後から責任をとらなくてはいけない、そのようなリスクを負うのは得策ではないという判断です。ここでいう「責任」とは、法的な意味ではなく言論上の責任です。「あなたはあの時、効果があると言っていたじゃないか」と言われるのを回避するためということです。なぜこのように考えるかといえば、推進側・文科省側の関係者・研究者（大人の事情でその任をせざるをえない人を含みます）が「教科化でこのような効果が期待できる」「外国語活動の早期化で教育はこんな風に良くなる」と未来を語る人がほとんどいなくなってしまったからです。管見の限りでは一人もいません。未来を語る代わりに何をしているかといえば、「教科化は決まったのだからこういう準備をしましょう」「こういう事態に備えましょう」と対症療法の伝授に専念しています。このような言論状況を目の当たりにすると、推進側ですら本気で教科化の効果を信じていないのではないかと考えた次第です。

3. 目的論の整理

　以上のように小学校英語の位置づけは、少なくとも4つの段階に分けること

ができます。

・第1段階　2001年度まで：英語は基本的に小学校教育課程の埒外
・第2段階　2002-2010年度：総合学習における「外国語会話等」
・第3段階　2011-2019年度：外国語活動
・第4段階　2020年度以降：教科および外国語活動

表2　小学校英語の変遷

	外国語会話 (総合学習内)	外国語活動	教科
第1段階 (-2001年度)	—	—	—
第2段階 (2002-2010)	任意	—	—
第3段階 (2011-2019)	—*	必修	—
第4段階 (2020-)	—	必修	必修

＊学習指導要領上の記載はないが類する活動が行われることもある

　以上の経緯は関係者からすれば周知の事項でしょうが、この整理で分かりやすくなったのは、教科化に至るまでの大きな迂回です。最初から教科に狙いを定めて改革が実行されたわけではありません。教科化に向けて段階的に改革が行われたという説明も正確ではありません。総合学習と外国語活動、そして外国語科は、制度上、それぞれ独立しているからです。特に総合学習と外国語活動に関しては、制度的に見たらほぼ断絶しているといってもよいでしょう。
　このように、異なる制度が力技で接ぎ木された結果として、世界的に見てもかなり特殊な英語教育が日本の小学校に生まれたのです。
　接ぎ木がもたらしたものは、異なる目的の並立状況です。良くいえば多様性、悪くいえば混沌でしょうか。なぜこうなるかというと、たとえ教科になったとしても、過去から完全に自由にはなれないからです。教科化をきっかけに、以前の目的を軽々しく撤回することはできません。それ以前の政策・実践を全否定することになりかねないからです。こうした事情から、新たな教育目的を上乗せしていくかたちで発展してきたのです。

(1) 4つの目的
　小学校英語の英語教育目的を分類すると表3の通りになります。
　この分類では重要な区別が2点あります。この区別は、教育目的を分析的に

考えるためには必ず押さえておきたいポイントです。ただし残念ながら、学習指導要領（含む「解説」）や小学校英語に関する教科書・指南書などではしばしば曖昧にされていて、それゆえ「教育目的論は無味乾燥だ」と思わせてしまう原因でもあります。

表3　小学校英語の目的

	スキル	態度
「英語」固有の内容	4. 英語力育成	3. 英語および英語学習への態度
他教科と重複する内容	―	1. 異文化への態度 2. 母語を含めた言語コミュニケーションへの態度

　重要な区別の第一が、表の縦の列にあたる**スキル vs. 態度**という区別です。英語力に代表される能力育成を目指すか、それとも情意面の成長を重視するかという違いです。

　第二が、横の行にあたる「英語学習固有の内容か、他教科と重複する内容か」という区別です。言い換えれば、英語の時間でなければできない内容か、他教科でもできるかということです。例えば、国際理解・異文化理解は、英語教育と関連が深いことは事実ですが、必ずしも英語の中で扱わなければならないわけではありません。一方、英語学習への態度（例、「英語に慣れ親しむ」）は、英語学習を前提にしていなければあり得ない目的です。

　表3を再び見てみましょう。今までに述べられてきた4つの目的を、以上の分類をもとに整理しています。番号は、提案されてきたおおよその順序です。

(2) 異文化理解

　前述の通り、小学校英語は、総合学習における国際理解教育の一環として始まりました。こうした経緯から、**国際理解・異文化理解**は、小学校英語の目的のコアにあります。以下、国際理解という言い方は曖昧なので、異文化（日本文化以外のもの）を理解するという意味で異文化理解という言葉を用います。

　一言でいえば、英語学習を通した、外国や異なる文化への寛容な態度の育成が目的とされていました。この目的は、何も小学校英語の発明品というわけではなく、中学校以降の英語教育でも採用されていて、中高の学習指導要領にも

明記されています。日本の学校英語教育と相性の良い目的なので、今後も将来的に根強く残るでしょう。

(3) 母語を含めた言語コミュニケーションに対する積極性

異文化理解とは対照的に、こちらはかなり特殊な目的です。簡潔にいうと、次のような主張です。

・現代人そして現代の子どもには、人と言葉で関わる機会が減っている。
・その結果、コミュニケーション能力の低下、コミュニケーションへの積極性の欠如が大きな問題になっている（問題の例として、いじめや暴力事件が挙げられることもある）。
・外国語のような負荷のあるコミュニケーション手段で気持ちや意見を伝えあうことで、言語的コミュニケーションの大切さに気づかせるべきだ。

「英語スキルを伸ばすことが目的ではない。日本語を含むあらゆる**コミュニケーションへの積極的な態度**を育むべし」という主張は、英語教育界の外部の人々にとってはかなり奇抜に響くものだと思いますが、実際は、小学校英語の公式目標といえるものです。学習指導要領解説（外国語活動編）にも載っていますし、文科省サイド・行政サイドの論者が、上記とほぼ同一のレトリックを用いています。

しかしながら、外国語活動導入直前には大変な人気（？）を博したこのレトリックも、急にしぼんでしまった感はあります。2010年代以降に、上記のレトリックを擁している人はぱたりといなくなってしまうからです。中教審答申の文書にも載っていません。

確かに、2020年度からの教科としての外国語でも、この目的論を引き継いだ目標記述が散見されます。例えば次のような記述です（「第1目標」より抜粋。強調は引用者）。

> (3) 外国語の背景にある文化に対する理解を深め、他者に配慮しながら、主体的に外国語を用いてコミュニケーションを図ろうとする態度を養う。

しかしながら、ごく抽象的に述べられているに過ぎません。以前のように、「子どもの感情表現能力が欠如しているから、対話に対する積極性を養うんだ！」という熱い思いはどこかにいってしまいました。

「コミュニケーションへの態度」育成論の背景を割愛した結果、ごく抽象的な文言に成り下がってしまいました。これでは、「英会話では積極性が大事だよ」といった、英語学習上の心構えのようにすら読めてしまいます。

2020年度からも外国語活動は小3・小4で継続する以上、急に消えるのは奇妙なことですが、邪推するなら、外国語活動の導入時にだけ重宝されたレトリックだったということでしょうか。それとも、子どもたちのコミュニケーションの問題は10年で解決したのでしょうか？（そうであれば、よかったですね！）

(4) 英語および英語学習への態度

上述の2つの目的と同様、英語および英語学習への態度も情意面に関するものですが、英語学習を前提にしているという点で決定的に異なります。

総合学習における英語活動では、前述の通り、英語学習（狭い意味での英語学習）は公式目標ではなかったわけで、当時は英語学習を前提にした目的を全面に出すことは不可能でした。したがって、「英語が好きになる」「英語学習に慣れ親しむ」などといった露骨な目標は設定できませんでした。もちろん、外国語会話を通じた国際理解教育である以上、英語への態度育成は全否定できませんが、上記の経緯からもっと微妙な形で主張せざるをえませんでした。

一方、2011年度の外国語活動必修化に伴い、国際理解教育という制約が消えました。子どもに英語を教えたい人たちにとっては、足かせが取れたともいえるでしょう。学習指導要領でも、英語学習を前提にするという点がストレートに表明されています。実際の文言を見てみます（強調は引用者）。

第4章　外国語活動
第1　目標

外国語を通じて、言語や文化について体験的に理解を深め、積極的にコミュニケーションを図ろうとする態度の育成を図り、外国語の音声や基本的な表現に慣れ親しませながら、コミュニケーション能力の素地を養う。

「外国語の音声や基本的な表現」という目標記述は、総合学習ではあり得ないものでした。繰り返しになりますが、英語教育ではなく、国際理解教育だったからです。一見、言葉づかいの些細な修正ですが、指導要領作成者（文科省の官僚です）の血の滲むような工夫（？）が見て取れます。

(5) 英語力育成

　最後に英語力育成という目的です。中高の英語教育では戦前から最重要視されている目的ですが、小学校英語では以上の経緯から一番最後に付け足されることになりました。

　総合学習における外国語会話では、英語力育成に関する宣言がないばかりか、ほのめかす主張さえありませんでした。国際理解教育という建前から考えれば当然でしょう。「外国語活動」になるとその制約は多少緩和され、スキル育成に踏み込んでいると解釈できなくもない説明が散見され始めます。ただし、当然ながら公式見解として表明されることはありません。一方、2020年度の教科化に伴い、晴れて英語力育成がストレートに宣言できるようになりました。

(6) さまざまな目的の相乗り状態

　以上の経緯の結果、小学校英語の目的は非常に多様になりました。例えば2020年度の教科としての外国語では、少なくとも4種類の目的が示されています（図1）。

　この図を見るとすっきりしているように見えますが、学習指導要領の文言は非常に混沌としています。指導要領では上記4種の目的を個々に説明せず、一

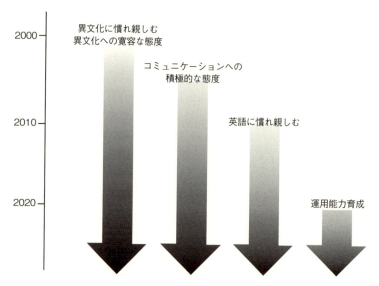

図1　小学校英語の4つの目的

括して論じているからです。そのせいで、一文が驚くほど長い、息が切れてしまいそうな複雑な文が続いています。以下に引用します。

『小学校学習指導要領』（2017年3月発表）
第10節　外国語

第1　目標

　外国語によるコミュニケーションにおける見方・考え方を働かせ、外国語による聞くこと、読むこと、話すこと、書くことの言語活動を通して、コミュニケーションを図る基礎となる資質・能力を次のとおり育成することを目指す。

(1) 外国語の音声や文字、語彙、表現、文構造、言語の働きなどについて、日本語と外国語との違いに気付き、これらの知識を理解するとともに、読むこと、書くことに慣れ親しみ、聞くこと、読むこと、話すこと、書くことによる実際のコミュニケーションにおいて活用できる基礎的な技能を身に付けるようにする。

(2) コミュニケーションを行う目的や場面、状況などに応じて、身近で簡単な事柄について、聞いたり話したりするとともに、音声で十分に慣れ親しんだ外国語の語彙や基本的な表現を推測しながら読んだり、語順を意識しながら書いたりして、自分の考えや気持ちなどを伝え合うことができる基礎的な力を養う。

(3) 外国語の背景にある文化に対する理解を深め、他者に配慮しながら、主体的に外国語を用いてコミュニケーションを図ろうとする態度を養う。

　読みづらさに圧倒されます。何もここまで悪文にしなくてもよいのではないかという気持ちになりますが、これは小学校英語のこれまでの経緯を踏まえ、異なる目的を強引に接ぎ木した結果です。

　余談ながら、このように過去の経緯のせいで現在の状況が複雑になる現象を、社会科学では**経路依存性・粘着性**と呼びます。小学校英語はまさにこれが当てはまるといえます。たまに、他国（例えば、中国や韓国）と違って日本の小学校英語には雑多な目標が詰め込まれ過ぎていると批判する人がいます。ただ、上記のような経緯があるので仕方ない部分もあります。「中国・韓国がうらやましい！　英語スキルの育成に焦点化したいのに！」と不満を感じる人は、現在の小学校英語ではなく、総合学習経由の導入を「発明」した人を責めてください。

4. まとめ

　本章では小学校英語教育目的論を、過去の経緯を踏まえながら分析的に検討しました。そして、現代の小学校英語は、異なる目的論の相乗り状態であることを示しました。

　最後に、この相乗り状態の成果および問題点を論じたいと思います。成果（と言える代物かは微妙ですが）は、小学校英語に関するさまざまな「べき論」を、全部詰め込むことでとりあえず「調停」することができたという点です。小学校英語推進側も一枚岩ではありません。ある人は英語力育成の切り札と考えているでしょうが、ある人は国際理解教育の頃の英語活動を理想形態と思っているでしょう。そうした多様な——場合によっては相互に対立する——目的を、すべて取り入れることで短期的には解決できたわけです。

　さらには、責任の所在を曖昧にできるというメリット（？）もあります。目的・目標を曖昧に記述しておけば政策評価は難しくなります。したがって、10年後・20年後、「あのときの必修化や教科化は失敗だったのではないか」という批判が噴出したとき、「失敗だったとは必ずしもいえない」と逃げを打つことができます。

　一方、相乗り状態によるデメリットは、メリットの裏返しです。総花的な目的論は妥協の産物である以上、関係者間の徹底的な議論の末に到達した結論でもなければ、教育的ニーズの綿密な調査に裏打ちされたものでもありません。そして、曖昧な目的・目標記述は、成果の測定・検証の妨げになります。その結果、小学校英語を今後より良い方向に改善しようとしても羅針盤を失った状態に陥ってしまうでしょう。

　私見では、このような相乗り型の目的論は、メリットよりもデメリットがはるかに大きいので、次の学習指導要領改訂では徹底的な議論の末、もっと明確な目標設定に改善すべきだと思います。

5. 授業へのヒント

　本章のテーマ、つまり小学校英語の目的論を、そのまま授業で取り扱うことは難しいと思います（教育目的を考えることは、教員は必須でしょうが、児童にその義務はありません）。そこで、以下では、児童が「なぜ英語を学ぶのか？」を考えるうえでのヒントとなる情報を示すことで、指導案への示唆とします。ただし、「世界中の人々と対話するため」とか「新しい世界への窓を開くため」といった説教じみた訓話ではなく、丁寧に考えるための事実（データ）を示し

第2章 「なんで小学校英語やるの？」

たいと思います。

ここでは、**日本人の英語使用率**について考えてみたいと思います（世界の英語話者人口については第18章2節1項を参照）。ビジネス関係者のなかには、日本人みんなに英語が必要な時代が到来したなどと声高に叫ぶ人がいます。そのような気もしますし、それはちょっと言い過ぎな気もします。実際のデータはどうなっているでしょうか。

日本版総合的社会調査という1・2年に一度のペースで行われている大規模社会調査があります（回答者を無作為に選んでいる、信頼性の高い学術調査です）。対象者は、20〜89歳の日本人です。その2010年版の調査に次の設問がありました。

あなたは過去1年間に、以下のことで英語を読んだり、聴いたり、話したりしたことが少しでもありますか。あてはまるものすべてに〇をつけてください。

1. 仕事
2. 外国人の友人や知人とのつき合い
3. 映画鑑賞・音楽鑑賞・読書
4. インターネット
5. 海外旅行
6. まったく使ったことがない

各選択肢に〇をつけた人の割合から、日本人の英語使用率を推測することができます。なお、「少しでも」と念押ししていることに注意してください。私たちが「英語使用」という言葉でイメージするものより、もっと限定的な使用を含んでいます。

結果は次の通りです。仕事10.9％、外国人の友人や知人とのつき合い6.1％、映画鑑賞・音楽鑑賞・読書23.1％、インターネット9.9％、海外旅行7.8％、全く使ったことがない60.7％。ビジネス関係者が言うよりも、ずっと低い必要性であると感じた人が多いと思います（この調査結果の詳細は、寺沢拓敬『「日本人と英語」の社会学』（研究社、2015年）の特に第8章を参照）。

とはいえ、日本の社会的状況をよく理解している人なら驚くほどの結果ではないでしょう。日本社会はさまざまなメンバーで構成されています。何もグローバルビジネスに従事する人たちや、海外ニュースに日夜アンテナを張っている人ばかりではありません。英語とは無縁な仕事・ライフスタイルはありふれ

ています。一般的に、高学歴者や専門職者、海外とのやり取りの多い仕事に従事する人には英語使用率が高い傾向がありますが、一方で、そうでない人たちの使用率は決して高くありません。

このように**社会階層**によって英語の必要性が大きく変わることは日本だけには限りません。英語を外国語として学ぶ国（例えば、中国や韓国）だけでなく、英語を（準）公用語として使うシンガポールやインドでも同じ状況です。国際理解やグローバルコミュニケーションの意義を強調するために、「いまや、世界中の人々が英語でコミュニケートしているんだ！」と教え込むのは考えものです。それでは、むしろ国際「無理解」につながってしまいます。各国の内部の社会状況を無視して、一枚岩的に「〇〇人は英語を使う」とラベルを貼っているからです（「英語＝国際化・グローバル化」の問題点については第17章2節も参照）。

以上のように、日本の英語使用率のデータから出発して、英語使用と社会階層の関係に気づかせることができます。この気づきを通して、子どもたちに、世界の英語使用・グローバルコミュニケーションに実は大きな多様性・階層性があることを考えさせることも可能です。

【推薦図書】
①大津由紀雄（編著）（2004）.『小学校での英語教育は必要か』慶應義塾大学出版会.
➤ 本文でも触れた小学校英語をめぐるシンポジウムの記録。賛成派・反対派・中立派がそれぞれの観点から論を展開している。荒唐無稽な主張も散見されるが、それも熱い議論の一端として楽しめる。
②江利川春雄（2018）.『日本の外国語教育政策史』ひつじ書房.
➤ 日本の英語教育政策の歩みを古代から21世紀まで歴史的に検討している。小学校英語政策について中心的に扱っているのは「第9章 グローバル化時代」だが、ぜひ他の章も読んで、現代の改革を歴史的な流れの中に位置づけてほしい。
③寺沢拓敬（2015）.『「日本人と英語」の社会学——なぜ英語教育論は誤解だらけなのか』研究社.
➤ 日本人の英語使用や英語教育観などを統計を駆使して描き出している。本章の「授業のヒント」で扱ったのは、本書の第4章のデータである。くわえて、小学校英語をめぐる世論や早期英語学習経験の効果についてもデータを用いて検討しているので参照されたい。

第Ⅱ部

語彙、音声、文字、文法

第3章 語彙とコミュニケーションを《つなぐ》学習

―― 類似性への気づき、つながりの創造としての語彙指導に向けて

綾部保志・小山亘

1．語彙の学習は暗記なのか⁉

　小学校英語の語彙指導を考える上で、いつの時期に、どのような語彙をどれくらい教えるのかは重要な問題です。語彙学習というと「単語帳」を使って、短期間で効率的に単語数を増やす学習法を思い起こすかもしれません。定期試験、受験勉強、検定試験など、短期の目標を達成するための、こうした暗記型の学習は学習効果が大きいと思えます。

　しかし、学習者が小学生ならばどうでしょうか。漢字をひたすらノートに書き写した経験をもつ人は多いと思います。小学校でもこれと同じやり方で語彙習得数を増やすことは可能でしょう。しかし「英語嫌い」の児童が増えるのではないかと心配です。もっと、ことばの魅力や面白さを感じられるような語彙指導はできないものでしょうか。

　語彙指導について調べてみると、「ビンゴゲーム」や「カードゲーム」など、気楽にできるアイディアは本やインターネットなどで多く紹介されていますが、そもそも語彙とは何なのか、それはコミュニケーションの中でどのように機能するのかなど、専門的な見地からの原理的な説明がなされることはほとんどないように思われます。

　そこで本章では、語彙に関する専門的な学問領域、特に、記号論や言語学に依拠しながら、語彙について踏み込んだ解説を行い、具体的な授業案を示した上で、最終的には、児童がことばに対する好奇心や探求心をもちながら語彙を身に付けられるような指導の道筋を示すことを目指します。次節では、まず、記号論や言語学の理論について概観します。

2. 言語記号――形式、内容、解釈

　英語教育を生業としている人でも、おそらく「記号論」(semiotics) という分野を知っている人は多くないと思います。記号論は言語学と深いつながりを持ち、文字や数字といった抽象的な記号だけではなく、言語やコミュニケーション、意味や概念、社会や文化など、世界に存在する広範な事象を研究対象としています。記号論の特徴は、包括性と分野横断性にあるといえます。

　私たちは「記号」というと、「それ自身とは違う、何かの代わりをするもの」と考えます。記号 (sign) は**形式** (signifier) と**内容** (signified) から成っていて、例えば、白い四角の中心にある赤丸（形式）が「日本国旗」（内容）を指す場合です。このような一般的な記号は、形式と内容の結びつきが予め**慣習的**（**恣意的**）に決まっているため、それ以外の解釈の余地がほとんどないように思えます。私たちが「記号」と聞いて真っ先に思い浮かべるであろう、標識、絵文字、モールス信号、手話、点字、国旗、数字なども同様です。目にした瞬間にその内容を明瞭に伝えられるので、利便性が高いのが特徴です。

　当然、言語も記号の一種と捉えられますから、一般的な記号と同じように〈形式〉と〈内容〉で構成されています。[díkʃənèri] という音や "dictionary" という文字は、「辞書」を表します。言語記号では、〈形式〉に当たるのが音や文字で、〈内容〉がそれらの音や文字の「意味」になります。個々の言語記号が何を指すのかは、予めその言語のルールによって規定（定義づけ）されています。事前に定められている記号の取り決めのことを**コード** (code) といい、そのコードに従って意味を読み取ることを**解読** (decoding) といいます。

　しかし、実際のコミュニケーションの場で言語が使われると、コードに基づいた解読だけでは十分に意思疎通を図ることができません。言いたいことの効果を高めたり、直感的に分かりやすくしたり、あるいは単なる言い間違いなどのために、コードから逸脱することが頻繁に起こるからです。例を挙げると、"He is a walking dictionary." (彼は歩く辞書) という表現を厳密に解読すると、「人（彼）」は「モノ（辞書）」ではありませんし、辞書が歩くはずはないので、この文は〈誤用〉で不成立となり、この発話をした人物は〈嘘つき〉〈奇妙な考えの持ち主〉となりますが、現実的には「語彙が豊かな人」を「辞書」に喩えた**隠喩** (metaphor) と捉えるでしょう。

　このように、私たちは言語記号を字義通りに解読するばかりでなく、意図的に（あるいは意図せずして）変換したり、操作したり、拡張したりしながら複雑なやり取りを行っています。実際の場面で使用される記号の意味を読み取る

行為を**解釈**（interpretation）と呼び、言語使用（略して、語用）全般を研究する言語学の分野を**語用論**（pragmatics）といいます。言語は〈形式〉と〈意味〉から成り立っていて「解読」できるという点において記号の一種であり、そして他の記号と同様、それが現実に起こるコミュニケーションの場に現れたときに、複雑な「解釈」が伴うこととなります。例えば、四角い白地に赤い丸という図柄は、日本国だけでなく、日の丸印の会社やその商品、日の丸弁当、注意を表す朱塗りの丸など、実際にはさまざまなものを表しえ、日本国を表す場合でも、白地に赤丸の旗が、運動会の万国旗の一つとして使われるのか、レストランのお子様ランチに立てられるのか、祝日を表してバスなどに掲げられるのか、国際的な領土問題となっている島に立てられるのか、コンテクストによって、同じ図柄の旗が何を意味するのかの解釈は大きく異なることに注意してください。

そのような、複雑な解釈が伴う、現実に起こるコミュニケーションでの使用のことを語用論と呼ぶのです（メイ、2005）。したがって、現実に行われる言語記号のやり取り（コミュニケーション）を適切に理解／実践するためには、形式と内容に加えて、コンテクストにおけるその解釈に注意する必要があります（第16章2節も参照）。記号論という分野が主に関心を寄せるのは、この語用論、つまり複雑な解釈を伴う現実世界の出来事や相互行為、です。次節では、記号論について、より詳しい説明を行います。

3．3つの記号——類像、指標、象徴

記号論という分野は、19世紀のアメリカで始まったプラグマティズム（pragmatism）という学問運動の創始者である、**チャールズ・パース**（Charles Sanders Peirce, 1830-1914）によって生み出されました。パースの理論では、この世界に「存在すること」は、何かによってその存在を指し示されることと考えられ、私たちが生きている世界も同様に、「指す／指される」という指示過程（signification）によって構成されると捉えられます。パースは、「指すもの」と「指されるもの」の間には、3つの関係が成り立つと考えました。それらを順に挙げると、(1)「類像性」（iconicity）(2)「指標性」（indexicality）(3)「象徴性」（symbolicity）となります。

(1) **類像性**とは、指す物と指される物との間に**類似的関係性**があるもので、例えば、絵、写真、地図、図表、似顔絵、鼻歌、口真似・物真似、演技、憑依などがこれに当たります。言語記号では、擬音語・擬態語、引用、伝言、押韻、隠喩などです（詳細は本章第5節1項を参照）。

(2) **指標性**とは、指す物と指される物との間に**隣接的関係性**があるもので、例えば、足音が誰かの接近を示すとか、指差しである人物を指すとか、黒雲が雨の到来を指す場合などで、言語記号では、1・2人称代名詞、指示詞、時・場所を表す副詞（直示の副詞）、時制、換喩などになります（詳細は本章第5節2項・3項を参照）。

(3) **象徴性**とは、**社会（集団）的表象、規約的・慣習的関係性**により指示が行われるもので、例えば、親指と人差し指で丸を作る身振りが、特定の文化ではお金を指し、別の文化ではOKを指す、あるいは、ある特定の兆号（例えば、数字）が、規約や慣習により、ある特定の対象（例えば、数）を指す場合がこれに当たります。言語記号では例えば普通名詞です。

指標性と象徴性とを比較した場合、指標性は、**コンテクスト依存性**（状況依存性）が極めて高く、他方、象徴性は状況依存性が低くなります。例えば「指差しによってある人を指す」場合、指示が行われている場所（コンテクスト）に、その人物がいなければ、その人物を指せませんが、他方、例えば赤いバラが、ある特定の集団を指すことが規定や慣習で決まっていれば、その集団が、指示の行われている場にいなくても、赤いバラでその集団を指すことができます。

あるいは、もし道を歩いていて「明日、君に本、返すよ」と書かれた古い紙きれを拾ったとしたら、「本」（普通名詞）の意味はもちろん分かりますが、「明日」（時を表す直示の副詞）とはいつなのか、「君」（2人称代名詞）は誰を指すのか、よく分からないことに注意してください。つまり、実際に行われるコミュニケーションでは、言葉などの記号の規約的な意味を知っているだけでは不十分で、そのコミュニケーションが行われている場、そこにいる人（聞き手など）、その時間、つまりコンテクストが知られている必要があるのです。

ここまでの説明が示唆するように、記号論ではコンテクスト、つまりコミュニケーションが行われている場の中心（「今・ここ」）を基点として、「指す物」と「指される物」との指示関係によってあらゆる物が把握されると考えます。「今・ここ」で起こっていること、触れられるもの、見られるもの（経験・知覚・体験可能なもの）、「今・ここ」の近くにあるものは、当然、「今・ここ」の行為や出来事と隣接した関係にあるので、指標性（隣接的関係性）が最も強くなります。

逆に、「今・ここ」で触れられないもの、五感によって認識できないものは、指標性が弱いものとなります。特に、経験・体験不可能なもの、触知不可能で付帯的な形を持たないもの、概念や信念体系、文法コードのような抽象的な物の世界は、指標性が最も弱くなります。

意味や概念、信念や文法コードなどは、人や物などと違い、見たり触ったり

匂いだりできない抽象的なものであることに注意してください。そのように五感では認識できない抽象的なものであるにもかかわらず、意味や概念などは、「今・ここ」で行われているコミュニケーションで言われていることを理解することを助ける、つまり規定する働きをする、のです。例えば、「明日、君に本、返すよ」と言われた時、「本」という音や語彙が慣習的に何を意味するのか、知っていることにより、今ここで言われていることの一部が理解できるのです。つまり、意味や概念、信念や文法コードなどは象徴性（慣習的関係性）が高く、「今・ここ」との関係が、比較的不明瞭ですが、しかしそれでも、コミュニケーションによって指示され、「今・ここ」で言われたり、なされたりすることの意味を規定する働き（機能）を持っています。

例えば、「本」という語が使われる時、「本」（/hon/）という音や文字とその意味に関わる言語的な**意味範疇**と、それに纏わる**文法範疇**（名詞、具体、無生、可算など）、そして「世界」に関わる百科全書的な**概念体系**（「本は紙でできている」「本は普通、四角い」などの**文化的意味範疇**）が用いられます。上の例が示唆するように、語彙や文法や概念などを含む（形の見えない）意味の世界は、「今・ここ」を中心に広がるコミュニケーションの世界の一部を成していて、行為・出来事が起こる経験可能な世界と一体となって、コミュニケーションの過程の一環を担っているのです。

ここまで記号論という分野の特徴、特に、類像、指標、象徴という3つの記号について述べてきました。これらの分析概念によって、私たちが普段何気なく行っているコミュニケーションと呼ばれる現象が、「今・ここ」を基点として「指す／指される」という指示関係によって把握可能となることを見ました。次節では、語彙について考えるためのもう一つの理論的基盤となる言語学を概説します。

4. 記号論と言語学の初歩

これまでの節では記号論の基本である3つの記号、その指示関係を確認しました。本節では、この記号論の枠組みに則って、言語やコミュニケーション、語彙や文法がどのように理解できるのか、言語学との相関関係を詳しく見てゆきます。

前節で、記号は3つの要素（形式、内容、解釈）から成り立っていると述べましたが、言語記号が使われるとき、これらの3つの要素がどのように関わってくるのかを、より細かく見てみます。例えば、"What's this?" という発話（形式）

を聞いて、文の意味（内容）が「これ何？」だと理解できても、「これ」が何を指すのかは状況（**コンテクスト**）を参照しなければ特定（解釈）できません。この例が示す通り、文法によって文の意味が分かることと、対象が何を指すのか分かることは別のことです。文法で解読できる意味を**文法的意味**（grammatical sense）といい、コンテクストによって解釈できる意味を**語用論的意味**（pragmatic meaning）と呼びます。言語学では、前者のように言語構造を扱う分野を**意味論**（semantics）、後者のように言語使用を扱う分野を**語用論**（pragmatics）と呼びます。言語をコンテクスト抜きで見るのか、コンテクストに照らして見るのかが違うわけです。

　文法的意味は、言語の構造に関わり、「音の型」である最小単位である**音素**（phoneme）と、「意味の型」の最小単位である**形態素**（morpheme）などによってコード化されています。例を挙げると、"dogs" という語は、標準英語では（米）［dɑgz］（（英）［dɔ́ːgz］と発音されますが、個々の音を分解すると、/d/ /a/ /ɔ/ /g/ /z/ という音素が配列されて**語**（word）ができています。また、"dogs" という文字は「do」「g」のようにすると意味が分からなくなってしまうため、"dog"（犬）と"-s"（たち；複数）以上は分割できません。それ以上は分割できない、意味を持つ形式の最小単位のことを、音素と同じ「素」という字を用いて「形態素」と呼びます。私たちが「単語」（word）と呼ぶものは音素（精確には形態音素）と形態素から構成されていて、その語と語が組み合わさると**統語**（syntax）と呼ばれるものになります。統語とは、語の配列を指し、「構文」に近い概念で、例えば "Cats like dogs."（猫は犬が好きだ）と "Dogs like cats."（犬は猫が好きだ）では意味が当然、違いますが、出てくる単語は同じであるため、意味の違いは語順による、つまり形態素などと同様、統語も文の意味に貢献します。音素、形態素、語、統語、これらの文法コードによって解読できる意味、文法にコード化されている意味が、文法的意味です（第6章1節も参照）。

　一方、「語用論的意味」とは、実際の場面で解釈される意味のことですが、それは、大きく分けて2つの意味を含みます。一つ目が**言及指示的意味**（referential meaning）で、二つ目が**社会指標的意味**（social indexical meaning）です。言及指示的意味とは、「何が言われているか」（what is said）に関わる意味のことで、他方、「社会指標的意味」は「社会」と「指標」（index）という語からも分かる通り、社会的性格を指し示し、「今・ここ」で「何がなされているか」（what is done）に関わる意味のことです。例を挙げると、授業中に先生が机に突っ伏している生徒に「君、大丈夫？」と言ったとすると、言及指示的意味は生徒への体調に関する問いかけとなりますが、社会指標的意味は、先生の表情、言い方、身振り、その

第3章　語彙とコミュニケーションを《つなぐ》学習

生徒の日頃の言動、先生や周囲の人々（家族や友人など）との関係性など、さまざまなコンテクスト的要因によって、「年少者・被庇護者に対する心配・ケア」、「教室では期待されない行為に対する驚きや狼狽」、「教師の権威を脅かす行為への嘲笑や叱責」などと解釈することが可能となります。

　この例が示唆するように、私たちが日常生活で無意識的に行っているコミュニケーションは、必ず、「今・ここ」の場で行われ、何かについて何かを述べるという言及指示的な意味に加えて、話し手や聞き手の社会的地位（職業、階級、年齢、地域、学歴、ジェンダーなど）や社会的距離（上下／親疎関係）など、権力関係やアイデンティティを指し示す社会指標的意味を持ちます。言語は、まず、コードによって文法的意味を解読することが前提となりますが、現実のコミュニケーションの場面では、文法的意味だけでは不十分で、語用論的意味を解釈する必要があります。文法的意味は、語用論的意味を含んだコミュニケーションの意味全体のほんの一部に過ぎないのです。語用論的意味は、言及指示的意味と社会指標的意味から成っており、必ず、コンテクストに照らして解釈されます。

　そして、言及指示的意味と社会指標的意味の両方の解釈に大きな影響を及ぼしている体系が**文化的意味範疇**（cultural meanings）です。文化的意味範疇とは、それぞれの文化や社会集団によって異なるイメージや意味づけを持つ、言語哲学や言語人類学などの分野で「文化的ステレオタイプ」と呼ばれるものに近い概念です。例を挙げると、"yellow"（黄色）という語は、特定の色を指すという点において明らかにコード化された語です。ところが、標準英語話者は、色の中でも特に黄色に対しては、（当然、コンテクストにもよりますが）あまりよいイメージを抱いていないことが散見されます。それは、"yellow"には「臆病な」「嫉妬深い」のような意味や、"yellowbelly"（臆病者）"yellow journalism"（低俗なジャーナリズム）のような表現があることからも示唆されます。理由は諸説ありますが、キリストを裏切ったユダが黄色い服を着ていたから「卑しい色」というイメージ（概念、ステレオタイプ）が定着したなどともいわれています。こうしたことは、日本人の英語学習者には、あまり意識されません。このように、文化的意味範疇は、文法範疇とは異なるコードとして意味の解釈に大きく関与します。

　「文化的意味範疇」は社会指標性とも深く結びついています。例を挙げれば、一般人が抱く「黄色」のイメージは、カラー・コーディネーターやファッション・デザイナーと呼ばれる人々など、色を専門に扱う職業人が抱く知識・概念とは異なります。専門的な知識・概念とは、例えば、「黄色」は注意を喚起するときに使われる目立つ／明るい色なので、服やインテリアに採り入れる際には、「色

相環」の対角線上にある「紫」と組み合わせると互いの「補色」になるのでよい、といった概念知識です。このように、職業的な文脈や社会生活者の経験と結びついた語彙（主に、**レジスター**と呼ばれる**職業語**、**隠語**、**専門語**など）は、たとえ同じ語で、同じ文法的意味を備えていたとしても、職業文脈上で使用される時など、社会指標性が顕著に高まり、それに伴って文化的意味範疇に関して異なる意味を持ちます（第 10 章 2 節 2 項も参照）。

　社会指標性の高い語彙は、専門職的な文脈で多く観察できます。例えば、本章で述べられている「語用」「音素」「類像」などの語彙は、社会指標性が高い学問分野（言語学や記号論）の専門用語です。警察組織で働く人は、「現逮」（現行犯逮捕）、「仏さん」（被害者の遺体）、「クスリ」（麻薬）などの職業語を多用します。他にも、医療、法律、行政、政治、マスコミ、宗教、芸術、スポーツ、小売など、それぞれの領域で特殊な語彙を使い、それ以外の社会領域から区別された独自の言語使用と概念体系が確立されています。これらの語は、特定の職業や集団に属したりしていない限り、適切に使用／理解することが難しくなります。文化的意味範疇は、文法範疇と並んで、語彙の指す意味を特定する機能を果たす重要な要素の一つです。

5. 記号論と言語学に基づいた語彙指導

　これまでの節では、記号論と言語学の理論を詳しく説明しました。本節では、それらに基づいた小学校英語の具体的な語彙指導法を紹介します。

（1）類像性と詩的機能——押韻、英詩、隠喩

　記号論でいう3つの記号（類像、指標、象徴）のうち、類像は類似的関係をもつことが特徴でした。これに関わる言語の重要な機能のうち**詩的機能**（poetic function）と呼ばれるものがあります。詩的機能に着目すると、押韻・英詩・隠喩などの学習を展開することができます（第 9 章 3 節 2 項も参照）。詩的機能は言語学者**ロマン・ヤコブソン**（Roman Jakobson, 1896-1982）によって理論化されました。ヤコブソンは言語やコミュニケーションの多機能性に注目して 6 つの機能を同定しています（**6 機能モデル**）。それらは、(1) メッセージ（言語）がその状況にある対象を指し示す「言及指示機能」（referential function）、(2) メッセージの送り手の心情や信条に焦点が当たる「表出的機能」（emotive function）、(3) 命令、威圧、疑問など、聞き手に焦点を当てた「動能的機能」（conative function）、(4) 言葉の意味の説明（文法的意味）、コミュニケーションの意図の

第3章 語彙とコミュニケーションを《つなぐ》学習

説明（metalingual function）、(5) 送り手と受け手との接触回路に関わる「交話的機能」（phatic function）、(6) メッセージ自体に焦点を当てた「詩的機能」となります（Jakobson, 1990）。

「言及指示機能」は第4節で見た「言及指示的意味」に当たり、その他の5つは「社会指標的意味」に該当します。これらは、実際のコミュニケーションの中でどれか1つしか作用しないわけではなく、6つが同時に作用し、そのうちの1つが顕著さを帯びる（目立つ）と理解してください。例えば会議中に、ある人物（Aさん）が「あなた（Bさん）の言っていることは、私には意味が分かりません」と言ったとすると、最も卓立性を帯びる機能は、Bさんの発言内容（意味）の解釈に焦点を当てたメタ言語的機能ですが、他にも、直前のBさんの発言を指す言及指示的機能、「お前は嫌い」という話し手（Aさん）のBさんに対する意識の表出的機能、「反論」という形で相手（Bさん）を威圧する動能的機能、相手（Bさん）に対する視線や相手から発言権を奪う接触回路に関わる交話的機能など、複数の機能が同時に作用することが可能です。

これら6つのうち、ここでは最も重要な「詩的機能」を以下に詳述します。詩的機能が高いメッセージの例として、「彼は記録よりも記憶に残る選手です。これまでも、これからも。」という発話を一考します。この文は、前後で2組の対照ペア【記録／記憶】【これまで／これから】で構成されていて、頭文字「き」「こ」が共通の音素/k/で押韻、表記法（漢字・ひらがな）と文字数が一致するなど、同一の文法構造を持っているので、メッセージの形式面が際立っています。「彼は一流選手です」という普通の散文的メッセージでは、私たちの意識は、単に言われていることや、それが指す事態、コンテクストに存在する「彼」やその特性などに向けられますが、韻文的な反復構造をもつメッセージは、コンテクストからメッセージ自体が浮かび上がり、メッセージの内在的な力、いわば言葉自体の力（詩的効果）に目が向けられるように機能するのです。詩的機能は「詩」「歌詞」「標語」「広告」「政治的スローガン」「呪文」「祝詞」「表題」「言葉遊び」「早口言葉」など、言葉自体に強い価値づけを行うジャンルで多く見られます（「早口言葉」の実践は第8章3節1項を参照）。

以上を確認した上で、詩的機能の代表である押韻を扱う語彙指導案に進みましょう。英語では韻を踏むことを"rhyming"といいますが、英詩に入る準備として、日本語で押韻に慣れる活動を行います。例えば、分かりやすい例として、「ぶどうをひとつぶどう？」などの「ダジャレ」を挙げてから、「いわてで、いやして」「NIKKOH is NIPPON」「飲んだら乗るな　乗るなら飲むな」「ちかん、あかん」「無くそう、逆走」という広告文や標語、インターネット環境があれば実際の画像

を提示して、これらが**同韻語**（rhyming words）で構成されていることを理解します。その後で韻を踏んだ実際の広告文や表題を見つける課題を行います。例えば、「カラダにピース　CALPIS」「いいだのいい家」「もこみち窓口　保険の窓口」"Fire and Fury" "Beauty and the Beast" "Final Fantasy" "Don't Drink and Drive" など、無数にあります。最後に、自分たちでも何か場所（地名や施設）や物（食べ物や持ち物）や標語（スローガン）を作れないか挑戦してみましょう。作り方のヒントは、表記法や音、文字数を揃えて反復させることです。詩的機能の導入が目的なので、英語でも日本語でもよいことにします。文とイラストを画用紙に描けば、作品を教室に展示することもできます（「暗唱チャレンジ」の実践は第9章3節2項を参照）。

次に、もう少し英語そのものに接近する活動として英詩を扱います。まず、児童に馴染みのある歌として、マザー・グースの "Twinkle, Twinkle, Little Star"（きらきら星）や "London Bridge"（ロンドン橋）を唄い、脚韻を教えます（第8章2節も参照）。続いて、フォニックスと絡めて、*Oxford Rhyming Dictionary* などを参照して同韻語を発音練習します。例えば、"get" "wet" "let" "pet" "vet" "jet" "yet" "met" "set" "net" など綴りが短い語から "upset" "forget" "sweat" などの複雑な語に進みます。「"vet"（獣医さん）」のように日本語も付記しておきます。そして、下のような詩を「なぞり読み」して脚韻を見つけます。

My dragon came out in a sweat
So I took him to see the vet.
When he saw the vet
He got really upset.
He took off like a jet
And hasn't come back yet.

その後、詩の意味を想像してみます。どの語も小学生には難しいですが、文字の配列形式が図1の龍のイラストと「似ている」ことに触れましょう。最初の2行が龍の頭部、最終行が尾を表しています。このように、図面や絵柄に則して文字を配列し、言語の視覚的な効果を高める表現形式の詩を**具象詩**（concrete poetry）といいます。龍の動作、持ち物、表情、学んだ語から、ある程度の意味を推測できるかもしれません。最後に、全体の詩の意味を解説します。「ぶるぶるぶるっ。龍が汗まみ

図1　(*Oxford Rhyming Dictionary*, p.38)

れでやって来ました。」というように詩的世界を壊さない訳出を心がけます。

次に紹介する学習は、隠喩（metaphor）を書く活動です。隠喩は［ある物］と［ある物］の類似点に着目して、非明示的に両者を結ぶ比喩です。例えば、「音楽は自分の薬」(Music is my medicine.)「人生は旅」(Life is a journey.)「恋は魔法」(Love is magic.) などです。図2は筆者（綾部）の勤務校の生徒である佐藤嶺君が中学3年時に書いた、「僕は君の太陽」(I Am Your Sun) という隠喩的タイトルの作品です。押韻、隠喩を学び、易しい英語表現で具象詩を書くアウトプットにまで発展させるのがお薦めです。

図2　I Am Your Sun

(2) 指標性に基づく語彙——名詞句階層、換喩、連想

本節では「指標性」に焦点を当てた学習活動を紹介します。「指標性」とは本章第3節ですでに述べたように、指す物と指される物とが互いに隣接的／連続的関係性をもつことです。例を挙げると、［矢印とそれが指す方向の関係］［荒海と台風の関係］［症状と病気の関係］［言葉遣いと人間同士の関係］［地域方言と出身地域の関係］などです。指標性という概念は、コミュニケーション全般を理解する鍵になります。人と人、人と物、物と物とが**接触する**ことで、ある現象や出来事や相互行為が起こるので、コミュニケーションの空間にはすべて、程度の差はあるものの、指標性の原理が働いていることになります。ここでは、詳しい説明を省きますが、コミュニケーションの中で言及指示される名詞句も指標性の大小によって序列化されています。これを**名詞句階層**（Noun Phrase Referential Hierarchy）といいます（小山，2009）。「今・ここ」の近くにあるものを指す "I"（私）"this"（これ）などの代名詞（人称代名詞や指示代名詞）が最も指標性が高く、「固有名詞（例えば、Brandon）」「親族名詞（mother）」「人間名詞（teacher）」「有生名詞（elephant）」「具体名詞（desk）」「抽象名詞（beauty）」と順を追うごとに指標性が徐々に弱まり、「今・ここ」との隣接性・連続性が不透明になります。この階層性は、代名詞は（その指示対象が、既にテクストにおいて限定されているため、いわば定冠詞が名詞自体に内在化されているので）不定冠詞も定冠

詞もつかず、固有名詞、特に親族名詞辺りから段々、冠詞（不定／定冠詞による区別）が頻繁に出現し、有生名詞や具体名詞の辺りで最も頻出する（そして抽象名詞に至ると不可算なので不定冠詞はほぼ出なくなるが定冠詞は出続ける）といった文法的規則性とも体系的に相関します。これらが示唆することは、コミュニケーションが「今・ここ」を基点として、それと隣接的関係にある人や物を指し示していたのと、まさに同じ原理で——いわばその延長線上に、隣接関係が強い（近い）／弱い（遠い）という基準に則して——文法や語彙、それらが示す「もの」一般の世界も構成されているということです。したがって、コミュニケーションを重視した語彙学習では、学習する語彙を、コミュニケーションが行われている「今・ここ」の場面との隣接的関係性に依って把握し、（名詞句階層などを構成する）指標性の原理に基づいて語彙を理解・使用することが、おそらく最も理に適っているといえるでしょう。

　例えば、知らないもの、初めて出てきたもの（新出情報）、その意味で「今・ここ」で行われている語りとの関係性が薄いものは、"an elephant"などと不定冠詞と普通名詞から成る名詞句で呼ばれますが、それが一度、出てきた後は、「今・ここ」の語り、コミュニケーションとの関係性、つながり（隣接性）が高まるため、"the elephant"と定冠詞がついたり、"it"と代名詞になることに注意してください。「今・ここ」で行われている語りとのつながり、隣接性が高まるほど、名詞句階層に沿って、言い方が変わってゆくのです。

　あるいは、インフォーマルな日常会話では、典型的に、"I"や"you"、"she"や"he"などの代名詞が頻出しますが、例えば学術論文のようなフォーマリティの高いジャンルでは、それらの代名詞の頻度は低く、代わって抽象名詞などの頻度が上がるなど、名詞句階層は、フォーマリティの違い、BICS（Basic Interpersonal Communicative Skills）とCALP（Cognitive Academic Language Proficiency）の違いなどとも、かなり相関していることが知られています（第6章2節3項と第14章3節も参照）。

　以上を確認したうえで、ここでは指標性に関するもう一つの現象である「換喩」を中心とした指導法を紹介します。**換喩**（metonymy）とは、指標性の原理に基づいて語句の意味を拡張して用いた表現形式です。例を挙げると、「手を貸す」（give someone a hand）「頭を使う」（use one's head）のように、ある事物（手／頭）を、それと隣接するもの（手伝う／考えること）に喩えたものです。授業では、最初に日本語でどのような表現が換喩に当たるかを考えます。例えば、「ペットボトルを飲む」「お風呂を沸かす」など身近な表現で構いません。それから、それらが英語でどのように表現されているのかを調べて、日本語と英語での、物

の捉え方や表現の仕方の共通点や違いを比較します。

　次に、語と語を換喩的な思考でつなげる活動に発展させます。1990 年代、「マジカルバナナ」というゲームが流行りましたが、それにヒントを得た活動です。ルールは、一定のリズムにのって、ある語から連想される語を回答者が順番に答えてゆきます。例としては、「マジカルバナナ、[バナナ] と言ったら [すべる] ⇒ [すべる] と言ったら [ソリ] ⇒ [ソリ] と言ったら…」という具合に、隣接的な語を即座に連想するもので、無関係な語を言ったり、回答できない場合は失格となります。このルールを変更して、回答者の順番交代方式をやめてしまい、クラス、あるいはグループで協力し、できるだけ多く英単語をつなげる方式にします。下の例のように、同じ語や固有名詞を使わないこと、辞書を使って調べてもよいことにします。時間内にいくつ思いつくかグループ同士で競ってもよいですし、クラス全体で毎時間の帯活動として 1 年間継続して単語をつないでゆけば相当な量の語に発展します。こうした創造的な語彙学習には子どもたちも興味をもって積極的に取り組むのではないでしょうか。もともと子どもの語彙習得は、テクストやコンテクストの中で語と語が結びつきながら連関することで発達するといわれています。

banana ⇒ yellow ⇒ giraffe ⇒ zoo ⇒ animal ⇒ cute ⇒ baby ⇒ cry ⇒ sad ⇒ accident ⇒ car ⇒ fast ⇒ ball ⇒ baseball ⇒ popular ⇒ song ⇒ musician ⇒ piano ⇒ heavy ⇒ box ⇒ carry ⇒ airplane ⇒ fly ⇒ bird ⇒ tree ⇒ park ⇒ bench ⇒ sit ⇒ class ⇒ school ⇒ study ⇒ textbook ⇒ difficult ⇒ test ⇒ score ⇒ number ⇒ …

(3) 象徴性——普通名詞、職業語、アイデンティティ

　最後に「象徴性」を特徴とする語彙についての指導を紹介します。象徴性とは、指す物と指される物とが、慣習的・恣意的な関係性によって結びついているものでした。代表例は、代名詞や固有名詞ではない「普通名詞」ですが、直示を除く動詞、形容詞、副詞なども含みます。特にこれらの語彙は象徴性が高いので、語彙学習では一語一語の意味を記憶する必要があるのですが、学習の初期段階で学習者に過度の暗記学習を強いることは避けたいものです。上で見たように、語彙学習ではテクストや特にコンテクストでの語と語の結びつき（類像性や特に指標性）が鍵となります。そこで、本節では、量よりも質、つまり指標性という性質を重視した、学習者が語彙学習の面白さを感じられるような指導法を紹介したいと思います。

　本章第 4 節で述べましたが、文化的意味範疇に即して解釈される語（職業語

など）が使用者の社会的属性やアイデンティティを指標することに注目します。小学校では「将来の夢」「なりたい職業」などの作文を書くことが多いですが、英語授業でこれを発展させて、その職業で使用される語彙を考えてみるのはいかがでしょうか。サッカー選手になりたい児童は競技規則を調べ、パティシエになりたい児童は料理本から食材や調理法に関する語彙を抽出します。学校図書館に資料がない場合は、宿題として家でインターネットを使ったり、保護者に聞いたりしてもよいことにします。次に、和英辞書で、それらの語彙を英語に翻訳してリスト化します。完成したらクイズを作り、毎時間一人ずついくつかの単語を選んで、その意味をクラスメートに問いかけたり、自分が選んだ職業は何かを当ててもらいます。そうすると、その児童がどれだけその職業についての知識が豊富か、どれほど熱心に調べたのか、一人ひとりの熱意や個性や社会的アイデンティティまでもと（指標的に）結びついたかたちで、語彙の使用と習得を促せます（第14章4節の3つの実践も参照）。

　現在、筆者（綾部）が中学1年時から5年間教えている細谷航平君という生徒がいます。彼は鉄道研究同好会に所属していて、将来はその道に進む夢をもっています。中学3年生の修学旅行で姫路駅のホームで特急スーパーはくとを待っている時に、私が「何時の電車に乗るんだっけ？」と質問をしたら、彼は「13:50です。正確に言うと、電車じゃなくて列車ですけどね」と笑いながら親しみを込めて答えてくれました。時間を尋ねる何気ない会話でしたが、そのとき私は初めて、「列車とは上位語で、電車が下位語である」という語彙範疇の構造や、「スーパーはくとが電気の力ではなく、軽油の力で走る気動車（diesel car）だから電車ではない」という鉄道世界の概念体系（文化的意味範疇による解釈の違い）に気づかされました。また、その修学旅行の行程表を彼が中心となって企画したという過去の事実や、班行動の計画を立てる際に分厚い時刻表を持参していた記憶も重なり、「今・ここ」を取り巻くコンテクストから、彼が鉄道の分野で相当な専門知識をもつ人物で、自分が全くの素人であるという「社会指標的意味」をも認識しました。その彼に協力してもらい、今回、鉄道関連の語彙をリストアップしてもらったので、以下に掲載します。図3に載せたのが、彼が中学の卒業文集で書いた"SHINSHU"（信州）という詩（acrostic poetry）です。

〈鉄道に関連する語彙〉
(Ban-etsu West) Line【(磐越西) 線】, (Shibayama) Railway【(芝山) 鉄道】, (Nagano) Electric Railway【(長野) 電鉄】*"Dentetsu"と表記する場合が多い, (Myoko-Kogen) Station【(妙高高原) 駅】, (train) car / vehicle【車両】, bullet train・superexpress【高速

第 3 章　語彙とコミュニケーションを《つなぐ》学習

列車≒新幹線】＊"Shinkansen" でも通じる、locomotive【機関車】、diesel car【気動車】、freight train【貨物列車】、tram / street car【路面電車】、subway【地下鉄】、track【線路、軌道】、track ○（○＝数字）【○番線】、railroad crossing【踏切】、platform【（プラット）ホーム】、automatic ticket gate【自動改札機】、ticket vending machine【券売機】、hand strap【つり革】、priority seat【優先席】、via ～【～経由・方面】、commuter pass【定期券】、fare【運賃】、fare box【運賃箱】、time table【時刻表】、boarding point

図 3　SHINSHU

【乗車位置】、reserved seat【指定席】、transfer【乗り換え】、fatal accident【人身事故】＊"passenger injury" と表記する鉄道会社もある、delayed【遅延】、service suspended【運休】、station number【駅番号（駅ナンバリング）】、station master【駅長】、conductor【車掌】、conductorless train / one-man operated train【ワンマン列車】、commuter rapid【通勤快速】、semi express【準急】、section express【区間急行】、limited express【特急】、local【各駅停車】

　以上のように、文化的意味範疇と社会指標性の高い語彙を結びつけ、学習者の社会的アイデンティティを表現する場や機会を与えることで、動機づけを喚起したり、学習者たちがお互いについて学び合える、社会的に意味のあるコミュニケーション、豊かな学習活動のプロセスの一端を示せたのではないかと思います。

　最後に取り上げるのは、自分が出会った語の中から、印象に残ったり、ある感情を抱いたり、何らかの発想を得たものなど、何でもよいので 1 つ選び、それについての意味や解釈をイラストやエピソードを交えながら自由に表現してみようというプロジェクトです。これは『留学生の見た漢字の世界――漢字学習への創造的アプローチ』（春風社, 2017 年）の中で紹介されていた「漢字マップ」という実践に着想を得たものですが、漢字学習だけではなく、英語学習にも応用できると考えました。教科の枠を越えて、「言語」という視点から英語と国語（日本語）をつなぐきっかけにもなるのではないでしょうか。図 4 は、筆者（綾部）の同僚である美術科の中仙道優真先生にお願いして描いて頂いた作品です。この絵から分かるように、普通名詞 "road"（道路）という単純な語彙でさえ、発想力や表現力があれば再解釈して語彙とコンテクストをつなげて新たなものを創造することができます。

図4

　以上、本章では、記号論と言語学の知見に依拠しながら、小学校英語の核となる語彙の指導法を紹介してきました。どれも一人ひとりの個性や主体性を重視しています。児童にとって、語彙学習が単なる暗記作業となるのではなく、本章で紹介した言語やコミュニケーションやコンテクストと絡める実践的なアプローチを採ることで、より興味のもてる学び、より創造的な取り組みへのきっかけとなるように願います。

【引用文献】

Jakobson, R.（1990）. *On language*（L. R. Waugh & M. Monville-Burston, Eds.）. Cambridge, MA: Harvard University Press.

小山亘（編）（2009）．『記号の思想——現代言語人類学の一軌跡　シルヴァスティン論文集』三元社.

メイ, J. L.（2005）．『批判的社会語用論入門——社会と文化の言語』（小山亘・訳）三元社．［原著：Mey, J. L.（2001）. *Pragmatics: An introduction*（2nd ed.）. Oxford: Blackwell］．

【推薦図書】

①池上嘉彦（2002）.『自然と文化の記号論』放送大学教育振興会.
➤ 記号論について分かりやすく書かれているので、この分野に興味をもった人にお薦めの本です。詩学、生命、動物、文化、広告・宣伝、芸術など多岐にわたる分析例が紹介されています。

②奥津文夫（編著）（2002）.『日英比較・英単語発想事典』三修社.
➤ 本書で言及した標準的英語話者が"yellow"という語に抱くイメージなど、コンクスト抜きのコード化された文化的意味範疇について、英語と日本語の多くの語を比較文化的に詳しく論じた実用的な事典です。

③窪薗晴夫（2008）.『ネーミングの言語学――ハリー・ポッターからドラゴンボールまで』開拓社.
➤ 副題にもある通り、日英語の人名や会社名のネーミングの豊富な例を挙げながら、その背後にある英語と日本語の言語構造、特に、頭韻、リズム、語順などについて詳しい説明を行っている良書です。

④林さと子・関麻由美・齋藤伸子（編著）（2017）.『留学生の見た漢字の世界――漢字学習への創造的アプローチ』春風社.
➤ 留学生の日本語クラスでの理論と実践と作品が紹介されています。出身国や日本語のレベルの違いに対応するために「個別性」と「自律性」を重視した取り組みが報告されていて参考になります。

第4章 英語発音指導を考える
——間違いやすいイントネーション——

川越いつえ

1. 日本語的発音の問題点

　日本は英語の発音教育がうまくいっていない、これは残念ながら周知のことです。発音は幼いほどよく身につくということから幼児英語のクラスが盛んですが、せっかくそこで身につけた英語の発音も公的学校教育の中で潰されてしまう、そんな話をよく聞きます。どうして英語の発音教育がうまくいかないのでしょうか。問題はいろいろありますが、その中の1つが教員の指導力不足であることは確かです。小学校の教員はともかく中学や高校の英語教員ですら発音指導に自信のない場合がほとんどです。それは当然といえます。なぜなら英語教員たち自身が英語の発音教育を受けた経験がほとんどないからです。自分の発音に自信がない、発音指導の仕方が分からない、それがごく一般の英語教員の姿です。

　発音指導の方法が分からないからでしょうか、堂々と日本語的英語で発音すればよいという英語教員もいます。しかしそうでしょうか。「アイ　ライク　バドミントン」とカタカナ発音の英語を大きな声で発音しても相手に通じるとは思えません。英語母語話者のような発音を目指すことはない、世界共通語としての英語なのだから通じる英語発音であればよい、その通りです。しかし、**通じる英語**（intelligible English）とは決してカタカナ発音の英語を大きくはっきり発音するものではありません（第7章1節2項も参照）。

　英語の**発音指導**は大きく2つに分かれます。1つは母音や子音といった単音を英語らしくする発音する指導です。R音やL音の発音指導などはこれに当たります。もう1つは**イントネーション**の発音指導です。イントネーションはことばのメロディです。どの部分を低く弱く、どこを高く大きく発音するかという英語特有のメロディを教える必要があります。"I like badminton." であれば、最後

の単語 "badminton" の "bad" を高く大きく発音し、その他は低く弱くそして素早く発音します。図示するとこんな感じです。

(1)

I like badminton.

これは日本語のメロディとはだいぶ違います。日本語は各文字（拍）が同じ長さで発音されます。日本語の方を図示するとこんな感じです。

(2)
　　　アイ　ライク　バドミントン

アメリカ人が日本語を話すのを聴いていると、「オネガーイシマス」のようにどこか1カ所が長く高く大きく聞こえませんか。これが英語のメロディです。必ず1フレーズに1つ目立つところ（**ピーク**）があるのです。その1カ所だけを目立たせて、ほかは目立たなく弱化して発音します。それに対して日本語は「オネガイシマス」のように、どの音もきちんと同じ長さで発音します。(1) の "I like badminton." の "bad" のところが「オネガーイシマス」の「ガー」にあたるピークで、長く高く発音します。(2) の日本語式の「アイ　ライク　バドミントン」には特に目立つところがありません。「オネガイシマス」と同じイントネーションなのです。

さて、本章では発音指導の2分野のうち、イントネーションの指導を扱います。日本人が失敗しやすい英語のイントネーションを3つに分けて説明します。イントネーションのピークの話とリズムの話、そして弱化の話です。発音の仕方にはルールがあり、それを知っていると自然と英語らしい発音が身につくし、聞き取りのコツも身についてきます。自分の発音に自信がないのはどんな人も同じです。私もその一人です。そうした日本人の私たちだからこそ教えられる英語発音があるのです。それは発音のルールを教えること、発音のコツを教えることです。日本人にとって必須のルールとコツを見ていきましょう。

2. イントネーションのピーク

(1) の図を見てください。"badminton" の "bad" がピークになっています。イ

ントネーションとは英語のフレーズ全体のメロディのことで、その中には必ず大きく目立つ箇所（音節）があります。それがピークです。イントネーションの中心という意味で専門的には**核**と呼びます。発音指導の初めに、英語音声を聴いてピークを聞き取る訓練をしてください。次に、ピークで声を大きく長くする発音訓練をしてください。ピークは日本語にはないものなので、生徒がその存在に気づく必要があります。

　ピークの発音の仕方はいろいろです。なぜならピークの発音の仕方で疑問文か否か、感情の強さはどのくらいかが伝わるからです。(3a) は (1) を直線化したものです。(3a) のように言えば普通です。"What do you like?" と聞かれて答えているような場合です。(3b) のように言えば強い感情が伝わります。久しぶりに "badminton" を見て感激しているような場合です。(3c) のように言えば、疑問の気持ちが伝わります。初めて "badminton" というものを見ている人が「これは好きだろうか？」と自分に問いかけているような場合です。

(3)
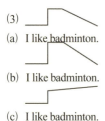
(a) I like badminton.

(b) I like badminton.

(c) I like badminton.

　さて、(3a, b, c) から分かるピークの発音ルールは何でしょうか。3つあります。1つ目のルールは (3a) と (3b) の違いにみるように、ピークをどの程度大げさに発音するかで感情の大きさが伝わることです。2つ目は (3a) と (3c) の違いにみるように、ピーク以降で声を下げる場合と上げる場合があることです。声を下げる（**下降調**）のは自分の発言内容を主張する場合、声を上げる（**上昇調**）のは自分の発言内容に疑問がある場合です。(3c) では平叙文の "I like badminton." を上昇調で発音しています。"Do I like badminton?" のように疑問形にしなくても上昇調を使えば疑問になるのです。"It's raining." や "You are hungry." という文のピーク (RAINing, HUNgry) を上昇調で発音してみましょう。語順を変えなくても「雨がふっていますか」「おなかがすいていますか」という疑問の意味になるのが分かるはずです。

　3つ目のルールはピークの場所です。ルールは簡単です。**フレーズ（通常は文全体）**の最後の名詞、形容詞、動詞、副詞（まとめて**内容語**と呼びます。意味

内容をもつ語という意味です）**がピークをもちます**。(3) を見るとフレーズの最後の内容語は名詞 "badminton" です。そこで "badminton" という名詞の**語強勢（語アクセント）**をもつ "bad" がピークになります。"It's raining." ではフレーズの最後は動詞 "raining" です。そこで "raining" の語強勢をもつ音節 "rain" がピークになります。"You are hungry." では最後は形容詞 "hungry" です。"hungry" の語強勢 "hun" がピークになります。

(4) 以降の例文は *Hi, friends! 1* と *Hi, friends! 2* から取り出しています。ピークの位置を見ましょう。ピークは大文字で示します。以下では下降調を矢印↘、上昇調を矢印↗のように簡略化して記します。

(4)
(a) Turn RIGHT. ↘
(b) Let's go to FRANCE. ↘
(c) I want to eat CHEESE. ↘
(d) Can you cook and SWIM? ↗

(4) のいずれでも最後の内容語がピークをもちます。矢印は最も一般的な音調を記していますが、状況によっては (a) を上昇調で発音する場合も、(d) を下降調で発音する場合もありえます。

フレージングとイントネーション・ピーク

(5) を見てください。ピークが4つあります。カンマごとに1つの**フレーズ（区切り）**になり、1つのフレーズごとにピークが1つあります。しかもピークの音調が変化しています。

(5) We have three COLors ↘, WHITE ↗, RED ↗ and BLUE ↘.

第1フレーズのピークをもつ "colors" は下降調、第2と第3フレーズのピークの "white" と "red" は上昇調で、最後のフレーズのピークの "blue" は下降調です。下降調は話が終わる印で、上昇調は話がまだ続くという印です。第1フレーズでは "We have three colors"（私たちには3色あります）でひとまず話が終わるので下降調です。第2と第3フレーズの "white" "red" は話が次に続くので上昇調ですが、最後のフレーズの "blue" は話が終わりであることを示すために下降調になります。つまり、上昇調には上述の「疑問」という意味のほかに「話の継続」、下

69

降調には上述の「主張」という意味のほかに「話の終わり」というもう1つの意味があるのです。

　次の文にはカンマはありませんが、通常文法上の切れ目で2つに区切って読みます。そこでフレーズは2つ、ピークも2つです。

(6) In KoREa ↗ / schools start in MARCH ↘.

ピークはフレーズの最後の内容語にあります。最初のピークをもつ "Korea" は「話の継続」を示すために上昇調、次のピークの "March" は「話の終わり」と「主張」を示すために下降調になります。

文末が代名詞の場合のイントネーション・ピーク
　次の事例を見ましょう。ここではピークが最後の単語にはありません。

(7)
(a) THANK you.
(b) I gave a PRESent to him.
(c) How ARE you?
(d) What IS it?

　(7a) (7b) では最後の単語は "you" "him" です。これらの人称代名詞は内容語ではないので、フレーズの最後にあっても通常ピークになりません。さらに (7b) では "him" の左の "to" も内容語ではないのでピークになりません。そこで、さらに左の "present" という内容語（名詞）がピークをもつことになります。
　(7c) (7d) の最後の単語は "you" と "it" です。どちらも代名詞で内容語ではないので、ピークになりません。そこでその左の be 動詞がピークとなります。be 動詞は通常内容語ではなく、ピークにならないのですが、この構文ではピークになります。要注意のイントネーションです。

複合語の場合のイントネーション・ピーク
　(8) では、いずれも最後の名詞（"game" "office" "tower"）にピークがありません。どうしたのでしょうか。

(8)
(a) I want to see SOCcer games.
(b) Here is the POST office.
(c) You can see the EIFfel tower.

実は下線部は**複合語**で、つづり字上は2つの単語に見えますが、文法的にも発音上も1つの単語です（複合語を構成する各語は厳密には前要素、後ろ要素と呼びますが、ここでは前の語、後ろの語と呼びます）。複合名詞の語強勢は通常前の語にあるので、文(8)のピークも前の語（"soccer" "post" "Eiffel"）の語強勢位置になります。(8)のような場合、後ろの語にピークをおく間違いがよく見られます。これは日本語のアクセントの影響です。日本語では「モーターバイク」「とっきゅう**れ**っしゃ」「ひる**やす**み」のように後ろの語にアクセントをおく場合が多いからです。

(8)の複合語を見ると、2語の間にスペースがあります。しかし、複合語には "supermarket" "basketball" "breakfast" のようにスペースを入れずに綴るものもあるし、"window-shopping" "T-shirt" のように間にハイフンを入れて綴るものもあります。綴り字を見て1語と分かる場合はピークの位置を理解しやすいのですが、(8)のように綴り字上は2語に見える場合、ピークの位置には特に注意が必要です。

形容詞＋名詞のイントネーション・ピーク

(9a)から(9c)では形容詞と名詞が並んでいます。後ろの名詞が最後の内容語ですから、そこにピークがあります。

(9)
(a) France is a nice COUNtry.
(b) A delicious APple for you.
(c) Momotaro is a good BOY.

ここでピークの位置に疑問をもつ人がいるかもしれません。(9)の下線部では "nice" "delicious" "good" といった形容詞の方が後ろの名詞より意味的に大事なのではないか、そこで形容詞の方を大きく発音する方が自然なのではないかという疑問です。(10)のような発音です。

(10)

(a) France is a NICE country.
(b) A deLICious apple for you.
(c) Momotaro is a GOOD boy.

　(9) と (10) の違いはピークをもつ単語です。(9) では最後の内容語である名詞がピークをもち、(10) では名詞を修飾する単語がピークをもちます。実はどちらの発音も英語らしい発音です。しかし、文のもつ意味（ニュアンス）が (9) と (10) では変わります。(9) が文全体を大事な情報として語っているのに対し、(10) では "nice" などピークをもつ単語を特に強調して語っています。例えば、(9c) は、桃太郎の遊ぶ姿を見ながら、おじいさんとおばあさんが「桃太郎はいい子だねぇ」と言っているような場面で使います。一方、(10c) は桃太郎を悪い子だという人に対して、「いやいや、いい子ですよ」と対比的に強調するような場面で使います。もちろん対比的ではなく、「とってもいい子」という強調の意味でも使います。

　(9) のようにフレーズの最後の内容語にピークがある場合を**広い焦点**（broad focus）といい、(10) のようにフレーズの最後の内容語以外にピークがある場合を**狭い焦点**（narrow focus）といいます。焦点とは話者がクローズアップしている部分ということです。話者は (9a) では文全体をクローズアップして聞き手に伝えているのに対し、(10a) では "nice" だけをクローズアップして伝えているわけです。

　(9) に見るような形容詞＋名詞の句は日本人が間違いやすいものです。例えば、"There was a blue pen on the table." という文で、"blue" を強める癖があるのです。これは日本語で「あおいペン」というときに形容詞にアクセントがくることの影響とする説もありますが、それだけでは説明できない場合も多くあり、理由ははっきりしません。英語で "blue" にピークを置いて発音すると、「ほかの色ではなく青色の方のペン」という意味に受け取られてしまいますから注意しましょう。

疑問詞疑問文（*Wh* 疑問文）のピークと音調

　(11) の事例は**疑問詞疑問文**（*Wh* 疑問文とも呼ぶ）です。*Hi, friends!1, 2* にたくさん出てきます。(a) は疑問詞 "what" の後ろに "do you want" といった文が続きます。(b) は疑問詞のあとに名詞などが続いて「何色のTシャツ」といった名詞句になります。どちらもピークは最後の内容語にあります。(a) では最後の動詞（want, like）、(b) では最後の名詞（T-shirt, books）がピークをもちます。"T-shirt" では語強勢のあるTがピークです。日本語の感覚では「何が」とか「いくつ」

という疑問詞をピークにする方が自然に感じますが、英語では通常最後の内容語がピークをもちます。

(11)
(a) What do you WANT↘? What would you LIKE↘?
(b) What color T-shirt↘? How many red BOOKS↘?

　疑問詞疑問文の通常の音調は下降調です。もちろん上昇調で発音する場合もありますが、意味が変わります。下降調で "What do you WANT?" と言えば「何が欲しいですか」と欲しいものを聞いているわけですが、上昇調で言えば、「えっ今何が欲しいと言ったんですか」と問い返す感じになります。また、かすかに文末を上げる程度の上昇調（slight rise）の場合は相手をなぐさめるような優しい感じになります。

　疑問詞疑問文のイントネーションは日本人が間違いやすいものの代表格です。間違い方は2つあります。1つは下降調でなく上昇調にしがちなこと、もう1つはピークを疑問詞に置いてしまうことです。前者の音調ですが、日本語で「何が欲しいですか」と尋ねる場合を考えると、文末の「か」で上昇します。「あの本が欲しいですか」という yes-no 疑問文と同じ音調です。そこで英語でも疑問詞疑問文を上昇調で発音してしまうのです。疑問文なのだから上昇調が当たり前だという感覚が根深くあると思われます。

　英語では疑問詞疑問文は下降調が基本です。それは疑問詞疑問文が「疑問詞の部分の答えがいただきたい」という話者の主張を伝える文だからです。上昇調は自分の発言への「疑問」、つまり、"you are hungry↗" と言えば、「"you are hungry." ということは本当ですか」という意味をもつ音調です。そこで疑問詞疑問文に上昇調を使うと自分の発言に疑問をもっている、つまり、自信のない感じや、相手を気遣って発言している感じがします。

　もう1つの日本人の間違いはピークを疑問詞に置くことです。これは日本語からの影響だけでなく、一番大事な単語にピークがあるはずだという思い込みも影響しているようです。例えば、"Where are you going?" という文では、一番大事な単語は "Where" だからその語にピークがあるはずだという思い込みです。しかし、この文は通常 "Where are you GOing?" と最後の内容語にピークを置いて発音します。これは "going" が意味上大事だからではなく、文全体を大事な情報として相手に伝達しようとするためです。文全体が重要な場合、全部の単語にピークを置くわけにはいかないので、最後の内容語にピークを置きます。これが

広い焦点という英語のピーク位置のルールです。日本語にはこのルールがないので感覚的に分かりづらく間違いが多く見られます。

否定辞（not, n't）のイントネーション・ピーク
　(12) は否定辞を含む文です。いずれの場合も最後の内容語にピークがあります。

(12)
(a) I don't KNOW.
(b) Please don't open the DOOR.　Please don't look into the ROOM.
(c) Can you ride a UNicycle?　　No, I CAN'T.

否定辞 not をもつ "don't" "can't" は大事な情報なので、この単語にピークをおいて強めて発音しがちですが、決してそうではありません。例えば (12a) でいえば、フレーズ最後の動詞 "know" がピークをもち、"don't" がピークをもたないのが通常です。ただし、(12c) の "No, I can't." といった場合は "can't" がフレーズの最後なのでピークをもちます。

　(13) は現在完了形の文です。(13a) のピークは "thought"、(13b) は "Britain" にあります。どちらもフレーズ最後の内容語がピークをもちます。

(13)
(a) I haven't THOUGHT about it.
(b) They have never visited BRITain.

(13a) では文末の "about" と "it" は前置詞と代名詞で内容語ではないのでピークになりません。ピークが否定辞を含む "haven't" や "never" にはないことに注意してください。文が肯定か否定かは最重要情報だから一番強く発音するはずで、ピークをもつと考えがちですが、そうではないのです。ただし注意してほしいのは、ピークではないから声を弱めて発音するわけではありません。(13) の "haven't" も "never" も、(12) の "don't" も（内容語ではないですが否定辞 n't がつくと）文強勢をもちリズムのビートになるので、強めに発音します。ただピークとは違い、下降調や上昇調といった音調変化はありません。文強勢の発音の仕方については次節を見てください。

3. 英語のリズム

リズムと文強勢

　ドラマやニュースで英語やフランス語を聞く機会があると思います。単語を聞き取ろうとせずに、言葉を音楽のように聞き流してみてください。英語は川の流れのように滑らかに、しかしうねりながら聞こえてきます。一方、フランス語はタッタッタッと軽快なステップのように聞こえます。フランス語のリズムは日本語に似ています。1音節で細かくリズムを刻みます。英語のリズムはいくつかの音節をひとまとめにしてリズムを刻む**強勢リズム**（stress-timed rhythm）です。本節では英語のリズムを考えます。日本語とはたいへんに違うので、違いを知り練習する必要があります。

　(14) の文は英語リズムの練習によく使われるものです。丸印（●）がリズムのビート（強い拍子）です。ドット（·）はビートのない音節（弱音節）です。(14) では大文字表示（例 "CHEESE"）がイントネーションのピークです。ピークの音節にはビートと音調（↘/↗）の両方がつきます。

(14)
(a) Mice eat CHEESE ↘.
　　●　●　　●
(b) The mice eat the CHEESE ↘.
　　·　●　●　·　　●
(c) The mice will eat the CHEESE ↘.
　　·　●　·　●　·　　●
(d) The mice have eaten the CHEESE ↘.
　　·　●　·　●　·　·　●

　(14) の文はいずれも丸印が3つあるので、3拍子です。同じ間隔で拍子のある単語（音節）を発音します。丸印を**文強勢**（sentence stress）と呼びます。文強勢がほぼ同じ間隔で繰り返されるのが英語の強勢リズムです。一方、日本語は1拍（1文字）を同じ間隔で発音します。いくつかの音節をまとめて拍子を刻む英語とは違います。英語クラスでは教師が手をたたいて拍子を刻みながら英文を発音して指導します。生徒にも手をたたかせると盛り上がります（第7章2節1項の［聞かせた音声を真似させる］を参照）。

文強勢とピークの発音方法

　文強勢とピークの違いは分かりにくいです。文強勢とは内容語（名詞、形容詞、動詞、副詞など）の語強勢のことです。単語の中では語強勢と呼び、文の中では文強勢と呼びます。一方、ピーク（核）は文（厳密にはフレーズ）のイントネーションの一番目立つ音節です。文強勢はリズムを刻み、ピークは声の上げ下げを担います。文（フレーズ）には必ず文強勢が1つ以上あり、その中の1つ（基本としては最後のもの）がピークになります。

　耳で聞いた場合、文強勢とピークはどう違うのでしょうか。文強勢は強く発音され、ピークは強いだけでなく、声（ピッチ）の上げ下げをつけて発音します。「強く発音する」というと大声で発音すると思いがちですが、むしろ、母音を長めに明瞭に発音します。日本人は強い発音というと声をきつくしてしまい、そのために母音が短くなってしまいます。母音を長めにをはっきり発音するのが文強勢だと思ってください。

　次の図をみてください。(14c) のピッチをイラスト風に示したものです。線は声の上げ下げ（ピッチの動き）を示します。

(15)

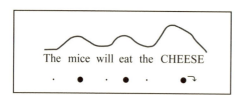

　(15) には3つ文強勢があり、どれも声が上がって下がります。3つのうち最後の文強勢（＝ピーク）の声の振幅が大きいことが分かります。ピークでの声の上下は、その文が主張か疑問か、文の終わりかどうかといった情報を聞き手に伝えます。一方、ピーク以外の文強勢での声の上下にはそうした意味情報はありません。強く発音するので自然に声が上下するだけです。そこで文強勢での声の上下はあまり問題にしません。

　ここで (15) のピーク "CHEESE" に注意してください。これは下降調ですが、線はまず上昇しており、上昇下降調に見えます。下降調という場合、このように下降の前に上昇することが多いのです。上昇するのは下降するための助走のようなもので、大事な情報上の意味は下降にあります。そこで (15) の "CHEESE"

のような音調を下降調と呼びます。

4. 弱化

文強勢のない音節は弱く発音する

　文強勢のある音節（長い単語では語強勢のある音節）は母音をはっきり発音します。はっきり発音すると少し母音が長めになり、声が大きくなり声が上がります。これが強勢のある音節の特徴です。それに対して文強勢のない音節（つまり、(14) のドットの音節）は**弱音節**（weak syllables）といい、母音を弱めに子音も弱く発音します。文強勢のある強い音節と文強勢のない弱い音節が交互に繰り返すことで英語のうねるようなリズムができあがります。弱く発音するにはコツがあります。強くはっきり発音するより難しいのです。いくつかのコツを紹介します。(14) のリズム練習のときに弱音節の発音指導をしっかりやってください。

発音のコツ（1）　弱母音（シュワー）をマスターする

　英語の母音は大きく 2 種類あります。**強母音**と**弱母音**です。強母音は強勢のある音節の母音で弱母音は強勢のない音節の母音です。"cát" "dóg" "hít" など 1 音節語の母音は強母音です。"Cánada" "todáy" "belíeve" など長い語では語強勢のない音節の母音は多くが弱母音です。例えば、"Cánada" は文字 "a" が 3 つありますが、強勢のある第 1 母音は強母音、第 2、第 3 母音は弱母音です。

(16)　Cánada /kǽnədə/　　todáy /tədéɪ/　　　belíeve /bɪlíːv/ または /bəlíːv/

弱母音は発音記号の /ə/（シュワーと呼びます）で表すことが多いですが、belíeveの語頭母音のように /ɪ/ のこともあります。/ə/ も /ɪ/ も弱母音です。

　弱母音は短く弱い母音です。日本人は /ə/ を日本語の「ア」と発音することが多いですが、むしろ「ウ」に近い音です。しかしはっきりした「ウ」ではなく不明瞭な短い暗い音です。C~~a~~n~~a~~d~~a~~ のように母音文字を消して発音指導するという方法もあります。「キャﾅﾄﾞ」のようにカタカナのウを小さく書いて視覚的に弱母音を見せる方法もあります。何よりも音をしっかり聞かせて弱母音と強母音の違いを印象付けてください（第 11 章 2 節 1 項・2 項の実践も参照）。

発音のコツ（2）　人称代名詞や前置詞の弱形をマスターする

　名詞や動詞を内容語と呼ぶのに対し、人称代名詞や前置詞、冠詞などを**機能語**（function words）といいます。内容語に付いて文法関係を示す単語です。機能語はふつう文強勢をもちません。辞書で機能語の発音記号を見ると（17）のように**強形**≪強≫と**弱形**≪弱≫が載っています。

(17)

　　　the ≪弱≫ /ðə/ ≪強≫ /ðí/　　　at ≪弱≫ /ət/ ≪強≫ /ǽt/
　　　you ≪弱≫ /ju/, /jə:/ ≪強≫ /jú:/　　him ≪弱≫ /hɪm/, /ɪm/ ≪強≫ /hím/

弱形が通常の発音形です。強形は機能語が文強勢をもつ特殊な場合に使います。例えば（18）の下の発話のような場合です。これは二人の会話です。

(18)
(a) "THANK you." "Thank YOU."（「ありがとう」「こちらこそ」）
(b) "I LOVE him." "You love HIM!"（「彼を愛してるの」「えっ！彼を！」）

　第1の発話は動詞 "THANK" と "LOVE" にピークがあり、通常のイントネーションです。一方、第2の発話は機能語の "YOU" と "HIM" にピークがあります。特別な意味があるからで、この場合に機能語の強形を使います。
　日本人は弱形が苦手で機能語の強形を使いがちです。しかし強形は意味上特殊な場合の発音です。強形に慣れると弱形の聞き取りに苦労します。"Teach her." は自然な発音では "teacher" のように聞こえます。"Did he go?" は "Didi go?" と聞こえます。弱形の "her" や "him" では /h/ が脱落して左の語と連結し1語のように発音するのです。弱形を隣の語と**連結**（linking）させて発音する指導が必要です。

発音のコツ（3）　連結

　連結は代名詞の弱形にだけ起きるわけではありません。次の下線部では内容語が次の単語と連結しています。下線部を（　）内のように1つの単語として発音してみてください。

(19)
(a) He <u>takes a</u> bus to school.（takesa）
(b) I <u>get up</u> at seven every day.（getup）

(c) She walks or swims every day. (walksor)
(d) Do you want cream and sugar in your coffee? (creamand)

下線部をみると前の単語は子音で終わり、次の単語が母音で始まっています。発音するときは子音＋母音を1つの音節にします。(a) は「テイクサ」(b) は「ゲタップ」のようになります。つづり字をみると単語と単語の間にはスペースがありますが、発音ではスペースはないのです。

発音のコツ (4)　同化
　次の文の下線部に注意して発音してみてください。

(20)

(a) Would you like a banana?　　Did you go there?
(b) I'll meet you at the station.　　I met him last year.
(c) He has your purse.　　Is your baby well?
(d) I'll miss you.　　I'll kiss you.

(a) は「ウッヂュ」「ディヂュ」、(b) は「ミーチュ」「ラスチィア」、(c) は「ハジュア」「イジュ」、(d) は「ミシュ」「キシュ」のような発音になります。もとの音は消えて「ジュ、チュ」といった拗音のような音になり、2語の境界がなくなります。(a) では "would" の /d/ と "you" の /j/ が**同化**して1つの /dʒ/ という音になるのです。(20) の下線部をみると2番目の単語の初めは文字 "y"（発音記号では /j/）です。この音が /d/ /t/ /z/ /s/ の次にくると同化が起こります。学校教育では (a) の "Would you" "Did you" 以外は同化しない発音を教える場合が多いようですが、同化は決して低俗な発音ではありません。単語を一語一語区切って発音するよりはずっと自然で、分かりやすい発音です。

　(21) の下線部でも同化が起きていますが、同化の種類が (20) とは違います。下線部の子音が有声音（/v/ や /z/）から無声音（/f/ や /s/）に変化します。

(21)
(a) of course　/v/ → /f/　(b) has to go　/z/ → /s/　(c) We've found it.　/v/ → /f/

下線部は必ず有声摩擦音で、次に来る音は無声音です。次に来る音の影響で有

声音が無声音に変わるわけです。右の音と同じ無声音になるので同化現象です。無声音の連続になるので、発音しやすくなります。

5. イントネーションがよいと英語に聞こえる！

　子どもは発音を真似るのが上手です。教室で英語の時間を迎える子どもたちは新しい言葉、新しい音の響きに興味津々でワクワクしていることでしょう。しかし、日本の英語教育はそんな子どもたちの興味を押し潰してしまっていないでしょうか。発音よりも文字や単語や文法を教えることで手一杯になっていないでしょうか。子どもたちの特技は音です。小学校の英語の時間には英語のイントネーションを教えてください。日本人の先生だからこそ教えられる英語のイントネーションのルールとコツを知らせながら、真似上手の子どもたちの力を引き出してください（第7章4節も参照）。

　英語の発音指導というと、**フォニックス**を思う人もいると思います。フォニックスはルールを使って英語の音と文字の対応を教えるものです。もともとは英語の発音のできる母語話者用のつづり字教育の教材です。英語のつづり字が複雑なために工夫されたもので、発音指導とは別物です。確かに日本でこれを使って文字と音の両方を教えるというのは一案です。しかし、フォニックスはイントネーションも弱音節も扱いません。子どもだからこそ習得しやすいものがイントネーションです。イントネーションとリズムを忘れた発音教育はあり得ません。イントネーションが英語らしければ、聞き手は英語として理解してくれるのです。

　日本人の英語は "flat"（平板）、"choppy"（一語ずつ区切れている）、"mumble"（表情がない）とよく言われます。日本人はもっと感情表現のある英語発音をする必要があります。それには教師が英語のイントネーション特有のルールを知っていなければなりません。日本語の感覚で、単に「堂々と話せばよい」というものではないのです。

【参考資料】

文部科学省（2015）. *Hi, friends! 1, Hi, friends! 2*. 東京書籍.

第4章 英語発音指導を考える

【推薦図書】

①有働眞理子・谷明信（編著）(2018). 『英語音声教育実践と音声学・音韻論〜効果的で豊かな発音の学びを目指して〜』兵庫教育大学教育実践学叢書.
➤ 小中高の英語教育に不可欠な発音指導の理論と現場の教師たちによる実践報告をもりこんだユニークな本です。明日の授業の組み立てのための力になります。第2章(川越担当)は英語のリズムとイントネーションを学校現場目線で解説しています。

②服部範子 (2012). 『入門英語音声学』研究社.
➤ リスニング力や発音力をつけるために、英語音声学の基本を学びたいという人に最適です。母音、子音からイントネーションまで英語音声の全体を丁寧に説明しています。入門書でありながら、重要な点は音声波形を提示するなどして、問題点を科学的に理解することができる良書です。

③川越いつえ (2007). 『新装版──英語の音声を科学する』大修館書店.
➤ 日本語と英語の発音はどこがどう違うのか、それはどうしてかを体系的に知りたいという方にお勧めです。母音、子音、音節、同化現象からイントネーションまで日本語と英語の音声の違いに関する疑問に答える本です。英語だけでなく日本語の音韻体系についての理解も深まります。

④Celce-Murcia, M. et al. (2010). *Teaching pronunciation: A course book and reference guide* (2nd ed.) Cambridge: Cambridge University Press.
➤ 発音教育をめぐる理論と実践の歴史から英語音声学音韻論の解説、発音指導のカリキュラムやテスト、評価、発音指導用ゲームなどのツール、リスニングからつづり字にいたるまで、理論とともに現場で使える具体的な案も満載という発音教育の包括的な指導書です。

第5章 小学校からの系統立った文字指導
―― アルファベットの読み書きから絵本の一人読みまで

畑江美佳

1. 学習指導要領における「読む」「書く」技能の取扱いの動向

　2020年度全面実施の新学習指導要領において、高学年では外国語が教科として開始され、「外国語によるコミュニケーションにおける見方・考え方を働かせ、外国語による聞くこと、読むこと、話すこと、書くことの言語活動を通して、コミュニケーションを図る基礎となる資質・能力を育成すること」を目指すとします。

　文字の取扱いについて、これまでの外国語活動の中では、「児童の学習負担に配慮しつつ音声によるコミュニケーションを補助するものとして用いる」こととされ、積極的には行われてきませんでした。さらには、文字の取扱いを避ける傾向もありました。小学校の外国語活動で文字を取扱わない理由について、当時の文部科学省は、「英語を初めて学習することを踏まえ児童に過度の負担をかけないために、外国語を聞いたり話したりすることを主な活動内容に設定した」と述べています。

　では、今回なぜその方向を転換し、「読む」「書く」を高学年から始めることにしたのでしょうか。文部科学省は、2014年度の小学校外国語活動実施状況調査で、中学1年生の約8割が、小学校で「英単語・文を読む」「英単語・文を書く」ことをもっとしておきたかったと回答しており、小学校高学年で「読む」「書く」も含めた言語活動への知的欲求が高まっていることを理由として挙げています。しかし、これだけでは、客観的・論理的根拠に欠ける感があります。

2. 小学校から開始する「文字指導」の妥当性

　成田（2013）は、英語と言語的に近いヨーロッパの言語を母語に持つ者が第二

言語として英語を学習する際は、共通部分が多いため母語を応用することができるが、日本語のように、英語とほとんど共通性のない言語を母語に持つ場合は、母語の転用ができないため習得を困難にすると述べています。日本の小学生は、英語の発音に馴染みが薄く、英語の文字を読もうとしても、その「すべ」を知りません。あえて言うならば、ローマ字の読み方を頼りにすることになりますが、それでは英語の正確な発音や意味理解にもつながりにくくなります。

　クラッシェン（Stephen Krashen）(1986) は、「話す」「書く」の前に「聞く」「読む」の理解可能なインプットを十分に行わせることの必要性を説き、**"Audio-Lingual Method"（オーディオリンガル教授法）**の欠点を、音声による「聞く」「話す」学習と「読む」「書く」学習を分離して指導した点にあるとします。音がどのように文字化されるか示さずに対話とドリルをしたことにより、学習してきたものを後から文字にして見せられた時、結局は母語の発音の習慣が使われてしまったのです。そこで、**"Natural Method"（ナチュラルメソッド）**では、「聞く」「読む」の理解可能なインプットを重視しているのです。そして、読むことによって伸びる能力は、書くことだけに留まらず、4技能全てを含む全体的な能力に役立つとしています（第15章2節2項も参照）。

3.「聞く」過程と「読む」過程の違い

　皆さんは音声を「聞く」時や文字を「読む」時、どのような過程を経て理解に至っているかを考えたことがありますか。門田・野呂(2001)の研究によると、「聞く」という行為の場合、図1のリスニングの図が示すように、音声情報が提供され、その音声を脳内で処理して単語や句の意味を認識します（経路1）。一方、「読む」という行為は、図1のリーディングの図が示すように、視覚を通して取り入れた文字情報を脳内で処理します。文字情報が視覚的に認知されると、それを口にこそ出しませんが、心の中で音声化する処理を行い（経路2）、その後、リスニングの過程と同様に単語の意味認知に至る（経路1）と考えられています。また、頻繁に使用される語は、経路2から1への処理速度が速くなるだけではなく、視覚処理から意味理解に到達する3の経路がより強い処理経路になっていくと考えられるそうです。

　英語の文字を正しく読む「すべ」を学んでいなければ、日本人児童は心の中でその文字を正しく音声化することができません。つまり、視覚処理から音韻処理に至る2の経路がうまく機能するように、経路を強化するような学習が、小学校の初期学習から必要だということです。

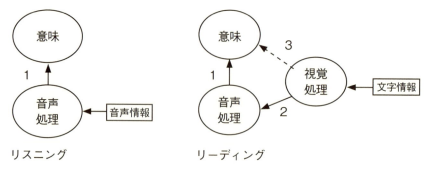

図1　音声と文字情報の単語認知経路（門田・野呂，2001）

　外国語では、「聞く」ことと「読む」こととを切り離さずに、統合的に学習できるような配慮が必要だと指摘されています（竹内，2000）。日本人学習者の場合は、英語の「音声」情報のみならず、書記体系の違う「文字」情報も非常に足りないと考えられます。「聞く」「読む」のインプットを大量に与えられる環境を小学生の時期から継続すれば、後の「話す」「書く」のアウトプットにも良い影響を及ぼすと考えられます。英語の文字を含めた「聞く」「読む」のインプットを小学校から十分に与えることは、論理的に妥当であるといえるでしょう（インプットの重要性は第6章2節2項も参照）。

4.「読む」ためのバランスト・アプローチの試案

　リヴァーズ（1987）は、外国語で思考し、翻訳せずに内容理解できる力をつけるには、初期段階の言語活動への取り組み方が関係すると述べ、音声による導入と文字による提示の間に時間的な間隔を長く置くことを問題視しています。前節では、英語の「音声」や「文字」に馴染みのない日本人児童の「読む」指導には、「音声」と「文字」の指導を分離せず、学習の初期段階から時間をかけ、両インプットを十分に与える工夫をすることが必要だと述べました。本節では、「読む」指導を小学校児童にどのように行えば、児童が負担に感じることなく自然に英語の読み方を学んでいくかを考えましょう。

　人が何かを理解、または学習する過程で、データの中にある語や文の情報を利用する方法は **"Bottom-up Approach"**（**上昇アプローチ**）と呼ばれ、一方、既に持っている知識を利用し、入ってきた情報を理解または処理しようとすることを **"Top-down Approach"**（**下降アプローチ**）と呼びます。ボトムアップ式とト

ップダウン式のどちらが優れたリーディングの指導法かというのではなく、うまく両者を統合させた授業がよいとされています（アレン玉井, 2010）。

そのモデルとなるのが **"Balanced Approach"**（バランスト・アプローチ）です。このアプローチによると、体系的な音と文字の規則の指導とともに多量に読ませることで正確で流ちょうな「読む」能力が育つとされ、その基本概念は、①さまざまな方法で指導する、②音韻認識能力とアルファ

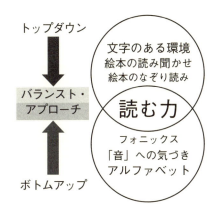

図2 小学校から「読む」力をつけるバランスト・アプローチの試案

ベット文字のしくみの理解が必須、③フォニックス指導によるスペリング力や単語分析力をつける、④意味を理解するために読む、⑤豊富に読書を楽しみ、想像的論理的思考力を育てる、こととされています（鈴木・門田, 2012）。

小学校から文字指導を始める場合、まずは「読む」指導に関するモデルを作成すべきです。筆者は、それをバランスト・アプローチの概念に沿って「小学校から『読む』力をつけるバランスト・アプローチ」として試案しました（図2）。

5. バランスト・アプローチによる小学校での文字指導

ボトムアップ式指導法の一つとして、**フォニックス**をイメージする方も多いと思います。しかし、フォニックス指導の前に、①アルファベット大文字の学習、②アルファベット小文字の学習、③ **"phonological awareness"**（音韻認識能力）の訓練を十分にすることが重要だといわれています（アレン玉井, 2010）。音声のみで学習をしてきた学習者に、唐突に単語や文を読ませても、それが以後の読む力にはつながらないでしょう。

①と②の大文字・小文字の学習に関しては、アルファベットの書き方とその**名前読み**をしっかりと覚えることが大事です。日本の小学生は、NHK、DVD等は生活の中に多く存在するため、大文字とその「名前読み」は早くからできています。一方、小文字を目にして読む経験は乏しいため、小文字の認知には時間がかかります。英語を読むときに必要となるのは多くが小文字ですから、そ

の学習は必須です。しかし、小学生に指導する場合、教え込みや単調な繰り返し学習に陥らないような工夫が必要です。

③の音韻認識に関しても、正式なフォニックスの前に、音素への気づきを促す楽しい活動を導入し、アルファベット1つ1つの**音読み**に触れることで、教え込みではなく、自然と簡単な英語の綴りが読めるようになることが望まれます。そして、中学生になった時、先生に教えられるだけではなく、自ら気付いてフォニックスのルールに集約していくような学習を、小学校から積み上げたいところです。これにより、初見の単語もなんとなく読めるようにすることが大事です。

一方、トップダウン式指導法としては **"Whole Language Approach"**（ホール・ランゲージ・アプローチ）が挙げられます。この指導法では、児童の学習環境の中で、読み方のルールを教えるのではなく、4技能を統合的に扱い、文脈を通して「読む」学習をしていきます。「絵本」はまさしくトップダウン式の指導教材になり得ます。英語にはそのルールに当てはまらない不規則な読み方をするものも多くあるので、英語の絵本を使い、単語や文を一つのかたまりと捉えて読む力をつけるトップダウン式指導法も、小学校の時期から検討していくべきです。しかし、英語を使用する必然性のない環境の中で、英語の語彙力にも文法理解力にも乏しい日本の小学生に、急に文量の多い絵本を読ませることが、可能であり効果があると考えるのは現実的ではないでしょう（絵本の種類と効果的な選択に関しては第9章2節・3節を参照）。

例えば、教室の壁面や黒板、ワークシートに絵とともに文字を自然に提示しながらコミュニケーション活動を行います。その後、絵と一文で構成される簡単な絵本から徐々に難易度を上げていくことで、包括的に文字を読む能力を育みます。

6. バランスト・アプローチの実践

本節では、鳴門教育大学小学校英語教育センター（以後「小英センター」）と鳴門教育大学附属小学校（以後「附属小学校」）で2014年度から研究している、「先駆的でかつ持続可能な小学校英語教育プログラム開発」の中の、図2で示したバランスト・アプローチによる文字指導の実践を具体的に紹介します。

(1) 文字のある環境での音声指導

附属小学校には主に英語の授業で使用できる部屋があり、日常の生活から一歩この部屋に入ることで、児童の英語へのモチベーションを上げられるように工夫を凝らしています。

第 5 章 小学校からの系統立った文字指導

　例えば、児童の活動中の写真を貼り、その中で友だちと交わしている会話を吹き出しにして書き添えたり、活動で扱った語彙や単語を絵とともに文字を添えて教室に掲示したりすることで、児童は文字も頼りにしながら、前回の活動を振り返ることができます。ALT に入口で "How are you?" と尋ねられた児童は、横に設置してあるボードをちらりと見て、"I'm pretty good. Thank you." と答えました。また、後ろの壁には世界地図や A から Z までを初頭音に持つ動物とそのスペリングを貼り巡らしています。

　また、ワークシートの指示の部分にも、例えば "Listening" の隣に「耳をすましている」イラストを、"Writing" の隣には「鉛筆で何か書いている」イラストを添え、先生はそれを指しながら "Listen and write." と指示を出すため、児童は、書いてある文字の読み方を耳にしながら、毎回無意識のうちに繰り返し文字を見る経験を重ねます（図3）。

図3　文字のある環境作りの例

87

(2) アルファベットの大文字・小文字の読み書き

　第一言語の書記体系が第二言語と異なる場合、第二言語の文字の形に格別な注意を払う必要があり、流ちょうに読むためには、それらの文字と音声の両方を伴った練習が重要だといわれています（Nation, 2001）。

　日本の小学生にアルファベットの指導をすることを想像すると、歌やカルタ取り、ペンマンシップで書かせることなどを思い浮かべると思います。しかし、アルファベットを単なる記号として繰り返し読んだり書いたりさせては、機械的な単純作業に陥り、児童もそのうち飽きてくるでしょう。

　そこで、小英センターでは、大文字が700年をかけて小文字に変化した歴史的過程をまとめ、『小学校英語アルファベットの大文字・小文字を覚えよう』というDVD付きのテキストを作成しました。それを活用して大文字からどのような変遷で小文字になったかを、グループで考えさせて発表する活動を行いました。その後、大文字から小文字への変化の様子を、DVDで見ながら皆で楽しく確認しました（図4, 5）。さらに、大文字と小文字をペアで見た時に、どちらも同じアルファベットだと認識できるように考えてワークシートを作成しました（図6-1, 6-2）。

　この活動の前と活動した一週間後に「小文字を書く」テストを実施し、対応のある t 検定を行ったところ、5年生、6年生ともに事前と事後において有意な差が認められました。また、同様の調査を大阪府の公立小学校でも行ったところ、5年生、6年生で、同じように有意な差が認められ、本活動による小文字認知の効果が確認されました。

　活動後のアンケート調査では、児童の88.6％が「活動は楽しかった」、91.7％が「小文字を書くのが簡単になった」と回答しました。自由記述では、公立小学校で、「グループ学習効果による読み書きへの肯定感」が読み取られました。「大文字から小文字になるときの形を班で考えてその考えを自分の頭で形を作っていくというのが楽しかった」等の記述がありました。また、附属小学校では、「文字の成り立ちへの関心や読み書きへの意欲の向上」が見られ、「次は英語の大文字や小文字を使って単語や文を書いていきたい」等の前向きな回答がありました。

　既に小文字が全て書ける児童には退屈になりがちなアルファベット指導ですが、小文字の成り立ちを知っていた児童はほとんどおらず、この活動内容は、彼らの知的好奇心を満たし、アルファベットを書くのが得意な児童も、書くことに苦手意識を持っていた児童も、皆が興味を持って積極的に活動に参加できました。アルファベットの大文字・小文字の読み書きでも、このような創意工夫を施すことで、能動的な学習にすることが可能なのです。

第5章 小学校からの系統立った文字指導

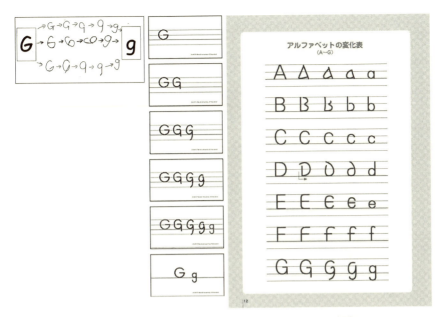

図4 Gの変化過程を考えるグループ活動とDVDの画面　　図5 小文字への変化の過程

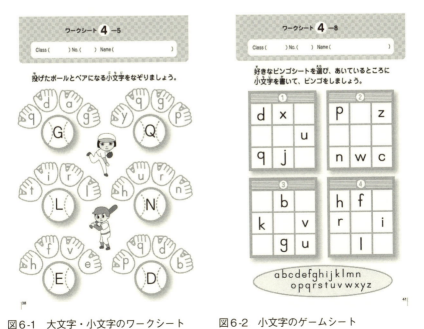

図6-1 大文字・小文字のワークシート　　図6-2 小文字のゲームシート

(3)「音素への気づき」を促す活動

　前述のような工夫を施した指導により、大文字と小文字の読み書きがある程度できるようになった頃に、「音素への気づき」を促す指導を始めます。

　2015年度、附属小学校に在籍した5年生を対象に、週1回の外国語活動45分間の最初の10分程度、文字指導を計画的、継続的に2年間行いました。5年生の4月からアルファベットの大文字・小文字の読み書き指導を始め、その後6月から「音素への気づき」を促すための指導を開始しました。"a, a, apple. b, b, bear."というフォニックスの歌を映像を交えて聞かせ、文字と絵（意味）のマッチングのカードやワークシートを準備しました（図7）。6年生になってからは、3文字単語を作るゲーム活動や、それを書くワークシートで学習しました。

　後に、これらの実験結果をもとに『小学校英語アルファベットの音を覚えよう』というDVD付きのテキストを作成しました。これには、「音素への気づき」を促す歌が入っており、その歌を歌いながら、またジングルを言いながら、スモールステップでレベルの上がっていくワークシートをすることで、英語を正しく読める力をつけることを目的にしています（図8-1, 8-2, 8-3, 8-4）。

　指導介入開始前の2014年6月、指導1年後の2015年3月、そして、指導2年終了後の2016年4月に、「無意味単語」（例：ib, zoc 等）を読んで発話するテストを実施しました。「無意味単語」を使用したのは、既知の単語ではなく、純粋に英語の「音」を捉えることができているかを調査するためです。3回のテストの結果、「無意味単語」の発話と個々の音素の発音で効果が示されました。また、指導前の語尾への母音添加が活動後には減少しました。例えば、"zoc"を日本語的

図7　「音」への気づきを促す活動

第 5 章 小学校からの系統立った文字指導

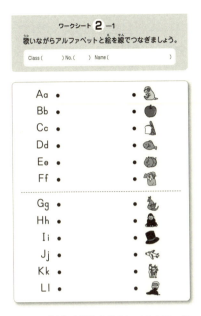

図8-1 「音」を覚えようのレベル１ワークシート

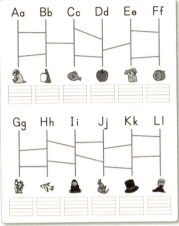

図8-2 「音」を覚えようのレベル２ワークシート

図8-3 「音」を覚えようのレベル３ワークシート

図8-4 「音」を覚えようのレベル４ワークシート

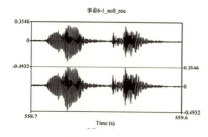 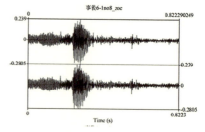

図9 Praat（音声解析ソフト）による児童の"zoc"の発音分析
　　（左：事前 /zoku/, 右：事後 /zak/）

に /zoku/ と発話していたものが、指導介入後には、正しい発音、/zak/ に改善されました（図9）。歌やゲームを通じて、英語特有の「音」を計画的、継続的に学習することで、児童は英語を正しく読む「すべ」を手に入れることができたのでしょう。

(4) サイト・ワード・リーディングの実践

　アレン玉井（2010）は、小文字がかなり定着し、音素に対してある程度の認識ができたことを確認してから、フォニックス指導とフォニックスのルールでは読むことのできない**"Sight Word Reading"**（サイト・ワード・リーディング）の指導を始めるべきとしています。その中で、頻出度の高いサイト・ワードを中心に教えていくと、子どもは簡単な文が読めるようになり、簡単な本でも「英語の本を読んでいる」という達成感を得、リーディングに対してより強い関心を持つようになると述べています。

　サイト・ワードは、エドワード・ウィリアム・ドルチ（Edward William Dolch）によって、1948年当時の児童書の中から、子どもが流ちょうに文を読むために必要とする頻出度の高い名詞以外の機能語を中心に220が抽出されたものです。不規則な高頻出語を効率的に覚え、スムーズに読み書きできるようにするために、英語を母語とする国では、幼児期からのサイト・ワードの指導が必須なのです（Beech, 2003）。

　これらは「見ること」（sight）によって覚えるものとされています。単語単独でサイト・ワード指導をすることは、英語の文字が身の回りにない日本の児童にはボトムアップ式の指導に偏りがちなため、サイト・ワードに焦点を当てて作成された簡単な絵本を利用し、文脈の中で繰り返し目にすることで、トップダウン式に認知させる方法がふさわしいと考えました。児童にとって初めての絵本であ

第 5 章　小学校からの系統立った文字指導

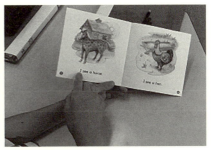

図 10　全体で絵本を視聴する様子（左），一人でなぞり読みする様子（右）

るため，1 ページに絵と 1 文のみが載り，サイト・ワード 2 語が繰り返し現れ，全 8 ページで話が完結する 25 冊セットの、*Sight Word Readers* を採用しました。

今回紹介する一冊は *Farm Friends* という絵本です。"I" と "see" というサイト・ワード以外に "a, cow, horse, hen, sheep, duck, pig, goat, farm" の 9 語が出てきて、"I see a cow." の動物の部分だけを入れ替えたシンプルな文が続きます。CD には動物の鳴き声も加えられており、楽しみながらページをめくる工夫が施されています。まず、児童はスクリーン上の絵を見ながら、"I see a cow." "I see a horse." "I see a hen." と聞いて話を楽しみました。その後、絵本の内容を簡単に振り返り、1 ページずつ全員でリズム良く読みます。次に冊子を 1 人 1 冊ずつ配り、文字を追うようになぞり読みしながら発話します。ペアで交互に読み合い、最後には好きな 1 ページを先生に読み聞かせ、スタンプをもらいます（図 10）。2015 年度、シリーズの中の 3 冊を、附属小学校 6 年生で活用しました。

「単語を聞いて綴りを選ぶ」「文を読んで意味を表す絵を選択する」テストを事前と事後に行い対応のある *t* 検定にかけたところ、合計点で有意な差がでました。後日、大阪府の公立小学校でも同様に調査をし、その効果が立証できました。

この絵本の使用目的は、あくまでも児童に「英語が読めた、分かった」という成功体験をさせることです。そのための初めの一歩は、このようにできるだけ簡単なものを与えます。自由記述にも多く記述があった、「もっと難しいものを読みたい」「書くこともしてみたい」という意欲につながれば、徐々に本のレベルを上げていくことができるのです。気をつけたいのは、読む力をつけるのが目的である場合、最初はごく簡単な 1 文からの絵本を選択することです。

7.「読む力」をつける系統立てたプログラムの提案

　筆者は、アルファベット文字やその音に馴染みのない日本人児童の「読む」力を育むためには、音声と文字提示までの間隔を長く置かず、初期段階から時間をかけ、「音声」と「文字」の両インプットを様々な方法で十分に与える工夫をすることが必要だと主張してきました。そして、附属小学校と共同で、2012年度より外国語活動の中で毎年異なるトップダウン式やボトムアップ式のバランスト・アプローチによる文字指導を研究開発し、小学校から「読む」力をつける系統立てたプログラムを完成させました（図11）。

　中学年の学習初期から、文字が目に入るように掲示物、配布物に気を配り、アルファベットは大文字と小文字をセットにして提示します。そして、機械的に読み書き作業をさせるのではなく、小文字の成り立ち等、児童に関心を持たせる教材を工夫することで、単調になりがちなアルファベットの読み書きを楽しく印象づけた形で行います。これらは中学年からでも可能です。

　そして、間を置かずに、歌やカードゲーム、ワークシート等で「音素への気づき」を与えます。初頭音が少しずつ入ってきたところで性急にフォニックスに入らず、トップダウン式に、サイト・ワード・リーディングを始めます。

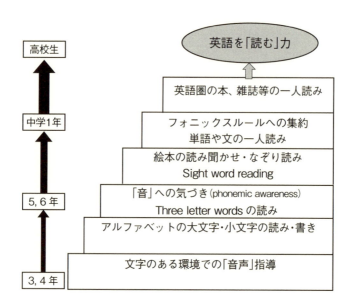

図11　「読む」力をつける系統立てたプログラム

簡単でシンプルな文で構成される絵本を使い、フォニックスのルールに当てはまらない単語も多量に「見ること」で慣れさせながら、最後は「一人できれいに読めた」「何となく読めた」という「読む」ことに対する成功体験を持って中学校に行ってほしいものです。このプログラムを小学校の文字指導の際に念頭に置いて進めていただけたら、中学以降の「読む」技能のみならず4技能の統合につながっていくものと確信します。

【引用文献】
アレン玉井光江（2010）．『小学校英語の教育法――理論と実践』大修館書店．
Beech, L. W. (2003). *Sight word readers and teaching guide.* New York: Scholastic Inc.
門田修平・野呂忠司（2001）．『英語リーディングの認知メカニズム』くろしお出版．
クラッシェン，S. D.・テレル，T. D.（1986）．『ナチュラル・アプローチのすすめ』（藤森和子・訳）大修館書店．[原著：Krashen, S. D., & Terrell, T. D. (1983). *The natural approach: Language acquisition in the classroom.* Harlow, UK: Longman.]
成田一（2013）．『日本人に相応しい英語教育』松柏社．
鳴門教育大学小学校英語教育センター（編）畑江美佳（監修）(2017)．『小学校英語アルファベットの大文字小文字を覚えよう』マルジュ社．
鳴門教育大学小学校英語教育センター（編）畑江美佳（監修）(2018)．『小学校英語アルファベットの音を覚えよう』マルジュ社．
Nation, I.S.P. (2001). *Learning vocabulary in another language.* Cambridge: Cambridge University Press.
リヴァーズ，W. M.（1987）．『外国語習得のスキル――その教え方』(天満美智子・田近裕子・訳) 研究社出版．[原著：Rivers, W. M. (1968). *Teaching foreign language skills.* Chicago: University of Chicago Press.]
鈴木寿一・門田修平（2012）．『英語音読指導ハンドブック』大修館書店．
竹内理（編著）(2000)．『認知的アプローチによる外国語教育』松柏社．

【推薦図書】
①田中真紀子（2017）．『小学生に英語の読み書きをどう教えたらよいか』研究社．
➤ 小学校で英語を指導している先生や、小学校英語の読み書きに興味のある方にお薦めです。理論にしっかりと根ざした学習法や活動案が満載の一冊。
②バトラー後藤裕子（2015）．『英語学習は早いほど良いのか』岩波書店．
➤ 日本でも小学校3年生から外国語活動が開始されます。早期英語教育を言語習得と年齢についての研究等から問い直しています。
③門田修平（2018）．『外国語を話せるようになるしくみ』SBクリエイティブ．
➤ 単なる英語のプラクティス本ではありません。脳科学や認知心理学等、科学的理論に基づいているので、納得して英語の学習ができます。

第6章　小学校における英文法教育について
　――知的な小学校英語授業を目指して

古田直肇

1. 英文法教育の妥当性について――なぜ英文法を教えるべきなのか？

　小学生にこそ英文法を教えるべきだ。そんなことを言えば、おそらく多くの人は私の正気を訝しむことでしょう。事実、小学校における英語教育については、その妥当性や方向性を巡って百家争鳴の印象がありますが、英文法という言葉がその議論の中に出てくることは稀です。例えば、大修館書店の発行している『英語教育』誌上では、2015年も2016年も小学校英語教育で特集が組まれています。ところが、その特集記事のいずれの中にも英文法という言葉は見当たりません。2015年7月号（Vol. 64, No. 4）においては、「小学校『外国語活動』発！授業作りへのヒント」という特集が組まれて9本の記事が寄稿されています。また、2016年7月号（Vol. 65, No. 4）においては、「先行例に学ぶ　小学校英語次へのステップ――中学年とつなぐ・中学校とむすぶ」という特集が組まれて、12本の記事が寄稿されています。総計50ページ弱に及ぶ量の原稿ですが、どの記事を読んでも「英文法」に対する言及はありません。こうした記事を読む限り、小学生に対しては、歌・チャンツ、絵本やゲームを使って楽しく英語を教えるべきだという想定が小学校英語教育を論じる人々の中にはあるように思われます。そして、その想定は少なからず実際に小学生に英語を教える先生方の間でも共有されているのではないでしょうか。歌や絵本を使用した活動の中にも学習者の知的好奇心を掻き立てて思考力や創造力を高めるものがあることを否定はしませんが、それに縛られることには疑義を呈したくなります。英語嫌いにさせないためには、身体を使って英語に慣れ親しむことが大事であって、頭を使った知的学習はさせるべきではない。そんな風に思い込んでしまう人が出てしまうかもしれません。

　私には、この「思い込み」によって小学校英語教育の豊かな可能性の開発が

第6章 小学校における英文法教育について

阻害されているように思われてなりません。第一に、もし上記のような想定に疑いを持たない人がいたとすれば、その方は小学生の知性に対する敬意を新たにするべきでしょう。小学生だからといって知性が幼稚な段階にあるわけではありません。小学校低学年は別としても、中学年・高学年ともなれば、教科書で扱う内容も高度なものが増え、日常会話とは異なる学習言語を使用することが求められます。中学校受験で求められる教科学習の量と質を思えば、どうして小学生の知能が知的学習に不向きであるなどといえるでしょうか。「楽しい」英語学習を否定する気はありませんが、教師たるもの、ただ「楽しい」だけではなく知的な内容のある授業を心がけたいものです。その原則は、たとえ教える相手が小中高大のいずれの段階にあっても変わらないはずです。理想論ですが、学校の勉強は、「楽しい」だけのものでも「大変」なだけのものでもなく、「大変だが楽しい」ものであるべきでしょう。もしそうでなければ、わざわざ学校で勉強をする意味はありません。確かに英文法を学ぶ際に知性を働かせることは必要不可欠でしょうが、それを理由に小学校英語教育から英文法を排除するのではなく、むしろ歓迎すべきだと私は考えます。ちなみに、小学生に対しては「児童」、中学生・高校生に対しては「生徒」、大学生に対しては「学生」と呼称するのが普通ですが、本章では、あえて小学生に対しても「生徒」という呼称を採用します。「児童」という言葉には、未熟さや幼稚さといったニュアンスが含意されており、小学生の知性に対する尊敬が感じられないからです。

第二に、英文法なき英語学習には限界があります。確かに、言語には二面性があるので、言語使用者は、単語を素材にルールに従って文を理解・産出すると同時に、脳に貯蔵した定型表現を分析なしで使用している面もあります。例えば、"I guess"（たぶん）や "I'm afraid"（残念だけど）などのような言葉遣いは、定型表現（formulaic expression）として、意識的な分析なしで用いられていると考えられます。もし "I guess" を "I don't guess" などと否定文にすれば、非文となってしまいます。つまり、文法的変化を加えることができません。また、"afraid" と "scared" が似通った意味を持つ類義語だからといって、"I'm afraid" の代わりに "I'm scared" と言うこともできません。こうした定型表現をそのまま覚えて使うことは、自然かつ流暢な言語使用を可能にするという点では、有益です。しかし、それだけでは、理解する内容にも表現する内容にも限界があるのは明らかでしょう。幼児が母語を習得する際も、最初は定型表現として覚えたものを、後に分析して次第にルールを内在化させていくそうですが、同様のステップアップを小学生に対しても心がけたいところです。必ずしも自然ではないかもしれないが、意味の通じる英語を作り出して、ゆっくり時間をかければ自分の意図を

伝えることができる。これが日本人英語学習者にとっては妥当な目標だと私は考えますが、作り出した英文の**理解可能性**（intelligibility）を担保してくれるのは、まさに英文法なのです。もし仮に "you love." などという英語を言ったところで、「君のことが好きなんだ」という意図を伝えるのは至難の業ですが、語順に関するルールを守って、"I love you." ならば通じます。産出のみならず、理解においても、理解の正確さを保証してくれるのは、英文法の知識に他なりません。"Tom killed the tiger."（トムがその虎を殺した）と "The tiger killed Tom."（その虎がトムを殺した）の意味の違いを教えてくれるのは、英語の語順に関する知識です（第3章4節も参照）。

そのようなわけで、私としては英文法教育を積極的に小学校の授業にも組み込んでいくことをお勧めしたいのですが、現場にはやはり二の足を踏む方が多いことが予想されます。特に、昔、学校で英文法の授業は面白くなかったし、退屈だったという記憶が残っている場合は、なおさらでしょう。そこで本章では、そういった教師の心配を払拭する試みとして、英文法の教え方についての提言を3つしたいと思います。いずれも英語教育を専門に勉強したことのある方であれば、特に目新しいものではありませんが、必ずしも現場に浸透しているとも思えないので、この場を借りて紹介する価値もあると思う次第です。

2. 英文法教育の可能性について
　　——どのように英文法を教えるべきなのか？
(1) 帰納的アプローチのすすめ

英文法に限らず、英語を教えるといった際に私たちが無意識に想定しているのは、**演繹的アプローチ**（deductive approach）と呼ばれるものではないでしょうか。これは、「最初に教師が学習者にルールを提示して、それを具体例に当てはめていく形で練習する」という教え方のことを指します。教えるといえば、演繹的アプローチを思い浮かべる方も多いでしょう。一方、**帰納的アプローチ**（inductive approach）においては、教師が学習者に与えるのは具体例であって、ルールではありません。学習者は、与えられた具体例を手がかりに自らルールを導き出さなければなりません。例えば、三人称単数現在の -s であれば、"Tom plays tennis." や "Mary plays tennis." のような例文を、"I play tennis." や "We play tennis." のような例文と並べて提示して、学習者に語尾（-s）の存在に気づかせるのが帰納的アプローチです。一方、最初に「主語が三人称で単数、そして現在形のときは動詞の語尾に s がつく」とルールを提示してから例文を与えるのが演繹的アプローチです。

第6章　小学校における英文法教育について

　この2つのアプローチは、一概にどちらの方が優れていると決められるものではなく、時と場合によって使い分けるべきものです。事実、2つのアプローチの効果を比較検証した研究もありますが、その結果は必ずしも決定的なものではありません。検証実験のデータ結果をもとに演繹的アプローチの方が優れていると結論づけているものもあれば、帰納的アプローチの方が優れていると主張しているものもあります。これは別に不思議なことではなく、対象とする学習者や学習項目が違えば、有効な指導法も異なるという当たり前のことを指し示しているに過ぎません。よって、教条主義的にどちらかのアプローチを絶対視するのではなく、学習者の年齢や学習スタイルに応じて、また教えようとしている文法項目に応じて、演繹的アプローチと帰納的アプローチ双方を利用するのが賢い選択でしょう。二者択一で考える必要はありません。

　ただ日本の教室においては、演繹的アプローチがあまりにも当然視されているので、帰納的アプローチも選択肢の一つであることが忘れられがちのように思えます。小学生に英文法を教えることに教師がためらいを覚えるのも、一つには、ルールを説明する時点で「つまらない」と感じさせてしまうことを心配するからでしょう。しかし、英文法のルールは必ずしも教師が与えて説明しなければならないものではなく、学習者に自ら「発見」させることもできるものなのです。もちろん演繹的アプローチの方が時間効率の点では手っ取り早いことは否めませんが、帰納的アプローチには、学習者をより積極的に学習に関わらせることができるという利点があります。具体例からルールを導き出すという発見の過程は、自律学習を促進することでしょう。また、ルールを安易に教師から与えられた場合、そのルールを暗記するのは苦痛かもしれませんが、自分たちで発見したルールであれば、覚える負担も軽減されることでしょう。発見作業を学習者同士協力しあって行うことで、教室を協働学習の場とすることもできます。このルールを発見する作業の認知的負荷の高さを考えれば、その知的価値も見過ごすことはできません（自律性、高次思考力、協働学習については第12章2節を参照）。

　例えば、英文法における最も大事なルールといってもよい語順に関するルールを小学生に自ら発見してもらうのはどうでしょうか。京都大学の田地野彰先生は、「語順を制する者は英語を制す」と述べて、「意味順英語学習法」を提唱しています。「語順さえ守っておけば最低限の意味は伝わる」というのは、事実を的確に言い当てた観察です。語順が分かれば、文型が分かることになり、文型に気づけば、それを利用して新たな文を作ることができるようになります。「文型を教える」などと言うと、SVOといった記号を黒板に板書して説明する風景

を思い浮かべるかもしれませんが、小学生に対してそんなことをする必要はありません。文法用語を使って英文法のルールを説明できることと、英文法のルールを守って文を理解・産出できる能力は、必ずしも同じものではありません。文法用語を使ってルールを提示するのではなく、具体例を示して、そこから英語の語順に関するルールに気づかせる。こうした帰納的アプローチを試みることで、**知識ではなくスキルとしての文法力**（grammaring）を育成できる可能性が開けてくるのです（Larsen-freeman, 2003）。

そして、実は、こうした帰納的アプローチは、大して手間のかかる教え方ではありません。黒板とチョークさえあれば、できてしまうことなのです。商売柄、色々な英語教授法を説いた本に目を通しますが、よく感じるのは、「本当にそんな時間と手間のかかることを毎日やり続けるのだろうか」ということです。教師業は多忙を極めます。それは、小中高を問わず、どこの現場であっても変わらないことでしょう。担任業務があり、会議と雑務があり、部活の顧問があり、生徒指導も保護者対応もしなければならない中で、授業準備に時間を割くのは、いかなる教師にとっても容易なことではないでしょう。まして小学校教員にしてみれば、教えるべき教科は英語だけではなく、他にも山ほど準備しなければいけない科目があるのです。もちろん、授業こそが教師の業務の中で、最も重要なものであることは指摘を俟つまでのこともなく、当然のことです。しかし、教師もまた普通の人間であることを無視して、現実的な配慮もせずに、多大な負担を強いるような授業の「改善」案を押し付けるのは、いかがなものでしょうか。あまりにも精妙なワークシートやさまざまな小道具を利用した授業案を見ると、私は白けた気持ちを抱きます。そういう授業は、単発ならば可能でしょうが、現実的な持続性に欠けるからです。最小限の事前準備で、教師は黒板とチョーク、生徒はノートさえあればできる。そういう授業を想定しない限り、いかなる英語教育論も現場での使用には耐えないでしょう。「改革」という名の下に、現場の教師をこれ以上疲弊させるような教育論には、私は加担したくありません（英語教育改革の変遷は第1章4節と第2章2節を参照）。

例えば、語順を焦点に帰納的アプローチを試みたいのであれば、することは至極単純です。黒板に簡単な例文を複数、英語と日本語を並べる形で板書すればいいのです。以下の例文は、田地野彰『「意味順」英語学習法』から借用したものです（CNNニュースのCNNを削除するなど、若干改変してあります）が、毎朝の習慣的な行動を示しているので、教師が自分の朝の習慣としてジェスチャーつきで提示するとよいのではないでしょうか。

第6章　小学校における英文法教育について

英語	日本語
I get up at six every morning.	毎朝6時に起きる。
I turn on TV.	テレビをつける。
I watch the news.	ニュースを見る。
I make coffee in the kitchen.	台所でコーヒーを入れる。

　まず語句の意味の確認をするために、"get up" "turn on" "watch" "make" という動詞を発音しながら生徒に意味を問います。知っている生徒がいれば、手を挙げて意味を言ってもらいます。誰も知らなければ教師が日本語で意味を提示します。そのようにして意味を判明させながら、英文の下に日本語の語注をつけていくことをお勧めします。同様の手法で、"TV" "the news" "coffee" といった名詞句の意味、"at six" "every morning" "in the kitchen" といった副詞句の意味を明らかにしていきます。冠詞や前置詞の用法を説明する必要はありません。それぞれの語句に「6時に」「毎朝」「台所で」などのように日本語で語注をつけさえすれば、語順の指導には十二分だからです。
　次に、教師がチョークで英文に印をつけていきます。多彩な色のチョークがあれば、例えば主語は赤いチョークで、述語動詞は青いチョークで、目的語は黄色のチョークで、副詞句は緑色のチョークで囲んでいく。あるいは、白いチョークだけでも、主語に二重下線を引き、述語動詞は四角で囲み、目的語には下線を引く。場所・時の副詞句には波線を引くなどすれば、区別してマーキングをすることができます。

　　I　[get up]　at six　every morning.
　　I　[turn on]　TV.
　　I　[watch]　the news.
　　I　[make]　coffee　in the kitchen.

　ここで生徒にもペンを取り出してもらい、同様の作業を日本語の例文でしてもらうのです。主語、述語動詞、目的語、時・場所の副詞句などという文法用語を使う必要はありませんので、「『誰が』に当たる部分に二重下線を引きなさい。『～する』の部分は四角で囲み、『何を』に当たる部分には下線を引き、『いつ・どこで』に当たる部分には波線を引きなさい」という指示をすればよいだけです。まずは個人で取り組ませた後、ペアやグループで結果を比べさせるとよい

でしょう。おそらく生徒の少なからぬ人数が二重下線を日本語には引けない（主語が日本語では明示されていない）ことに気がつくでしょうが、その時点では教師は特に説明しないで生徒に考えさせることをお勧めします。時間を与えた後で、誰かに黒板に出てきてもらって、日本語の例文に対するマーキングをやってもらいます。

　　毎朝　6時に　起きる。
　　テレビを　つける。
　　ニュースを　見る。
　　台所で　コーヒーを　入れる。

　これで生徒にルールを考えてもらう準備が整いました。上記の例文を材料に、「誰が」「～する」「何を」「いつ・どこで」というパーツが英語と日本語ではどのように並べられるのか、生徒に考えさせます。やはり最初は個人で取り組ませた後に、ペアかグループで検討させ、最後に任意の生徒に当てて発表してもらうのがよいでしょう。ここまで段階を踏まえていれば、教師の力を借りなくても生徒たちが自分たちだけで次のような正解にたどり着くのも難しくないはずです。

　　英語の語順：「誰が」「～する」「何を」「どこで・いつ」
　　日本語の語順：（「誰が」）「いつ・どこで」「何を」「～する」
　　　※日本語では「誰が」に当たる部分（＝主語）は省略できる。

　最後に、黒板に示された解答を洗練させる形で、教師が簡単にルールをまとめてあげるとよいでしょう。時折、帰納的アプローチの有効性を強調するあまり、ルールを提示することにさえ抵抗を示す人もいますが、それは行き過ぎというものです。一般的に言って、最後にルールを明示された方が生徒は安心感を覚えるものですし、不要な文法用語を使って複雑な説明をするのでなければ、英語の性質について理解を深める一助にもなります。ただし、提示するルールは、言語学的な正確さを前面に押し出したものではなく、学習者の便宜を考えた**教育英文法**（pedagogical grammar）であるべきでしょう。言語学的な正確さを重視し過ぎると、ルールの複雑さを増すことにもつながりかねません。例えば、時・場所の副詞句の順番は、日本語と英語では逆になりますが、その２つの副詞句の順番を入れ替えたところで英文の理解可能性には影響がないことを踏ま

えれば、小学生に教える際にはそこまで踏み込まなくてもよいと私は思います。ルールを提示する際には、英語教師は、理解可能性に影響を及ぼす核心事項だけに絞って、単純明快な説明を心がけるべきです。

　こうした帰納的アプローチの有効性は、何よりも生徒に「気づき」を促すという点にあります。帰納的アプローチは、**意識高揚タスク**（consciousness-raising task）とも呼ばれますが、これは帰納的な学習プロセスが学習者の言語形式に対する意識を高めるからです。第二言語習得研究によれば、言語の形式面に対する「気づき」は、外国語の習得を促進するとされています。さらに副次的な効果として、母語である日本語の特質について内省するきっかけともなるでしょう。主語を省略するのは実は「当たり前」のことではない。そう気が付いた生徒たちは、次から日本語を話したり書いたりする際に、主語をしっかり示すようになるかもしれません。三森ゆりか氏が、その著書の中で、日本人に対して**言語技術**（language arts）を訓練する必要性を繰り返し説いていますが、その言語技術の一つとして「主語を省略せずに明確にして記述するスキル」を挙げています。上に示したように、日本語と英語を比較することで、主語が省略されるという日本語の特質（言語学では「ゼロ代名詞」と呼ばれる現象です）をいっそう浮き彫りにすることができます。帰納的アプローチは、演繹的アプローチと比較した場合、確かに時間のかかる手順ではありますが、その効果は決して小さいものではないのです。

(2) インプット処理のすすめ

　第一の提案は、英文法のルールの提示の仕方に関するものでした。それに続く第二の提案は、ルールを理解した後の練習方法についてです。端的には、「**アウトプットではなくインプットで練習を**」というのが、私が提案したい内容です。というのも、おそらく語学の「練習」と聞いた際に、多くの人が思い浮かべる光景は、学習者が話すなり書くなりしている光景ではないかと思われるからです。昨今は、アクティブ・ラーニングなる言葉が英語教育業界を賑わせていますが、その言葉で想起されるのも生徒が賑やかに話している風景ではないでしょうか。英語教員志望の学生に模擬授業をやってもらうと、必ず生徒に話させるか書かせるかのどちらかです。静かに英文を読む（あるいは聞く）という模擬授業案を提示してくる学生には今までお目にかかったことがありません。しかし、実は外国語習得の要となるのは、アウトプットではなくインプットです。インプットの重要性について異論を差し挟む研究者はいません。一方、アウトプットの有効性については意見が分かれています。今ここでその議論の詳

細に立ち入ることはしませんが、生徒にアウトプットをさせなければいけないという思い込みを捨てた方が授業案の作成が容易になることは確かです。実は、先述の帰納的アプローチあるいは意識高揚タスクも、インプットを軸にした活動でした。ここでは、その後の練習過程でもインプットを軸にした活動を展開することができることを示したいと思います。

インプットというと、**理解**（comprehension）することがしばしば強調されますが、インプットを**処理**（processing）することの重要性を聞くことは稀です。しかし、特に文法項目の習得につながると期待されるのは、インプットの「理解」ではなく「処理」なので、この2つの違いを理解することは重要です。例えば、"Tom played tennis yesterday."（トムは昨日テニスをしました）という英文を「理解」するためには、実は文法処理は必要ありません。"-ed" という過去形を無視したところで、"play tennis" と "yesterday" という単語の意味さえ分かっていれば、英文の内容は理解できてしまいます。過去形に関する文法的知識も、それを利用した文法項目の処理も必要ありません。アウトプットの必要性を説く学者は、これを理由に、いわゆる**理解可能なインプット**（comprehensible input）だけでは文法の習得には不十分であることを強調し、アウトプットを通した文法処理の必要性を主張します。確かに、インプットの内容を理解するだけでは文法項目の習得にはつながらないでしょうが、だからといって、アウトプットをさせないと文法項目の処理を学習者に促せないというわけでもありません。アウトプットではなく、インプットを通して文法項目の処理を促すのが、ビル・バンパタン（Bill VanPatten）という学者が唱えた**インプット処理**（input processing）です。教師がインプットを与える際に、文法項目の処理が必要不可欠となるようなタスクを課すことによって、文法項目の形式と意味を関連づけさせ、当該の文法項目の内在化を促進できるという考えです。典型的には、インプットの正確な理解を確かめるために、英文の内容に応じた絵や訳を選ばせるなどといった活動が考えられますが、大事なことは、文法項目の処理が必須となるようなインプットを与えることです（第5章3節も参照）。

例えば、語順のルールを帰納的に導いて示した後であれば、語順の理解が英文の内容理解に決定的な影響を及ぼす英文を与えて、意味を考えさせることが効果的でしょう。学習者は、母語の知識に基づいた処理を行うことが知られていますので、日本語と違って英語では語順が固定化されていることを本当に理解しているか、確かめなければなりません。具体的には、以下のような例文を生徒に与えて、「誰が何にどうしたのか？」と問うていくのは、どうでしょうか。カッコ内に示したのは、教師の問いかけの例です。

I call my sister.（誰が誰に電話をするのか？）
My parents write to me.（誰が誰に手紙を書くのか？）
I visit my parents.（誰が誰のところに行くのか？）
My friends like me.（誰が誰のことを好きなのか？）

　これは、バンパタンの実験で使用されたタスクを日本人学習者用に改変したものですが、先述の意識高揚タスクの時と同じく、まずは英文を黒板に板書して教師が発音します。次に、クラス全体で単語の意味を確認して、日本語による語注も板書します。その上で、まずは個人で英文の意味を考えさせ、次にペアやグループで話し合いをさせ、最後にクラス全体で確認するのがよいでしょう。教師は、問いかける際に、「先生（＝私）が両親に手紙を書くのかな、それとも両親が先生に手紙を書いてくるのかな？」などのように、語順という文法項目の処理を促すようにします。この際、生徒に強制しているのは、あくまでもインプット処理であって、アウトプットではないことに注意してください。生徒たちに英文を作り出させなくても文法習得を促進することはできるのです。
　絵を描けるのであれば、「私がお姉さんに電話をかける」姿を描いた絵と、「お姉さんが私に電話をかける」姿を描いた絵を提示して、英文の内容を反映した絵を選ばせるのもよいでしょうが、小学校の英語教育は、やはり教員の負担が過度のものにならない範囲で取り組むのがよいと思います。その点、日本語で問いかけることや和訳を選ばせることは、事前準備が一切必要ないという点で極めて優れています。例文の質についても、あまり拘泥しないことをお勧めします。欲をいえば、文脈情報の豊かな談話形式で例文を与えるのが好ましいのはもちろんですが、「最大限できること」という視点では、教員の負担が無制限に大きくなってしまいます。多くの教員が置かれている労働環境に鑑みれば、「最低限しなければならないこと」に絞って努力を傾注したほうが賢明でしょう。
　このような**インプットを軸にした指導**（input-based instruction）については、必ずしもアウトプット能力の向上につながらないのではないかという批判があります。つまり、インプットに偏った指導では、英文を理解することはできても、産出はできるようにはならないのではないかという懸念です。ところが、バンパタンが行った実験によれば、伝統的な手法に則ってルールを提示された後、アウトプット練習を行った場合は、確かに産出能力の向上は確認されたものの、理解能力の向上は確認されなかったといいます。さらに重要なことは、インプット処理で指導を受けた学習者は、理解能力だけではなく産出能力においても

向上が確認されたことです。不思議に思われるかもしれませんが、やはり通念に反して、外国語習得の要となるのは、アウトプットではなくインプットなのです。もちろん、私はアウトプットの効果を認めるに吝かではありませんが、やはりそれはインプットのもたらす効果に比した場合、副次的なものと言っても差し支えないものでしょう。英語を教える立場にある人間は、授業を計画する際に、このことを念頭においておくべきです。「アウトプットよりもインプット」。そう唱えて授業計画を練ることをお勧めします。

　特に小学校における英語教育に関しては、アウトプット重視は誤った方針だと私は考えます。小学校においては、原則的にインプットを軸にした指導を講じるべきです。一つには、小学生の外国語習得というのは、母語習得でいう**沈黙期**（silent period）にあたるものだと考えられるからです。母語であろうが、外国語であろうが、一定期間、インプットに専念することは決して悪いことではないでしょう。その時期にアウトプットも強制することが果たして良い結果につながるかどうかについては、私たちは慎重な姿勢を保つべきです。

　もう一つには、もっと現実的な配慮があります。インプットを軸にした指導の方が、学習者にとっても教師にとっても不安と負担の少ない教室運営が可能となるからです。アウトプットを強制すれば、小学生も小学校教員も不安を抱えながら授業をすることになります。特に、教員が抱くであろう心理的不安、抱え込むであろう物理的負担については懸念を抱かざるをえません。インプットを軸にした指導を採用し、インプットの理解と処理を母語である日本語を使用して確かめる授業であれば、小学校教員に過度の負担を押しつけることにはならないのではないでしょうか。

　こういう主張をすると、教員研修を充実させるなどの手段によって事態の解決を図るという人が出ますが、そういう「お役人」思考の方々に申し上げたいのは、教員も普通の人間であるという当たり前の事実です。教員は、決してスーパーマンでもスーパーウーマンでもありません。英語教育に限らず、日本の教育論には、しばしばこの視点が欠けているように感じます。あたかも要求すれば教員はなんでもできるかのように次から次へと改革案を出す人がいますが、私も含めて、教員は、ごくごく当たり前の能力と資質を持っただけの普通人です。その当たり前の事実に思いを致したとき、どうして小学校教員が専科でもない英語を英語で教えるなどという方針を策定できるのか。小学校英語教育では、教員も生徒もアウトプットをあえてする必要はないと考える所以です。もちろん、一部には、それができる優れた能力を有した教員もいるでしょうが、そういった超人的な事例をもとに凡人を論じるのは愚かな行為です。福原麟太郎と

第6章 小学校における英文法教育について

いう英文学者が「日本の英語——学校英語について」と題したエッセイで、「最後に一つお願いがある」と言って、こんな言葉を残しています。長くなりますが、今の英語教育に対しても示唆するところが多く、引用に値する言葉だと思うので、ここに引用します。

> 　最後に一つお願いがある。それは、英語の教師、ことに中学校高等学校の英語教師を、道具のように考えていただきたくないことである。今の普通教育の英語教師は、いくら精魂があっても足りないごとく、またそれは、いくらこき使っても疲れないごとく、どこまでも、まるで道具のように思われている。その上、精神生活を持つ必要がないかのごとく考えられ、ただ生徒の成績を上げることにのみ専心することを求められているようである。酒を飲みたいことも釣りに行きたいこともあり、疲れれば休みたいばかりでなく、文学を研究し創作する欲望に駆られている人もある。語学的研鑽に一身を打ち込みたいと憧れている人もあるのである。歴史が好きだとか哲学が面白いという人もあるのである。そしてそれらは直接間接に、教師が自分の心の独立を守り、それを養うということなのである。先生方が自分の心を養う欲求を持っておるのは、当然のことであるばかりか、お互いに望ましいことであり、そういう機会を奪うことは、人々を不幸にすることであり、そういうことはなくてもいいのだとその必要を認めてあげないことは侮辱である、ということを心得てもらいたいのである。
> 　　　　(福原麟太郎『日本の英語』「日本の英語——学校英語について」)

中学校や高校の英語教師のみならず、あるいは英語という科目に限らず、すべての教師に通じる優れた識見だと思います。教育関係者から、こういう良識 (common sense) が失われてしまったところに、日本の教育の根深い問題があるのではないでしょうか。教育論では、とかく「何をどのように教えるのか」という外形的な枠組みばかりが論じられがちですが、「誰が教えるのか」という視点も決して失ってはいけないものでしょう。どれだけ立派なカリキュラムと教材を作成したところで、それを活用できる教員がいなければ、そんなものは何の役にも立たないのですから。そして、教員もまた凡人なのです。普通人の教師が、普通人の生徒を教える。この当たり前の現実を前提としない改革案は、どれだけ立派な装いをしていたとしても、いずれ破綻すると思うのですが、少なからぬ数の英語教育論に、私はその傾向を感じ取ってしまいます。**「凡人の凡人による凡人のための英語教育」**の必要性を訴えたいところです。

繰り返しますが、小学校英語教育でアウトプット活動を強制することに私は賛同しかねます。行いたい人が行える範囲で実施する分には反対しませんが、それを原則にするべきではないでしょう。小学校では、中学校の前倒しではない英語教育の実施が求められていると聞きます。それに鑑みれば、小学校ではアウトプット活動を強制しないで、インプットの理解と処理を軸にするという方針は、分かりやすい区別化であり、非常に現実的な提案ではないでしょうか。また、第二言語習得研究の観点から考えても、初期段階でのインプット重視は妥当な提案といえます。

(3) 母語の活用のすすめ

　帰納的アプローチを採用してルールを生徒に発見させ、インプット処理を基軸としたタスクを課す。本章で私が提案したい英文法の教え方は、そのように要約できます。こうした流れは、まずルールを提示して、統制されたアウトプット活動で練習させた上で、より高度な産出活動に進むという、いわゆる**PPPアプローチ**（Presentation-Practice-Produce）に慣れ親しんだ教員にしてみれば、面食らうルーチンかもしれません。しかし、既に述べたように、帰納的アプローチとインプット処理には、(1)言語形式とその意味の連関に関する気づきを促す、(2)自律的にして有意味な学習を促進する、(3)生徒にも教員にも過度の不安や負担を強いることがない、という利点があります。また、一連の流れで生徒が従事するタスクの認知的負荷は決して低いものではなく、小学生の知性を錬磨するという観点からも望ましい活動といえるのではないでしょうか。

　最後に付言しておきたいことは、母語の活用についてです。上述の授業案から既に明らかな通り、私は**外国語の授業において母語を排斥する必要はない**と考えています。特にタスクの指示まで英語で行って授業すべてを英語で行うことに、いったいどのような意義があるのか、私には理解しかねます。

　英語は英語で教えるべきだという**直接教授法**（Direct Method）に対する信仰は根深いものがあります。高校の学習指導要領には既に「授業を英語で行うことを基本とする」という文言がありますが、2017年2月14日に公開された中学校の学習指導要領の改訂案にも同様の文言が採用されました。さすがに小学校の学習指導要領案には、同様の文言は見られませんが、このようにして「英語は英語で教えるべきだ」という雰囲気が醸成されてくると、ひょっとしたら、英語を教える際に母語を使うことに罪悪感を感じる人も出てくるのではないでしょうか（母語使用否定論と容認論の立場と、母語使用の具体例については第15章2節・3節を参照）。

しかし、外国語は外国語のみで教え学んだ方が効果的であるということを裏付ける証拠はありません。また、母語による説明や訳の使用は、外国語習得を阻害するというのも、裏付けを欠いた思い込みです。語彙習得研究の第一人者であるポール・ネイション（Paul Nation）は、母語に訳すことが最も効果的な語彙学習法だと言い切っています。ガイ・クック（Guy Cook）は、著名な応用言語学者ですが、『言語教育における訳』という著書の中で、訳こそがほとんどの外国語学習者にとっての主要な目的であり、手段であり、成功の指標だと述べています。

中でも、ジム・カミンズ（Jim Cummins）という学者の主張は、特記に値します。カミンズは、「単一言語型教授法再考」と題した論文で、単一言語主義に基づいて教えるよりも、二言語併用型で教えた方が外国語習得を促進するのみならず、学習者のアイデンティティの成熟と知能の発達につながると述べています。ここで言う「知能」とは、カミンズの用語を使えば、**共通基底能力**（common underlying proficiency）というものです。カミンズは、**日常会話能力**（**BICS** = Basic Interpersonal Communicative Skills）と**学習言語能力**（**CALP** = Cognitive Academic Language Proficiency）の違いを説き、後者の学習言語能力については、基盤となる「共通基底能力」というものがあると言います。すなわち、母語で日常会話ができたからと言って、外国語における会話能力に転化するということはないが、学校で求められる言語能力については母語で身に着けた能力が高ければ高いほど、外国語においても学習が容易になるということです（第3章5節2項と第14章3節も参照）。学習言語能力とは、抽象的な語彙や複雑な構文を駆使して、状況に頼らず、高度な思考を必要とする内容を処理する力のことですが、この重要性を認めない教師はいないでしょう。母語を活用して外国語を教えることで、この学習言語能力を日英二つの言語で身に着けるための基盤となる「共通基底能力」が鍛えられるのです。

換言すれば、外国語教育と母語教育を峻別して考えることには無理があるのです。上智大学名誉教授の渡部昇一先生は、「**英語教育とは国語教育である**」という趣旨のことをよく述べていますが、これは卓見というべきでしょう。特に、小学校において、英語教育と国語教育の境界線を崩していくことは、決して悪いことではないはずです。通訳者・エッセイストとして活躍した米原万里氏が指摘した通り、「結局、外国語を学ぶということは母国語を豊かにすることであり、母国語を学ぶということは外国語を豊かにすること」なのですから。生徒は、外国語に接して、今まで当たり前だと思っていた母語について初めて内省することになります。こうした言語の性質に関する内省は、将来の高度な学習への

基盤となる言語力を育みます。だから、国語の授業で英語を材料にしてもよいし、英語の授業で日本語を活用することについても、教員が罪悪感を感じる必要などありません。むしろ積極的に英語と日本語を比較対照させていくべきです。帰納的アプローチやインプット処理を通して、日本語と英語の例文を比べさせた場合、多くの生徒が、その比較を通して、日本語と英語の言語的性質の違いに気づくことでしょう。そうした母語を活用した学習を通してこそ、共通基底能力が育っていくのです。日常会話はできるけれども、学問的な内容を扱った本は読めないし、学術的なレポートを書くこともできない大学生の多さを思えば、小学生のときから、学習言語能力の涵養を念頭に言語教育を行うことは積極的に推奨されるべきことでしょう。

3. 小学校英語教育への提案──知的な授業を目指して

　小学校英語教育への賛否は、相変わらず分かれていますが、たとえ反対だからといって、実施された授業に対して教員が責任を負わなくてもよいということはありません。授業を行うからには、その時間が生徒にとって少しでも実り豊かな時間となるように充実させていく道義的責任が教員にはあります。そうであれば、授業を計画する際に使える道具は多ければ多いほどよいはずなのに、なぜか英文法だけは考慮の枠外に置かれている印象があります。おそらく英文法はつまらないし、役にも立たないと思われているからでしょう。確かに、面白くもないし、役にも立たない英文法の授業もあるでしょうが、それは英文法自体の責任ではありません。問題なのは教え方なのです。いきなりルールを与えて説明する。不要な文法用語を連発する。インプットもままならないうちにアウトプットを強制する。こうした教え方を無意識的に前提としているから、英文法を教えることをためらう人が多いのではないでしょうか。

　実は、英文法は、その扱い方次第で、その姿をガラリと変えます。本章で紹介したように、日本語と英語の比較を通して英文法のルールを発見させたり、英文法のルールの処理を義務づけるインプット型のタスクを課すことによって、文法項目の習得を促すのみならず、生徒の知能を鍛えることができます。英文法を焦点にした授業をすることで、英語力の基礎を築くだけではなく、言語技術に対する意識を高めたり、学習言語能力を鍛える端緒を開くことさえできるのです。英文法は、面白いし、役に立つというのが私の偽らざる実感ですが、本章を通して、その実感を少しでも読者の皆さんと共有できたのであれば、望外の幸せです。小学校で英語教育に携わる方々の心中には、小学校の英語授業

第6章 小学校における英文法教育について

をもっと知的なものにしたいという潜在的欲求とニーズがあるはずです。生徒の知性を刺激し、涵養するような英語授業。生徒の知性に「息を吹き込む（inspire）」ような英語授業。もしそういう授業を望んでいるのであれば、ぜひ英文法教育も選択肢の一つとして考慮していただきたいと思います。英文法教育の人間の知性に対する啓発効果を確信する一人として、そのお願いを特筆大書して本章を終わります。

【引用文献】

Cook, G.（2010）. *Translation in language teaching: An argument for reassessment.* Oxford, New York: Oxford University Press.
Cummins, J.（2007）. Rethinking monolingual instructional strategies in multilingual classrooms. *Canadian Journal of Applied Linguistics, 10*（2）, 221-240.
福原麟太郎（1997）.『日本の英語』恒文社.
Larsen-freeman, D.（2003）. *Teaching language: From grammar to grammaring.* Boston: Heinle.
Nation, P.（2003）. The role of the first language in foreign language learning. *Asian EFL Journal, 5*（2）, 1-8.
三森ゆりか（2003）.『外国語を身につけるための日本語レッスン』白水社.
三森ゆりか（2013）.『大学生・社会人のための言語技術トレーニング』大修館書店.
田地野彰（2011）.『「意味順」英語学習法』ディスカヴァー・トゥエンティワン.
VanPatten, B., & Cadierno, T.（1993）. Input processing and second language acquisition: A role for instruction. *The Modern Language Journal, 77*（1）, 45-57.
渡部昇一（1974）.『日本語のこころ』講談社.
渡部昇一（2001）.『講談・英語の歴史』PHP研究所.
米原万里（1998）.『不実な美女か貞淑な醜女か』新潮社.

【参考資料】

小学校学習指導要領案及び中学校学習指導要領案（2017）. 2017年3月20日 http://www.mext.go.jp/b_menu/houdou/29/02/1382218.htm から取得.
特集「小学校『外国語活動』発！ 授業作りへのヒント」『英語教育』2015年7月号（Vol. 64 No. 4）, 9-31頁. 大修館書店.
特集「先行例に学ぶ 小学校英語次へのステップ――中学年とつなぐ・中学校とむすぶ」『英語教育』2016年7月号（Vol. 65 No. 4）, 9-32頁. 大修館書店.

【推薦図書】

①Thornbury, S.（1999）. *How to teach grammar.* Harlow: Pearson.［邦訳：ソーンベリー, S.（2001）.『新しい英文法の学び方・教え方』（塩沢利雄・監訳）ピアソン・エデュケーション.］
➤英文法の教え方について学ぶには、最も簡便な手引書でしょう。演繹的アプローチと帰

納的アプローチの違い、文脈を与えることの大事さ、練習のさせ方、間違いの対処法、評価法など、必要な知識を具体的な授業案とともに示してくれます。

②白井恭弘 (2008).『外国語学習の科学――第二言語習得論とは何か』岩波書店.

➤ 英語教育に携わるのであれば、やはり第二言語習得論の基礎は知っておきたいところですが、本書は、第二言語習得研究の大事な勘所を分かりやすく説いてくれています。インプットとアウトプットの効用の違いなど、授業計画の際にも参考となる情報が多く散りばめられています。

③Cook, G. (2010). *Translation in language teaching: An argument for reassessment.* Oxford, New York: Oxford University Press.［邦訳：クック，G. (2012).『英語教育と「訳」の効用』(斎藤兆史・北和丈・訳) 研究社.］

➤ 外国語教育における母語と訳の排斥に対して一石を投じた名著です。なぜ直接教授法という「神話」は、確たる証拠もないまま、かくも人口に膾炙することになったのか、学者や学会の裏事情にまで踏み込んで解き明かしています。応用言語学者の説明で母語や訳の効用を再確認できるという点でも優れた学術書です。

④三森ゆりか (2003).『外国語を身につけるための日本語レッスン』白水社.

➤「言語技術」(language arts) を目的とした母語教育の必要性を訴えた本です。言語技術とは、言葉を有効に使いこなすスキルのことですが、欧米圏の学校では、このスキルの育成を目標に小学校から徹底した母語教育が行われ、思考力と表現力を鍛え上げます。日本人も、母語教育を通して欧米式の言語技術を学んだ方が、実は外国語習得への近道なのかもしれません。

⑤バトラー後藤裕子 (2011).『学習言語とは何か――教科学習に必要な言語能力』三省堂.

➤「学習言語」(academic language) について、詳細なデータをもとに論じた書です。学校での教科学習に必須の学習言語能力とは、どのようなものなのか。日本語と英語二つの言語の事例をもとに、その具体的な姿を詳述しています。

第Ⅲ部

語学、文学、絵本、演劇

第7章 学習意欲と知的好奇心を維持するための外国語学習論

——観察の面白さと発見の喜びを自律的学習へとつなげる

安原章

1. 言語自体の面白さに目を向けよう

　本章では、外国語学習の根底を支えるのは最終的に学習者自身の持つ学習意欲と、それを維持するための知的好奇心であるという前提のもと、何が求められているかということを実践例とともに論じます。「すぐ役に立つことはすぐ役に立たなくなる」とは、灘高校で国語教師として教鞭を執られた故橋本武氏の言葉です。中学校3年間の国語の時間を使い、中勘助の『銀の匙』を徹底的に精読しつつ有意義な脱線も交えて本物の国語力、ひいては知的好奇心を涵養するというスタイルは脚光を浴びました。

　学習者が言語（構造）自体の面白さや気づきを十分に感じられるようにしながら、言語使用や実用を重視した指導へと広げてゆくことが大切でしょう。暗記やトレーニングのみに依拠した言語学習ではなく、観察や発見の面白みと喜びを通し、学習者の知的好奇心を喚起させてこそ、自律的学習が可能になると考えます。

（1）人間皆兄弟——言語間で共通点は多い

　外国語というと、つい我々は母語との途方もない距離、差異に目を向けがちですが、語のレベルでも修辞などの表現技巧のレベルでも、類似した部分も少なくない、という意外さに気づかされます。

　1974年版のアメリカ映画、サブウェイ・パニック（*The Taking of Pelham One Two Three*）では、ニューヨークの地下鉄関係者の丁々発止の会話が生き生きと繰り広げられます。時に禁忌語、卑語（four-letter words）も登場する点が、まさに正真正銘の（authentic）生きた英語が醸し出す臨場感を高めています。

　地下鉄職員どうしの対話から以下のような部分に着目してみます。

— What are you runnin' for?（なぜ急ぐのさ）
　　　— Who's runnin'?（誰が急いでるってんだよ）
　　　— How come that gate ain't locked?（どうして施錠されていないんだ）
　　　— Who's gonna steal a god-damned subway train?
　　（誰が地下鉄なんか盗むっつーの）

　対話がすべて疑問文でのやりとりとなっています。"Who's runnin'?" と "Who's gonna steal a god-damned subway train?" は、疑問文という形をとりながら、否定的回答を効果的に伝える修辞疑問文（Rhetorical Questions）です。
　日本の古文でも『十訓抄』より大江山の歌が登場する場面で、返答ができないほど驚いた定頼中納言は「こはいかに、かかるやうやはある（どうしたことか、こんなことってあるのか、いや、あるまい）」と口にします。疑問・反語の係助詞「やうや」に反語の色彩を強める係助詞「は」が使われ、「あるのか、いや、あるまい」という否定を修辞的に表現しています。いにしえの日本語でも、現代英語でも、他の言語でもあらゆる場面で使われている修辞疑問文の例を収集してみよう、あるいは作ってみよう、という投げかけも、**母語に対して再帰的な観察**を行い、それを**外国語学習に結びつける**うえで効果的であると考えられます。
　"You should start now." や "Start now." など、事実を陳述したり、行為遂行を導く命令文を使うよりも、時としてはるかに効果的な修辞疑問文 "What are you waiting for?"（何を待っているんだ、今こそチャンス！）を "for" の直前まで高いピッチの声を保って投げかける方が相手の胸郭に響くわけです。"No one can answer that question." と涼しい顔で言うよりも、眉間にしわを寄せ、首をかすかに横に振りつつ "Who can answer that question?" と、疑問文で相手に迫る方が自分の感情の吐露を効果的に受け取ってもらえるでしょう（第4章2節の［疑問詞疑問文（wh）疑問文のピークと音調］も参照）。
　まずは、日本語でこの類の表現を探してみるグループワークなどをさせると、外国語学習・使用でも役に立つ言語への鋭い感覚が磨かれるはずです。

(2) 音声へのこだわり——精度を求めてのあくなき追求

　過日、かつてのドイツ語の大家、関口存男氏の肉声を聞く機会がありました。昭和30年代の「関口・ラジオドイツ語講座」です。氏は "Besten Dank.（どうもありがとう）" で besten の /t/ の部分で英語の "button" における声門閉鎖音の [ʔ]（glottal /t/）にとても近い音を用いています。強勢が置かれない /t(ə)n/ においては、

/ə/ が脱落し、/n/ の音が直前の /t/ と同化を起こした結果、舌先を破裂させない詰まった音になります。これは他に "important"、ごくくだけた場合の "sitting" などでも現れます。

　興味深いのは、フランス語やラテン語にも通じていたとされるいわば語学の天才が上記のごとく**音声面での鋭い観察とこだわり**を持ち、それを発話の際にも実践していたと思われる点です。彼がドイツ語圏への渡航経験を持たないことと、当時の限られた音声資料を考えれば血の滲むような努力が想像されます。彼自身、自著『中級講話　趣味のドイツ語』に収められている「私はどういう風にして獨逸語をやってきたか？」において、以下のように告白しています。

> 發音にしても、ドイツ本國へ行けないから、その代りに在京のドイツ人と接するたびに、一言一句相手の喋舌るのに注意して、まるで植物學者が植物を採集するようにして、いろんな知識を採集して、同時に一生懸命に彼らの發音を眞似したきりの話にすぎません。

　英語教員として教壇に立って17年という限られた経験から申し上げても、学校内での成績にとどまらず、口頭での発信力が高い生徒の大部分は発音が良いといえます。それは英語圏での生活体験を持った帰国生だけでなく、中学校に入学して初めて英語に触れた生徒についても当てはまります。

音へのこだわりの一例——しっかり区別できていますか
　silently≠silent tree　　　recently≠recent tree　/t/ は aspiration なし。
　指導者自身が /tl/ の特徴と調音方法、/tl/ と /tr/ の弁別を理解しておきたいところです。後者の /tr/ を /tl/ に充ててしまうと、学習者の音の獲得という点で重大な禍根を残すことになります。後者の /tr/ は英語っぽい音だから、などと言って /tl/ と発音すべきところにまで侵食して拡張使用すると、ネイティヴは違和感を覚え、時として理解できない場合もあります。/tl/ は、/l/ に移行する直前まで舌を捲くことなく、舌先を上の前歯の根元につけたままを保ちます。場合によっては、/t/ を破裂させずに一瞬溜めて /l/ に移行することも広く行われています。"silen( )ly" といった感じです。

（3）ローマ字をめぐる不毛な議論

　訓令式ローマ字はけしからん、英語学習の際の阻害要因になるのでいっその

こと触れない方が良い、などという意見があります。特に問題になるのが、さ行とた行です。「し」については、訓令式で"si"、ヘボン式で"shi"、以下この順で「ち」が"ti"、"chi"、「つ」が"tu"、"tsu"となります。なるほど、英語に親しんだ英語教育関係者にとっては、ヘボン式の方がより英語の綴り字の特徴に忠実です。

しかしフランス語で"nation"は、/s/ の音だし、英語でも"nation"は /ʃ/ です。ドイツ語の"Nation"は「ナツィオン」/ts/ となります。韓国語で ㅌ /tʰ/ と 이 /i/ が連続すると口蓋音化を起こし、/tɕʰi/ という音に変化します（"같이（いっしょに）" = 表記上は「カッティ」ですが、口蓋音化により「カッチ」となります）。それ以前に、英語においてもロンドンを中心とした河口英語（Estuary English）と呼ばれる方言では、"**tu**lip" "**tu**na" や "**du**ring" がそれぞれ口蓋音化 (/ʧ/, /ʤ/) し、結果それぞれチュ、チュ、デュという音になります。日本語でも前二者は「チューリップ」、「ツナ」などと表記します。

ブラジルポルトガル語においても、学習者がまず覚えるであろう挨拶 "Bom dia.（おはよう）"、"Boa tarde.（こんにちは）"、"Boa noite.（こんばんは）" が、それぞれ「ボンヂア」「ボアタルジ」「ボアノイチ」と、見事に揃って口蓋音化しています。本国ポルトガルでは、/d/ , /t/ の音を保っているというので、これらはまことに音変化を受けやすい音であることが分かります。

また、韓国語のローマ字表記では開母音の ㅐ が <ae> となります。韓国のバスの車体後部で見かける "Daewoo" は、重工業会社「大宇 / 대우」= デウです。円唇の /o/ も日本語の <u> の代わりに <oo> を採用している点が面白いです。実は、この ㅐ は ㅏ /a/ と ㅣ /i/ の合成母音なのですが、フランス語の <ai> という綴りがやはり開母音 /ɛ/ を表すことを考えると、面白いです（saison /sɛzɔ̃/）。

このように、同じ綴りが言語を超えて同じ音であることもあれば、違う音として現れることもあるし、逆も真なりなのです。綴りは保持されたまま、音変化のみ進行したり、各言語における近代以降の綴り字統一と合理化などを通し、人為的または恣意的に関係性を持つに至ったこともあり、ローマ字表記の体系の良し悪しを論じるのは、必ずしも本質的ではありません。**訓令式か、ヘボン式か、の二者択一ではなく、両方の違いを考える授業が望まれます。**

2. 学習意欲を向上させ、鋭い言語感覚を持たせるために
　　——教える側の意識とトレーニングの方法
(1) 音声の獲得のための意識とトレーニング
聞かせた音声を真似させる

　吹奏楽部員に音読が上手な生徒が多いようです。私が勤務する立教池袋中学校・高等学校の吹奏楽部では、いかにも吹奏楽の課題曲というようなもののみでなく、ジャズやマンボー、ボサノヴァなどリズム感覚が試される楽曲にも果敢に挑戦します。ちょうどクラス担任で受け持っている生徒の一人が *Seven Steps to Heaven* というジャズの楽曲を授業前の休み時間に口ずさんでいました。このリズムと音程がまことに正確で、驚きました。特に日本語母語話者が英語をはじめとする外国語で苦労するのは、それらの言語の音節に拍が均等に付与されておらず、変拍子である点ではないでしょうか（詳細は第4章1節を参照）。

　私の授業でも、ウォームアップとして私が用意した任意のリズムパターンを口で真似させたり（タンタタタンタンタタタンタンなど）ということはいざ音読練習に入った際にとても効果的でした。音読の一要素であるリズム把握のために、あえて「タンタタタン」という「タ」と「ン」からなる拍子に変えて、その上で抑揚をつければ、リズム感覚や音感の有無にかかわらず、理解してくれることが多いようです。音読の際にも、妥協せずに「英語の音に近づけた」という満足感を与えられるようにしたいものです（第4章3節の［リズムと文強勢］を参照）。

母語での音声現象に目を向けさせる

　懇意にしている同僚に、音便を効かせることにより、あえてくだけて話す教員がいます。「えらく頭にきた」を「えれー頭にきた」と言います。前者の「えれー」は二重の意味でくだけています。まず「(頭に) きた」を修飾する「えらい」の連用形「えらく」が、本来連体形として名詞に連なるはずの「えらい」に転化し、さらに「らい」が音便で「れー」となっているわけです（前述 <ai> の /ɛ/ 化）。

　初等、中等教育を問わず、生徒に興味を持たせて言語への鋭い観察力を磨くきっかけとして**母語の音声変化観察**ということがあります。ここ5年か10年で「あざす」は瞬く間に日本語の挨拶の場面を席巻するに至りました。「ありがとうございます」が「あざす」とは、京浜急行の駅名「神奈川新町」を「新町」とする以上の省略率です。「すげえ＜すごい」「んなら＜そんなら＜それなら」「んじゃ＜そんじゃ＜それじゃ＜それでは」など、意識せずに使っている縮約は思いのほか多く存在しています。

(2) 言葉への感覚を磨き、表現の幅を広げ、語感をも掴む

　先日 NHK BS の「関口知宏のヨーロッパ鉄道の旅」ポルトガル編を観ていました。訪問先の家の中に置かれた巨大な岩が石膏などで人為的に作られたのではない「本物の岩」かどうか尋ねる際に、"natural" を使いました。なるほど、この方（私の勤務校の卒業生であるため若干身びいきであることは覚悟のうえ）の外国語使用は語感や使用場面での妥当性も伴っているなあと毎回感心します。「生きている」という表現が適切でしょうか。語彙量も大切ですが、一つ一つの単語やフレーズをどこでどう使うか、という語彙の「質」も大切だと再認識させられます。

　翻って、我々が非母語話者の話す日本語を聞く際も、表現を多く知っているかどうかもさることながら、**この場面でこの表現を使える**というピシャリ感こそが我々を驚嘆させるのです。例えば、レポーター東海林のり子さんを彷彿とさせますが、「昨日××氏の葬儀が〇〇に執り行われました」というクイズを成人の日本語母語話者に問えば、選択肢の提示がなくとも「しめやか」という答えが期待できます。仮に「冷静」などを入れた日本語学習者に遭遇した我々は、「実に自然な日本語だ」とはならず、「単語はよく知っているが、ちょっとこの場面では不自然」という評価を下すはずです。「大接戦の行く末を〇〇を呑んで見守った」も、「コーラ」などの珍回答も出そうな問題ですが（念のため、正解は「固唾(かたず)」）、豊穣な言葉の世界に対する敬意と繊細な言葉遣いから生まれる機微も大切にしたいものです（第11章3節4項も参照）。

授業で言葉の力を強化させる──より的確な表現を目指して

　授業で生徒の集中力の切れが見られたとき、私は無理に続行せずに、言語への関心喚起も考慮したコマーシャルタイムを入れるようにしています。私の好きな番組のひとつに BS 日テレ『小さな村の物語　イタリア』があります。必ずしも順調な人生を歩んできたわけではない村人の生活や人生を語る三上博史氏の声が心地よいのです。ふと授業で録画を観せながら、クイズを行います。答えてほしい語句の直前で一時停止、その部分を空所にしてその文全体をボードに書きます。

　　　　　　村人たちは1日1日を ☐☐☐☐ きた。

　さあ、何が入るかな。生徒たちは色々と答えてくれます。「送って」、「過ごして」、「作り上げて」、「営んで」…と、そこである生徒が「紡いで」と答える。

他の生徒も、「なるほどね」という顔。一時停止を解除すると…正解は「紡いで」。他の候補も悪くはないのですが、「生活を紡ぐ」という味わいのある文学的なコロケーションは、贅沢とは無縁の、質素で素朴だが心豊かな生活文化、というこの番組のテーマに肉薄しています。英語でも、"Everybody knows him." から出発して、"He is famous all over the world." さらに、"He has gained a universal fame." など、スピーチレベルやスタイルによって、同じことを表現するのであっても、言葉遣いにより**微妙な色彩や陰影**を帯びます。

　自分の授業においても、例えば睡眠に関する表現 "sleepy" や "fall asleep" が出現した際には、同時に "doze off" "sleep like a log" など、なかなかお目にかかれない表現も提示するようにしています。あるいは、店員が「あらゆるサイズを取り揃えていますよ」という際には、"These T-shirts come in all sizes." という表現を使います。中1ですでに扱われる基本動詞 "come" と状態（色や形態、大きさなど）を導く前置詞 "in" の組み合わせでこのようなことも言えるのです。これと同じ発想が "The next train for Shibuya will arrive in eight cars." という案内にも使われます。「8両編成という《形態》で到着する」というわけです。表現の幅という点で母語話者には及びませんが、平素通勤電車でペーパーバックに目を通したり、NHK『実践ビジネス英語』を聴いたり、ということが役に立ちます。外国語学習者には、この「新たな発見が楽しい」「言語って面白い」という次元にまで好奇心を高めておくことが詰め込み以上に大切であるようです。

　話を戻しますが、日々 "authentic" な外国語に触れていることは指導者として必要で、"He plays tennis well." よりも "He is a good tennis player." という名詞構文の方が文として引き締まり、現代英語としては、より好まれるという「感覚」を持つうえでも大切です。"If you take this bus, you can go to the station." という教科書的なソツのない表現とともに "This bus will take you all the way to the station." などを授業でも紹介し、生徒に暗唱させれば、なお好ましいでしょう。このような文を通して、"all the way" というチャンク（意味的まとまりを持った表現）も身につきますし、"I kept standing all the way on the bus.（バスではずっと立ちっぱなしだった）" など時間的色彩を帯びた使い方へも拡張できます。実は、初習者でも知っているであろう "always" の語源も、この発想にあります。

　選択授業では、『地下鉄のザジ（*Zazie dans le Métro*）』の原作者であるレーモン・クノー（Raymond Queneau, 1903-1976）による『文体練習（*Exercises de Style*）』の邦訳を私が音読し、実際に生徒に数個の文体で昨日の出来事を書かせたこともありました。面白い文章を練った生徒も少なくありませんでした。どちらかというと、観察力が鋭く、また平素より読書習慣のある生徒が力を発揮していま

した。期末テストでは測りきれない「見えない学力」です。サン=テグジュペリよろしく、「本当に大切なものは、目に見えない」(Le plus important est invisible.)とは読書経験や知的好奇心を礎とした観察力と言語能力が有機的に結びついた知の力のことでしょう。

統合的にイメージを把握——語学は暗記ではない

"on"という前置詞／副詞の持つ認知論的イメージが「接触・接着」であるというは、よく知られています。日本語でも「付く」「就く」という動詞の本来的な意味が薄れ、「関連・関係」を表す「〜について」といういわば文法成分として振舞っています。英語の "Books on Japan（日本関連書籍）" の "on" と日本語の「〜について、関連して」は、意味的にも認知言語論的にも酷似しています。

イディオムのレベルでも、"try on" は「試着」と見事に一致、"put on" は「装着」という具合で、イディオムと漢字熟語の形成は意外と近接しています。"look for" も「探す」と丸暗記しただけでは応用が利きません。"look in the room for the car key" というように look の直後に場所を表す語句が割り込んだとしても意味が取れるためには、"for" が「追求」を表すというイメージが役に立ちます。"set up" や "wrap up" の "up" と「仕上げる」の「上げる」が「上方向への移動＝ボトルが水で満たされる完了・完成のイメージ」を持つことも偶然の一致ではなく、認知言語学の枠組みで説明できます。

(3) 教師自身が多言語を学ぶ意義
極める覚悟があるからこそ——卓越は千の細部から

教師自体が学ぶ側に立ってみるという体験から得られるものは、予想以上に大きいです。**日本語と英語のルールが普遍的とは限らない**という言語事実に触れることもできますし、外国語教師の技量という点でも、緊張感を保った指名の仕方など、自分の**授業運営を再帰的に見直す機会**をも提供してくれます。

また、極める覚悟があるなら、とことん細部にも気を配り、妥協せずに徹底理解をする必要があるということを身を持って確認した出来事があります。自分が週一回通っている韓国語学院で日本語で書かれた新聞の社説や読者の悩みに専門家が答える相談コーナーなどを韓国語に翻訳してみる、という課題をここ4年ほど続けています。担当の韓国人の先生には細かいニュアンスの違いにも妥協せず、熱心に赤を入れていただき、大いに勉強になります。日曜日の夕方に溜まった課題をこなしていたところ、「少しでも毎日続けることが」という日本語部分に当たりました。何の気なしに、"적어도 날마다 계속하는

第7章　学習意欲と知的好奇心を維持するための外国語学習論

것이（チョゴド　ナルマダ　ケソカヌン　ゴシ）"と訳出してみましたが、どこかしっくり来ません。翌日もこのことが頭に引っかかっていました。

　待ちに待った韓国語学院の授業の日、授業前の休み時間に担当の先生をつかまえ、訊いてみました。「安原さん、"少しでも"と言いたいのでしたら、日本語と同じように、"少し"という数量表現"조금（チョグム）"に"이라도（イラド）"という、譲歩を表す助詞を接続させればよいのですよ」。なるほど、"적다（少ない）"の語幹"적"に"-어도（〜も）"を連結させると、「少なくとも」という、ある目的に必要な最低限の量を示す副詞にしかならないというわけです。「少なくとも毎日続けることが」では、「少しでも（少しではあっても）毎日続けることが」という本来の日本語とは、かけ離れた全く別の意味になってしまいます。

　なお、この先生は韓国生まれで、日本語を本格的に始めたのは大学生時代とのこと。文法をきっちりやり、留学で日本に来てから生活の単語などを身につけたそうです。文法語法のエラーは皆無、ニュアンスにも気を配って磨いてきた足跡がうかがわれます。韓国出身で日本語は成人になってから身につけた、ということは本当に驚きで、学習者である私にとっても目標であり、励みとなります。もう一つは、母語である韓国語について、言語学的な切り込みが鋭く、前述のごとく学習者に納得のいく説明をされ、細かなことが気になる私の要求にいつも応えてくださる点。**外国語指導者とは、細かな部分や微妙な差異、機微にまで気を配れる人**であってほしいと思います。

ユーモアの感覚も大切に

　勤務先の学校近くのフランス語学校に通っていたことがあります。多忙にかまけ、1年足らずでやめてしまったのが悔やまれますが、ある日 "ne…que 〜（〜しかない）"という、フランス語では基本中の基本である表現を使ってどんどん文を作ろう、という展開となりました。クラスメートの一人が "Tu n'est qu'une épouse.（妻でしかないだろ）"という夫婦喧嘩の結末さながらの心穏やかではない表現をこしらえました。すぐ次に私の番が来たので、意図したわけではなく、作っておいた文を口にしました。"Tu n'est qu'un enfant.（ただの子どもの分際で）"これが講師のフランス人にウケました。「アキラ、君の微妙な（subtil）なジョークが大好きなんだよ。アメリカンではなく、まさにヨーロピアンジョークだ」と言われ、その日はなんとも上機嫌で帰宅しました。フランス語自体はごく簡単な文で、語学力を褒められたわけではないのですが、振り返って考えてみると、乱暴な口を聞く亭主を諦め半分で嗜める妻を演じていたのです。**ちょっとした諧謔や人を楽しませる態度**は大切にしたいし、そういう点で授業に活気を与え、

貢献してくれる生徒をも評価できる幅の広さを持ち続けたいと思います。

(4) 物真似は最良のトレーニング――何が物真似の質を上げるか

　教師でありながら、私は職員会議をメタのレベルで分析しています。物真似と言うと、おチャラけた芸当として扱われる場面が多いのですが、実は、細部の観察、分析、練習、再統合という極めて**言語習得に近いプロセス**が求められます。単なる物真似も面白いのですが、物真似の極意は、本人の言語形式（音声、統語、使用語彙の偏り＝口癖）と非言語的特徴（身振り、目の位置など）を踏まえつつ、いかにも本人が言いそうだが、実際にはまだ口にしたことがないことを演じることにあります（第3章3節の［類像性］も参照）。

使用語彙の偏り

　勤務校の元教頭は、「とて」という係助詞を使い、対立する意見を無理なく巧みにまとめます。例を挙げると、「それとて難しいかもしれない」という具合です。会議の合間に**コンコーダンス**（使用語彙・文法成分ごとに生起回数をまとめた表）を作成すると、元教頭の「とて」使用は際立ちます。あまりに頻発するので、他の教員にも乗り移り、意識せずに使っていた会議もありました。偶発的伝播です。

　また、時に俗っぽい言葉遣いにより、生徒の注意を引く教員もいます。「少し」、「ちょっと」の代わりに「ちょっくら」を使う先生です。もっとも、最近では生徒がその特徴を捉えて真似するものだから、自身は使用を控えていますが。まるで、英国で上流階級が使う表現を中流階級が真似し始め、結果、その表現の大衆化や伝播を嫌う上流階級自らは使わなくなってしまうという現象と同じです。

　ということで、どんなに自分の言語的特徴を消そうと努めて話しているつもりでも、内容語か機能語かを問わずに語彙の偏りは存在します。その個人に有標であると思われる表現をすくい上げることが一歩です。

統語的・修辞的特徴

　前述の元教頭は、体言止めで緊張感と威厳を持たせるという手法を使います。本人は、おそらくは意識していないと思われます。例を挙げると、「東の出口から退場してもらう、というイメージ」。その反面、硬派一点張りではなく、婉曲表現を使うことによって、却って依頼の気持ちを強め、結果として相手の動作を促すという小技も効かせています。私が教職員室のボードに自分の組の出席

第7章　学習意欲と知的好奇心を維持するための外国語学習論

状況を書き忘れていた際、そのボードを前に「安原先生、ちょっと出欠書き忘れているかもしれない」と一声。明らかに目の前のボードの欄が空白であるにもかかわらず、「ちょっと」「〜かもしれない」とは、何とも雅で、また、私が平素期待していた**修辞的特徴**をライブで聞くことができ、身震いを覚えました。もっとも、物真似師である私を喜ばせるための意識的演出であった可能性は高いですが。そうだとしたら、教頭の方がウワテです。

音声的特徴

　声色を実物に近づけることは物真似の質を大きく左右します。喉の奥から搾り取るように出すのか、さらっと省エネでクールに言うのか。英語科の同僚で生徒にも人気で、よく物真似されている教員がいます。その先生、「むまあ、そのお、なんちゅうか」という話し方をします。「あ」という母音で唇を解放させる前の溜めが少し長いのです。/mːaː/ というイメージ。「なんというか」では、「と」の舌の位置が上がり、「て」に変化、その母音部分 /ɛ/ または /e/ が脱落。結果、渡り音 /j/ として機能している後続の「い」が、「て」の子音部分 /t/ と融合し、/ʧ/ という口蓋音へと同化しています。あとは、全体を溜めつつ、若干絞り出すような発声を心がけると完璧です。

　このように、**音声学の基礎的な知見**とともに、「他人とは何が違っていて、何がその人をその人たらしめているのか」という**つぶさな観察と練習**が求められます。

　本章の趣旨ではないので、身振りに関しては割愛しますが、このように特徴を成分ごとに下位範疇化し、それぞれを磨き、最後に統合するというのが無理のない物真似プロセスのように思われます。外国語学習も文章の暗記は必要ですが、このような観察と分析があれば、覚えた文にアレンジを加え、最終的には自分の言いたいことを言えるという**創造的駆使能力**も涵養されます。物真似は、倫理的道徳的観点から問題がないわけでもないので教育の現場では難しいこともあるでしょうが、あらゆる技術の獲得にも益する汎用性があり、**多言語習得の基礎になり得る可能性**を秘めています。特徴を捉え、形式を抽出し、精度を持って効果的に再生する、という「真似ぶ＝学ぶ」営みが非常に外国語習得のプロセスに近いと考えられるからです。

(5) 言語への鋭敏な感覚を持ちつつ、学習者も指導者も気長に
　　── festina lente

　生徒たちの英語学習を見ていて感じることは、学校での学習をきっちりこな

すことは最低限ですが、自分の趣味の世界（アニメ、洋楽、映画、鉄道模型、海外のスポーツ観戦など）をさらに深めようとするときに英語でネットにアクセスする生徒が一定数存在し、そういった生徒はある時英語力も驚くほど増進するということです。趣味探求の副産物として英語力が定着する。好きなことを通してであれば無理なく記憶できます。私も元素記号を覚えるのはとてつもない苦痛であっても、新京成線の24駅は「気づいたら覚えていた」という方が近いです。

また、撞着語法（沈黙の音 =sound of silence、公然の秘密 =open secret など）を使ってコピーライターになってみる、などという作業は、母語でも英語でもできるクラスワークです。**趣味を通して**、というのはまさに外国語学習における「急がば回れ」で、学習経験自体を苦痛ではなく豊かなものにしてくれます。

昨今、自己啓発の本のタイトル『嫌われる勇気』という言葉が話題になっていますが、当初私はこの言葉の意味を取り違えていました。「場所を弁えず正論をかざす勇気なんて嫌われるからやめておけ」と解釈していたのです。つまり、「勇気」は周囲の人間に忌み嫌われる「対象」として捉えていたのです。ところが、内容を読んだり、周囲の評判から、私の解釈が間違っていることに気づきました。つまり、「嫌われてもそれを恐れない、気にしない勇気」ということで、「嫌われる」は「勇気」の内容を同格的に説明しているものだと分かったのです。大江健三郎の『あいまいな日本の私』は、その点確信犯的です。「あいまいな」が直後の「日本」を修飾しているのか、それとも「日本の」と対等的に「私」に掛かるのかこそが「あいまい」であるという言葉遊びです。母語でも、再帰的に言語構造を分析したり、言葉遊びをしてみたり、ということは、鋭敏な言語感覚を養ううえで是非ともやってほしいことです。

最後に、**結果を急がない**ということも大切です。バルコニーのプランターでエンドウとスイートピーを混植させたのですが、前者は1月末にはすでに鮮やかな紅色の花を咲かせ、実を結びました。その一方、スイートピーはというと、発芽こそしたものの一向に背丈が伸びません。もうダメかなと思い、枯れつつあるエンドウとともに処理しようとしたのですが、私も入試業務と拙稿の仕上げに追われ、そのままにしておきました。するとどうでしょう。春風が吹き始めた3月になり、瞬く間に蔓を伸ばし、蕾をつけたのです。地下水も水出しコーヒーも上から注がれた水が浸透し、下から出てくるには相当の時間がかかります。外国語学習も、卒業後に興味が湧いて、あるいは業務上迫られてやってみたら世界が広がりました、という嬉しい報告を受けることもあります。とかくTOEICでの点数向上など目に見える成果が重要視されがちですが、目に見え

ない好奇心を持たせ、数値化できない面白みをも伝えられる語学教師が学習者に安心感とさらなる知的好奇心を与えることができれば、最終的には長続きする学習者の育成につながるはずです。

【引用文献】
『関口存男著作集 ドイツ語学篇 10 中級講話趣味のドイツ語』.（2000）．三修社.

【推薦図書】
①黒田龍之助 (2016).『外国語を学ぶための言語学の考え方』中公新書.
▶「言語学」の研究成果を外国語学習に活かせないかを愚直に探った本です。言語学の知見がなくても、外国語教育・学習のあり方に建設的なメスを入れ、多くの示唆を与えてくれます。
②池内紀 (2010).『ことばの哲学――関口存男のこと』研究社.
▶本章でも紹介した碩学、関口存男の生い立ちと語学への執念、血の滲むような努力が綴られています。教授法云々、指導にどう生かすか、ということからは一旦離れて、外国語習得を目指す者にはどういう覚悟が求められるか、ユーモアをも交え、楽しく読むことができます。
③斎藤兆史 (2000).『英語達人列伝――あっぱれ、日本人の英語』中公新書.
▶昔の日本人にもネイティヴを凌ぐ（！）英語使いが存在しました。硬派な学習で英語を自らの血肉とした先達が多く紹介されていますが、余談ながら著者自らによる挿絵は特徴を捉え、まさに本章で触れた物真似の本質が現れています。言葉の機微にまで迫った緻密な取り組みの必要性を説く名著です。

第8章 変わらない価値のあるもの
"Get back to the basics yet again."
——「英語を学ぶ者には必要不可欠なもの」再考

菊池亮子

1. すぐには役に立たないように見えても

学校で「学ぶこと」は、次のことばに集約されていると思います。

  これは　あなたの手帖です
  いろいろのことが　ここには書きつけてある
  この中の　どれか　一つ二つは
  （中略）
  すぐには役に立たないように見えても
  やがて　こころの底ふかく沈んで
  いつか　あなたの暮し方を変えてしまう
  そんなふうな
  これは　あなたの暮しの手帖です（太字は筆者）

　雑誌『暮しの手帖』創刊号（1948年9月20日発売）に、名編集長・花森安治さん（1911-1978）が寄せた「暮しの手帖宣言」です。2016年4月4日から同年10月1日まで放映されたNHK連続テレビ小説『とと姉ちゃん』や、ドラマ放映より以前から親子三世代にわたり『暮しの手帖』の愛読者で、ご存知の方も多くいらっしゃることでしょう。この「宣言」と教科としての「英語」は特につながりを感じます。
　「すぐには役に立たないように見えても」という一節は、教科としての「英語」に次の2つの問いを投げかけてくるように感じます。それは「英語の学習とは何か？」と「英語の4技能で**何を**伸ばすのか？」です。
　この2つの問いは、簡潔に即答できるものではありません。2019年4月16日「平

第8章　変わらない価値のあるもの　"Get back to the basics yet again."

成30年度英語教育実施状況調査の結果」を公表し、主要新聞でも大きく取り上げられました。文部科学省によると「小学校は、2020年度からの教科化に向けて、専科指導等の活用やALTの授業参加など、指導体制の充実が進んでいることが伺える結果となっています。その一方で高等学校では、生徒の授業における英語での言語活動の割合や、『話すこと』『書くこと』のパフォーマンス評価の実施率が未だ低いなど、4技能をバランスよく育成していく取組が進んでいない状況が明らかになりました」とありました。

特に、中学校・高等学校に関しては、第3期教育振興基本計画で、中学校卒業までにCEFR A1レベル相当（英検3級）、高等学校卒業までにCEFR A2レベル相当（英検準2級）の生徒の割合を50%以上とする目標が掲げられていました。しかし実際の目標達成は中3で42.6%（17年度比1.9ポイント増）、高3で40.2%（0.9ポイント増）と中学校・高等学校について生徒の英語力が前年度より上昇しているものの、目標に到達していない結果でした。

少し遡りますが、文部科学省による「平成29年度英語力調査結果（中学3年生）の概要」において、英語学習に対する生徒の意識では「英語の学習が好きである」と回答した生徒は54.6%（前年度比0.6%増）でした。一方で「英語の学習が好きか」の問に「どちらかといえば、そう思わない」「そう思わない」と答えた理由に「英語そのものが嫌い」が34.0%（17年度比0.3%増）という結果も出ています。また2017年2月に公表された「平成28年度英語教育改善のための英語力調査報告書」速報版（以下「報告書」）での英語4技能の指導改善の方向性は、上述の平成30年度の結果をさらに伸ばすために、今後も重要なテーマになってくると考えられます。

「報告書」には「**小学校外国語活動の「聞くこと」「話すこと」の学びを通して音声に慣れ親しみ、学習意欲を高めた成果**を、中学校においても継続して生かすための指導を工夫して行うことが必要。特にCEFR（ヨーロッパ言語共通参照枠）のA1下位レベルで「書くこと」において文字や単語のつづりに苦手意識を持つ生徒は、**小学校において音声中心のコミュニケーションを体験したことを踏まえ、中学校の初めの段階で、小学校で慣れ親しんだ語句や表現を用いて、**英語の書き方の規則や語順を意識しながら、自分の気持ちを書いたりする活動を行い、「書くこと」への抵抗感を払拭することが必要。また、生徒が「書くこと」の有用性を感じることを通して、学んだ語句や表現を場面において適切に活用できるよう指導の改善を図ることが必要」とありました（太字は筆者）。

この箇所を読んで感じたのは「聞くこと」「話すこと」も比較的早い時期で「文字情報」が大切だということです。この「文字情報」とは子どもに「書くこと」

を要求することではなく、「歌詞カード」の役割を果たすものです（第5章3節・4節を参照）。小学生全員に当てはまる事例ではありませんが、何かの役に立てばと思い、筆者自身の「苦い経験」とその克服法をここで少し紹介します。

*

　小学1年から英語が教科としてある学校に通い、マザー・グースを歌い、身の回りのものを英語で発音し、日常会話を即答するトレーニング、英語劇は、英語科の先生がシナリオ作成してくださり、小学1年時と6年時に行いました（6年時は、坪田譲治作『泣いた赤おに』）。小学6年卒業時にはHandelのMessiahより 'Halleluiah' を合唱するまでになりました。

　しかし順風満帆だったわけではなく、小学3年時に先生のお手本や音声テープで聞き取れなかったところは「ごまかす」ことが増え、小学4年時 'It's a small world' の歌練習中「文字情報がない」ことに不安を覚えました。フォニックスのスクールに中学2年修了まで通い、音とつづりの関係を確認でき、「ごまかす」ことが増えた時に習ったマザー・グースも、その時に英文に触れて韻の楽しさを再認識し、フォニックスと韻の関係も習得できました。

　小学校での英語活動は、日本語圏での実生活で即、役に立つわけではありません。しかし「やがて　こころの底ふかく沈んで／いつか　あなたの暮し方を変えてしまう」ほど、大きく影響を及ぼす経験です。冒頭で掲げた2つの問い「英語の学習とは何か？」と「英語の4技能で**何を**伸ばすのか？」について、小学校での英語活動に沿って、これからの節で考えていきたいと思います。

2. やがて　こころの底ふかく沈んで

　私の恩師の齋藤勉先生（青山学院大学名誉教授）も「英語を学ぶには聖書、Shakespeare、そしてMother Gooseの3つは押さえておきたい」と「authentic 英語の重要性」をつねづね語っていました。ここで用いる "authentic" とは「真正の」や「正真正銘の」という意味です。海外通販サイトで "the Holy Bible" と "Shakespeare" を併記して検索をかければ、数多の関連図書が出版されていることが分かります。

　私が受講した「ピーターラビットの生みの親：ビアトリクス・ポターについて」という教員免許状講習講座で、河野芳英教授はマザー・グースから約20篇を取り上げ、ビアトリクス・ポター作品と切っても切れない関係を取り上げていました。現在の中学英語教科書『NEW CROWN 2 English Series New Edition』（三省堂）Lesson 2で *Peter Rabbit* が取り上げられています。小学5、6年生でビアトリクス・ポター著 *Nursery Rhyme*（2003）やマザー・グースの歌をそらんじるまで歌えるよ

第8章　変わらない価値のあるもの "Get back to the basics yet again."

うになっていたら「小学生でやったことがある！」と生徒たちは自信を持ち、小・中教師は「**小学校において音声中心のコミュニケーションを体験したことを踏まえ、中学校の初めの段階で、小学校で慣れ親しんだ語句や表現を用いて**」という連携教育につながると思います。

　藤野（2007）は「日本語を学ぼうとする外国人が日本のわらべ歌を覚えなくても困らないが『英語の勉強をしようとする外国人にはマザー・グースの知識が必要不可欠なものである』、マザー・グースに関する知識の必要頻度は『聖書、シェイクスピア』の知識に匹敵し『英語を理解する上で必要な三大知識』と述べる人さえいる」と述べています。英米文学、言語学の分野では自明のことで、いわば不文律といっても過言ではないと考えられます。

　また、藤野は英米人の一生に寄り添い続けるマザー・グースの関係を次のようにまとめています。

　　　乳児期　子守唄を歌ってもらう。あやし唄であやしてもらう。
　　　幼児期　遊ばせ唄で遊んでもらう。やさしい遊戯唄で遊ぶ。
　　　児童期　遊戯唄で仲間と遊び、暗記唄で暗記比べをしたり、からかい唄でからかいあう。
　　　生徒期　韻に関連して国語の授業で使われたり、唱歌の時に輪唱する。
　　　学生期　英語文法・英詩入門で使われる。
　　　社会期　マザー・グースの主人公の名や詞句が日常表現の中で使われる。

　このような成長過程で、英米人は英語の正しい発音を覚える、英語独特のリズムを自然に身につける、英米人にとって当たり前のユーモア感覚の元までも習得する、と紹介しています。

3. いつか　あなたの暮し方を変えてしまう

　この節では第1節で触れた問いの2つ目「英語の4技能で**何を伸ばすのか？**」と「報告書」文中にあった「**小学校外国語活動の「聞くこと」「話すこと」の学びを通して音声に慣れ親しみ、学習意欲を高めた成果**」と「authentic 英語」を考慮に入れた具体案を2つ、紹介したいと思います。

　1つ目はマザー・グースを使った早口言葉（Tongue Twisters）と、2つ目は英語圏での「お祝い」歌2篇です。前者は、前節で紹介した「英米人の一生に寄り添い続けるマザー・グースの関係」の「**児童期：遊戯唄で仲間と遊び、暗記唄**

で暗記比べをしたり、からかい唄でからかいあう」の通りです。後者は、英語特有のリズムに親しみ、「英語圏の人たちがこれまで、どのように誰かを歓迎、祝福、賞賛してきているのか」の異文化共有と実践です。「いつか　あなたの暮し方を変えてしまう」ことにつながると思います。

（1）英語の早口言葉

　ここに、授業で扱う早口言葉のリストを提示して、どのように実際の授業で指導をしたらよいのかを述べたいと思います。読者の皆さんも最初はゆっくりでいいので、うまく発音できるかチャレンジしてみてください。

(1) Sally sells seashells by the seashore.
サリーは海辺で貝殻を売っている。

(2) Seven silver swans swam silently seaward.
7羽の銀色の白鳥が静かに海に向かって泳いだ。

(3) A proper pot of coffee in a proper copper coffee pot.
きちんとした銅製コーヒーポットに適量のコーヒーが入っている。

(4) How much wood would a woodchuck chuck if a woodchuck could chuck wood? A woodchuck would chuck all the wood he could chuck if a woodchuck could chuck wood.
もしウッドチャックが木を投げるとしたら、どれくらい投げられるかな？　ウッドチャックが投げられるだけ全部の木を投げるだろう、もしウッドチャックが木を投げるなら。

(5) Betty Botter bought a bit of bitter butter and made a bitter batter, so Betty Botter bought a bit of better butter and made a better batter.
ベティ・ボッターはちょっと苦いバターを買って、苦いケーキ種を作った、それでベティ・ボッターはさらにいいバターをちょっと買って、もっといいケーキ種を作った。

(6) Fuzzy Wuzzy was a bear. Fuzzy Wuzzy had no hair, so Fuzzy Wuzzy wasn't very fuzzy, was he?

第8章　変わらない価値のあるもの　"Get back to the basics yet again."

ファジー・ウズィーは熊だった。ファジー・ウズィーは毛がなかった、だからファジー・ウズィーはそんなにモコモコしてなかった、でしょ？

(7) My mother's making me marry Mary Mack. Mary Mack's mother's making Mary Mack marry me.
僕の母はマリー・マックと僕を結婚させようとしている。マリー・マックの母はマリー・マックを僕と結婚させようとしている。

(8) Peter Piper picked a peck of pickled peppers. So how many pickled peppers did Peter Piper pick?
ピーター・パイパーは1ペック（約9ℓ）の酢漬け唐辛子をつまんだ。それではどれくらい多くの酢漬け唐辛子をピーター・パイパーはつまんだでしょう？

どうでしたか？　最初の方はうまく言えても、文が長くなってくると相当難しかったのではないでしょうか？　こうした「言葉あそび」は、小学校の授業で扱っても十分に楽しめるものだと思います。教師も児童たちと一緒になって、反復競争をしても大いに盛り上がるのはないでしょうか（第3章5節1項の詩的機能も参照）。それでは、以下に、指導法について順を追って説明します。
　初回授業で教師は遅く読んでから早読みを一通り行い、一篇ごとに一語ずつ何回か繰り返し読みをします。慣れてきたら句や節で区切りながら読み、スピードを上げていきます。スラッシュを書き入れていくのも良いでしょう。だいたい3つ目までは順調に進むでしょう。3つ目までに強弱をつけること、例えば、(1) なら "by" と "the" は弱く読む、(3) なら "pot of" "in a" はつなげて読むなど、早読みのコツを「どこの音がつながって読んでいたでしょう？」などクイズ形式で出すとよいかもしれません（第4章4節の［発音のコツ(2)(3)］を参照）。
　4つ目は難関です。「ウッチャ／クッチャ」など /d/ がほとんど聞こえないことに子どもたちは気づくはずです。「はっきり"ド"と発音しないで、舌先を優しく上あごにくっつけてみよう」など、発音をする上でのヒントを出していくと、子どもたちは「耳ではっきり聞こえないけれど弱く発音すればいいのか」と安心しながら活動に参加できるでしょう（第4章4節の［発音のコツ(4)］を参照）。
　カタカナをふったプリントを配布する際は「日本語にはない発音が英語にはあるから、よく口元を見て、音も聞くように」と喚起すると良いでしょう。特に (5) のような "batter" と "butter"、(3)、(7) では /l/ と /r/ の発音は教員の腕の

133

見せどころです。
　一人ずつ指名して発音を確認すると、子どもたちがどこでつまずいているかも、この早口言葉は教えてくれます。

(2) 2曲の「お祝い」の歌

　1曲目は 'For He's a Jolly Good Fellow' です。歌詞がアメリカ版とイギリス版で異なります。誕生日、試合での優勝などお祝い事の場面でこの歌を合唱して、誰かの栄誉や健闘を称えることを習慣にするのも、異文化共有の実践になると思います。女子の場合 'He' を 'She' に言い換え、'fellow' は「男の子」というより「仲間」(やや古い表現ですが)と解釈して歌います。Oxford Learner's Dictionary でも「何事か成し遂げた人をほめたたえるために歌う歌。その人が女性なら『彼女はいい仲間だ』と歌う。その歌は大抵あらかじめ企画や準備はされていないで歌われ、時々歌っている人々の肩に担がれる。(以下イギリス版歌詞)」と説明されています。

　私の授業では毎年この歌を扱っているのですが、とても覚えやすい曲なので、授業後に教室を出た途端に廊下で歌い出す生徒が続出します。

歌詞（アメリカ版）・日本語訳
For he's a jolly good fellow,（3回繰り返し）
which nobody can deny!（3回繰り返し）
彼はいいやつだ　誰も否定できない

歌詞（イギリス版）・日本語訳
For he's a jolly good fellow,（3回繰り返し）
and so say all of us!（3回繰り返し）
彼はいいやつだ　みんなそう言う

　「耳学問」として、The New York Times（AP通信1989年12月26日付記事）やインターネット上では「ギネスブック認定の世界中でもっとも歌われている曲」として 'Happy Birthday to You' 'For He's a Jolly Good Fellow'、そして 'Auld Lang Syne'（「蛍の光」）と紹介されています。

　この歌はフランスのマリー・アントワネット妃が世界的に広めたことを子どもたちに紹介すると歴史への興味も深まると思います。Max Cryer によると変幻自在のマルブルックという若者が登場する11世紀フランス民謡が元だと言われ

第 8 章　変わらない価値のあるもの　"Get back to the basics yet again."

ており、マルブルックから転じ、マルバラ公の名前を冠した「マルバラは戦争に行った」という曲になったそうです。オーストリア出身のマリー・アントワネットは赤子の乳母がこの歌を歌うのを聞き、ルイ16世の気を引き宮廷で流行させるようにすすめたそうです。またベートーベンは1813年に作曲した交響曲「ウェリントンの勝利」作品91第1楽章でこのメロディーを引用しています（なお、第2楽章ではイギリス国歌 'God Save the Queen' の変奏曲を引用しています）。

　2曲目は 'Vive la compagnie!' です。こちらはコーラス部分がフランス語ですが、1曲目同様、印象に残るメロディーなので教師の指示がなくても生徒たちは歌い始める歌の一つです。こちらも 'fellow' は「仲間」と解釈して歌います。

1. Let every good fellow, now join in our song,
   仲良い仲間みんなで私たちの歌を歌おう
   Vive la compagnie! ヴィヴラコンパニー
   Success to each other, and pass it along,
   お互いに成功して、それを渡していこう
   Vive la compagnie! ヴィヴラコンパニー
   Chorus:
   Vive la, vive la, / Vive l'amour. ヴィヴラ、ヴィヴラ、ヴィヴラムール
   Vive la, vive la, / Vive l'amour. ヴィヴラ、ヴィヴラ、ヴィヴラムール
   Vive l'amour, vive l'amour, / Vive la compagnie!
   ヴィヴラムール、ヴィヴラムール　ヴィヴラコンパニー！

2. A friend on your left, and a friend on your right,
   君の左にいる友、右にいる友
   Vive la compagnie! ヴィヴラコンパニー
   In love and good fellowship, let us unite,
   愛と良き同胞の思いで、結集しよう
   Vive la compagnie! ヴィヴラコンパニー
   (*Repeat chorus*)

3. Now wider and wider, our circle expands,
   ますます広がっていくよ、僕らの輪が
   Vive la compagnie! ヴィヴラコンパニー
   We'll sing to our comrades, in far away lands

遠くの国にいる同胞のために歌うよ
Vive la compagnie! ヴィヴラコンパニー
(Repeat chorus)

4. With friends all around us, we'll sing out our song
僕らの周りの人たちと僕らの歌を歌うよ
Vive la compagnie! ヴィヴラコンパニー
We'll banish our troubles, it won't take us long
悩みも消えて、長引くことはないさ
Vive la compagnie! ヴィヴラコンパニー
(Repeat chorus)

5. Should time or occasion, compel us to part 時や場が離れようとも
Vive la compagnie! ヴィヴラコンパニー
These days shall forever, enliven our heart
この日々は永遠に僕らの心で生き続ける
Vive la compagnie! ヴィヴラコンパニー
(Repeat chorus)

　「耳学問」として、この歌はボーイ・スカウト、ガール・スカウトのスカウト・ソングの一つでScoutSongs.comでは'Vive L'Amour'と紹介されています。なお米国議会図書館所蔵の楽譜は1844年版で歌詞は上記の内容とは異なり、お酒の乾杯が歌詞に散りばめられています（次ページの図を参照）。音源は'Wee Sing'というアメリカの子ども向け歌集のものがおすすめです（齋藤勉先生より推薦された教材）。

　40年ほど前の1977年に、パム・ビアルとスーザン・ニップの二人の音楽教育者が子どもの人生を音楽と演劇で豊かにしようと最初の歌集を出版したことから始まりました。彼女たちは音楽が子どもの認知、身体、社会性の発達を刺激させ、また歌やチャンツ、動作、リズムを通じて子どもたちは言語獲得の準備、筋肉の動きの協調、聴覚弁別、身体意識、リズミカルな習熟と自信を獲得すると知っていました。なお、彼女たちの音源では2番までの収録で、動画サイトでは動画の無料視聴、楽譜とCDはWee Singのサイトから、楽曲単位ではiTunesにて音源購入が可能です。

　海外からの来客時に、この2曲の歌を小学5、6年で覚えた子どもたちが、世

第 8 章　変わらない価値のあるもの "Get back to the basics yet again."

図 1　楽譜 'Vive la compagnie!'（1844 年）米国議会図書館所蔵

界中の人たちを日本のあちこちで歓迎する姿を思い描いています。

4. 変わらない価値のあるもの Get back to the basics yet again.

　現在、教場は ICT が導入され視聴覚ツールもソフトも充実し、ICT を駆使するため教師も精進の日々です。そのような時代だからこそ教材は「変わらない価値のあるもの」を積極的に活用してゆきたいものです。主題と本節のタイトルに冠した "Get back to the basics yet again."（今一度、基本にかえる）は、決して古き時代へのノスタルジアではなく、**しっかりとした英語のバックボーン、教養を持つ英語学習者を育成するための指針**です。

　中学・高校で「英語を理解する上で必要な三大知識」とされる聖書やシェイクスピア、有名な箇所だけ触れられるだけのマザー・グースの知識を、ぜひ小学時代に身につけてほしいと思います。子どもたちに「英語の基本」を伝え、やがて大人になった彼ら彼女らが「基本に帰って英語を勉強する」という時の「原点」を小学校英語で培っていてほしいと切に願います。

　なぜなら英語圏での学会発表、商談の場でのプレゼンテーション力や交渉力も大切ですが、その「公の場」と同じくらい、学会中の休憩や移動時間、学会や商談後のレセプションやディナータイムに、どれだけ「スモール・トーク」ができるかが大切だからです。子どもたちがスモール・トークを弾ませ、「サプライズ・ギフト」として難攻不落の相手から何かを引き出すことができるなら…？「ドクターストップがかかっていたが、君とのスモール・トークが楽しくて、また会いたい」と相手が言ってくれたら…？ そのスモール・トークの中に散りばめられている内容が、聖書、シェイクスピア、マザー・グースだとしたら…？

　やがて子どもたちが成長して「英語を勉強するには、やっぱり聖書とシェイクスピアとマザー・グースが三大要素だって」と自分の子どもに言い聞かせたり、「小学時代にマザー・グースをたくさん覚えたから、英字新聞記事のタイトルもマザー・グースからの引用だって分かったし！」と「やがて　こころの底ふかく沈んで　いつか　あなたの暮し方を変えてしま」った英語教育となるよう、ともに精進しましょう。

【引用文献】

Beall, P.C. & Nipp, S.H.（2002）. *Wee sing sing-alongs*. New York: Price Stern Sloan, a division of Penguin Putnam Books Inc.

Cryer, M.（2008）. *Love me tender*. London: Francis Lincoln.

第 8 章　変わらない価値のあるもの "Get back to the basics yet again."

藤野紀男（2007）.『図説マザーグース』河出書房新社.
大橋鎭子（2010）.『「暮しの手帖」とわたし』暮しの手帖社.
Opie, I. & P. (Eds.) (1951). *The Oxford dictionary of nursery rhymes.* Oxford: Oxford University Press.
Opie, I. & P. (1955). *The Oxford nursery rhyme book.* Oxford: Oxford University Press.
Potter, B. (2003). *Nursery rhyme book and CD.* London: Frederick Warne.

【参考資料】

Library of Congress. 'Vive la compagnie' 2017 年 3 月 25 日 https://www.loc.gov/item/sm1844.400430/ から取得.
The New York Times. (1989, December 26) 'Happy Birthday' and the Money It Makes. 2017 年 3 月 25 日 http://www.nytimes.com/1989/12/26/arts/happy-birthday-and-the-money-it-makes.html から取得.
ScoutSongs.com. 'Vive L'Amour' 2017 年 3 月 25 日 https://www.scoutsongs.com/lyrics/vivelamour.html から取得.

【推薦図書】

①原岡笙子（1994）.『NHK 上級・基礎英語　マザーグースで身につける英語の発音とリズム』NHK 出版.
➤ マザー・グースの魅力は何といってもその音です。言葉あそびや早口言葉などを題材に英語の音をじっくりと身につけるために作られた学習本（CD 付き）なので、初めてマザー・グースを学ぶ方にとっては絶好の入門書と言えます。
②河合祥一郎（2004）.『シェイクスピアは誘う――名せりふに学ぶ人生の知恵』小学館.
➤ シェイクスピアの全作品の名場面の台詞の原文と翻訳を CD 付きで紹介しています。韻文と散文についても丁寧に解説されており、ストーリーばかりに注目しがちなシェイクスピアの作品を、言語芸術の視点から伝えてくれる本です。
③松香洋子（2011）.『子どもと英語――増補改訂版』mpi.
➤ 国際人としてのマナーを含めた「英語教育」、特に第 3 章は小学校の英語教育について充てられています。松香フォニックスに、私も 4 年間通いました。
④西森マリー（2013）.『聖書をわかれば英語はもっとわかる』講談社.
➤ 英語圏の言語や文化の「原点」ともいえる聖書の言葉の数々が、現代の日常会話やメディアや映画・音楽などで、実際にどのように使われるのかを解説した良書です。聖書についての前提知識を必要とせず、楽しく読むことができます。

第9章　小学校英語における絵本を再考する
　　——絵本論の視点から

村松麻里

1. 英語教育に果たす絵本の役割

　皆さんは英語を学び始めたころに、絵本を使った経験がありますか？　もしなかったとしても、幼いころに母語による絵本の読み聞かせを経験したことはある、という人は多いのではないでしょうか？　私はこれまでに小学校の専科英語教員として、1年生から6年生までの子どもたちに、さまざまな絵本を読んできました。絵本は歌とならんでどんなときでも子どもたちを魅了してやまない不思議な力をもったメディアであり、授業のなかで絵本の力に助けられたことは数えきれないほどあります。外国語を身に付けるためには語彙や文法などの言語材料をある程度類型化して効率的に学ぶことも大切ですし、実際にそれらを使用してコミュニケーションを行いながら言語感覚を養う言語活動も重要です。そうした学びのなかにあって、絵本は、読み聞かせという形ならば子どもたちにひと時の受け身でいられる時間や異世界を旅する時間をもたらすものとなりますし、絵本を題材に暗唱チャレンジなどの活動を行った場合には子どもたちの想像力を刺激し奮起させる絶好のテクストとなりえます。大人・教師の側に少しの知識と工夫があれば、絵本は日本の子どもたちの英語教育においても、絶大な力を発揮するでしょう。

　絵本を有効活用することは、子どもたちが英語の音や文字に慣れる機会を増やし、物語全体の文脈のなかで発話の意図を推測・理解する力を育てることにつながります。そして、登場人物たちの心情や異なる世界を疑似体験することにより、広い意味での異文化理解やコミュニケーション能力を高める効果も期待されます。

　残念ながら、日本の英語教育の世界では、言語学習のための教材として絵本を用いることの意義や効果について本格的に触れた研究が、まだあまりありま

第 9 章　小学校英語における絵本を再考する

せん。しかし、イギリスをはじめとする英語圏の国々では、絵本は国家戦略としてのリテラシー教育（母語としての英語の読み書き）の中心的な教材として重用されてきた歴史があり、その価値は広く認知されています。

　本章では、そんな英語絵本の種類や絵本研究の分野の特徴、また、選び方や指導法について述べたいと思います。英語について興味を持ち始めた児童たちが、豊かな絵本の世界にたくさん触れるきっかけとなることを願っています。

(1) 絵本を使った学びについて

　一般的に言うと、英語学習は、＜文字→単語→文＞と、細部からより大きな塊に向かって積み上げて行くのがよいと思われがちです（ボトムアップ）。しかし、絵本を使った学習は、これとは逆の発想、すなわち、最初はどこが区切れ目かも分からないような大きな音のまとまりとしての文を、その意味が類推できるような文脈の中でまずたくさん聞き、慣れてきたらそれらの表現を自らも使用してみるという活動のなかで少しずつ理解していく、**トップダウン**式のアプローチを採ります。子どもにとって理解できる「意味」と「音」とが結びついた耳からのインプットをたくさん経て、それらがどのように分節化され書き表されるかを目にすることで、「音」と「文字」のつながりに対する気づきが生まれます（音韻認識能力は第 5 章 5 節を参照）。**音から文字へ、受信から発信へ**というプロセスは子どもの言語習得の自然な姿であり、英語学習を下支えするものともなります。

　そのような学びのプロセスに沿って、子どもが自らを重ね合わせることのできる魅力的で意味のある内容が盛り込まれた、言語使用の場面・状況が自然に創出された媒体として絵本は存在します。絵本の読み聞かせを通して聞く力を養うことができますし、子どもは前後の文脈から類推したり絵からヒントを得たりすることによって語られていることの大体の意味を理解することができます。くり返されるフレーズは、やがて子ども自身の発話にもつながっていくでしょう。そして、絵本の中で起こるさまざまな出来事は教室の中に新たな物語世界を現出させ、時に、教師と児童とが、お互いの立場を越えて揺れ動く想いを共有したり、ああでもないこうでもないと考えたり、語り合ったりすることで、温かなコミュニケーションも生まれます。

(2) 英語の絵本の分類と選び方

　日本の小学校英語の現場では、『はらぺこあおむし』や『くまさん、くまさん、なにみてるの』などの絵本がよく使われているようですが、それ以外にも、ジ

ャンルや読まれ方の異なるさまざまな英語の絵本が存在し、子どもへの読み聞かせも多種多様に展開できます。もちろん授業での利用だけではなく、図書館や教室の本棚にもいろいろな絵本を配架して、子どもたちが気軽に手を伸ばせる環境づくりをしたいものです。絵本と一括りにしてしまいがちですが、実際にはどのような種類の絵本があるのでしょうか？　以下は、渡辺・佐藤・粕谷（2010）による、英語絵本選びの際のヒントとなる、6つの分類です。本を実際に手に取ってご覧になることをお薦めします。

1. 英文がなく、ほぼ絵だけであるが、インタラクションがしやすい Pop-up 絵本（例：*Color Surprises; One to Ten* など）
2. 印刷された英文をそのまま読むだけで、子どもとインタラクションが多くできるもの（例：*Ketchup On Your Cornflakes?* など）
3. 呼んでいて心地よいリズムが感じ取れるもの
   （例：*Brown Bear, Brown Bear, What Do You See?* など）
4. 同じ表現が繰り返し出てきて、話の筋を予想させやすいもの
   （例：*Five Little Monkeys Jumping on the Bed* など）
5. 日本語の絵本（例：『やさいのおなか』）
6. 国語など他教科の教科書に出てきていて、子どもがすでに内容を知っているもの（例：*Swimmy* など）

2. 絵本論からみた小学校英語教材

（1）絵本を見るもう一つの視点、絵本論について

　世間一般でイメージされる絵本とは、一冊の本の中に絵と文字があって、子どもが喜ぶような内容が描かれているものという程度の意味で捉えられていると思います。おなじみの『桃太郎』や『赤ずきんちゃん』のお話に挿絵が添えられているものも絵本、コルデコット賞などを受賞した美しい最新の作品も絵本。もしかしたら、電車や昆虫の写真に文字が添えられたものも「えほんじてん」などと言って書店に並んでいるかもしれません。

　しかし、絵本研究の世界では、絵本を、絵とことばという二つの異なる記号体系が一体的に織りなす独自のメディアとして捉え、両者の関係がどうなっているかによって絵本を精緻に分類し、その作品としての質を見定めようとする枠組みが存在します。Nikolajeva & Scott (2006, p.1) は、一見すると「絵本」と見えるものを、以下の4つに分類しています。

(a) the exhibit book: picture dictionary (no narrative)
(b) the picture narrative: wordless or with very few words
(c) the picturebook, or picture storybook: text and picture equally important
(d) the illustrated book: the text can exist independently

　このうち、(a) と (d) は、絵本とは呼ばれません。(a) は、例えば図鑑や写真集のように、絵と文字が両方あったとしても、そこに語りが存在しないメディアを指し、(d) は、一見すると絵本のように見える作品を指しますが、絵はただの文章の従属物に過ぎず、文章だけで語りが成立していることから、「絵本」とはみなされず、「挿画本」として分類されているのです。他方、(b) は、文字なし絵本や、極端に文字が少ない作品を指し、絵は独立した語りをもっています。また、(c) は、ことばと絵とが等しく重要な役割を担い、それぞれが語りをもっています。ここでは、(b) と (c) が絵本として分類されています。
　これらをまとめると、絵本論の視点に立った場合、絵本とは、絵とことばとが一体となって一つのイメージを伝える媒体であり、子どもたちは、文章を読むのと同様に、**絵を読む**ことができるのです。
　では、絵の語りがどのように存在するかというと、それには、**めくり**が大きく関係しています。めくりによって連結された一枚一枚の絵本の絵は、図鑑やカタログとは異なり、そこに文字がなかったとしても、語るのです。文字なし絵本が物語として成立することからも分かるように、絵本の絵は読み手に対して語りかけます。本来は非線条的な空間芸術であるはずの絵画は、めくりによって次のページに連結された連続体となることで、時間軸と因果律を獲得し、そこに**物語性** (narrativity) が生まれるのです。
　もともと線条的な時間芸術として存在することばの世界の語りに加え、絵の世界にも語りが生じることで、絵本には2つの語りが併存します。そして、一つの同じ作品の中にあっても、両者の関係性は、必ずしも足並みを揃えて進行しません。両者が同じように進行したり補い合ったり、絵がことばを強調したりして支えたりするケースもありますが、殊に「現代絵本」と呼ばれる作品群では、「ことば」の語りと「絵」の語りとの間に、「対立・矛盾」関係が意図的に編み込まれていることが少なくありません。
　例えば、ことばとしては主人公の幸せそうな日常が叙述されているのに、絵をみるとたまらなく寂しそうな風景が描写されていたり、ことばでは意気揚々とした心情が吐露されているのに、絵の方では不安でいっぱいの表情が描かれ

ていたりといった具合です。このように対立や空白、間を意図的に作品に埋め込むことで、現代絵本は、読者の物語解釈に多義性や未完結性といった余地を与え、作品の鑑賞を奥深く、時に自由で創造的なものとしています（「異化効果」については第10章2節3項を参照）。

(2) 日本で使われている英語教材としての絵本はどうか？

　日本で英語教材として用いられている絵本作品はどうでしょうか？　絵本論の視点に照らして、絵の語りと文章の語りがそれぞれ等しく存在し、読者に文字だけでなく絵を読む喜びを与え、絵の語りとことばの語りを往還しながら自由に創造の翼を広げさせてくれるような絵本が、教材として提供されているでしょうか？　現在、英語教育の現場で使用されている絵本を、筆者は絵本論の知見を参照しながら以下のように3つに分類しました（村松, 2010）。

・**real books**…従来のオーセンティックな絵本。教材化のために作為的な操作が加えられた読み物に対して、芸術・文学作品として作成された従来の絵本が real books と称されます。

・**reading schemes（読本テクスト）**…英語母語話者のリテラシー教育のために編纂された教材絵本。昔話などの原作を書き換えた再話版もありますが、教育現場で主流として使用されているのはそちらではなく、当初から作者の創作によるオリジナルの絵本です。英国の1万8000校以上の小学校で採用される *Oxford Reading Tree* シリーズなどがその代表です。

・**ELT絵本**…英語学習者の英語教育のために編纂された教材絵本。昔話などの原作を書き換えた再話版と、当初から作者の創作によるオリジナル絵本とがあります。

図1　3種類の英語絵本

　"real books" と "reading schemes" は母語としての英語で書かれていますが、"ELT絵本" は非母語、すなわち外国語／第二言語としての英語で書かれています。また、"reading schemes" と "ELT絵本" は教材ですが、"real books" は非教材の物語作品です。一括りに「英語絵本」と言っても、それぞれの絵本にはこうした性質の違いに由来する、構造上・言語上の独自の特徴があるのです。

　これら3種類の絵本のうち、先に紹介した、文章にも絵にも語りがある "picture

book" の要素をより多く含むものは "real books" です。最も複雑で抽象的なメッセージを伝達し得るのが "real books" で、読者の創造的で自由な読みが許容される傾向が強いのですが、その反面、絵と文、あるいは絵の語りとことばの語りとの間に明確な対応関係が読み取りにくく、非母語話者にとっては、難易度が高いのも事実です。

　一方、"reading schemes" は、母語話者向けとはいえ、読み書きの教材であることから言語面でコントロールされており、重要語彙の反復も多く、イラストの力を借りて類推することによって大意を読み取りながら、ある程度自由に読み進めることが比較的容易です。"ELT 絵本"のように、見れば分かることをあえて文章化している不自然さはありませんが、基本的には個々の具体物とそれを表すことばとの間に、不必要な一対一対応の説明を多く設ける傾向が強いため、"real books" のように、創造の翼を伸ばすことや、絵の語りとことばの語りとの間の矛盾を味わうといった複雑な文学鑑賞の醍醐味を楽しむことは、あまり期待できません。

3. 小学校英語で使える素敵な絵本あれこれ

　以上のような点を踏まえた上で、本節では小学校の授業で、より幅広い絵本の世界を楽しめるよう、いくつかの具体的な作品を紹介します。それぞれの絵本の特徴を教師が把握した上で上手に授業に生かせばさまざまな楽しみ方ができますし、物語の背景となっている英語圏の文化や歴史に触れたり、英語と慣れ親しむ多くの機会を設けたりできます。

　小学校外国語活動及び外国語科で学ばれる英語の表現には、例えば、以下の様なものがあります。"Hello, I'm (name)." "How many ～?" "I like ～." "Do you like ～?" "Yes, I do./No, I don't." など。挨拶、感情表現、好きな物を言う・尋ねる・答える、数、色、スポーツ、飲食物、野菜、他、さまざまな内容が出てきます。

　そこで、これらの小学校英語で学ばれる基本的な語彙・表現に関連した絵本を以下にいくつか挙げ、どんな読み聞かせや子どもたちとのやりとりが可能か、述べたいと思います。

(1) そのまま読むだけで楽しい！仕掛け絵本とナンセンス絵本
　≪例≫ *Color Surprises*（Chuck Murphy 作）
　シンプルなポップアップ式の仕掛け絵本です。ページをめくるごとに、色のついた四角いフラップをめくると、さまざまな生き物が飛び出します。色をヒ

ントに、次に出てくる生き物を子どもたちと推測したり、出てきた生き物の英名と和名の違いや関連を見つけて楽しんだり、数を一緒に数えたりできます。子どもと教師が同じ目線で同時に驚きながら楽しめる絵本で、文字と絵（仕掛け）が一致しているため、語りの上で注意すべきことや難しいこともありません。

≪その他に…≫

ポップアップ絵本以外にもさまざまなタイプの仕掛け絵本があります。絵の一部を動かすことができるものや、絵の一部だけが隠れているものもあります。絵の一部がくりぬかれていて、ページをめくるごとに見える部分が変化していくタイプのものでは、*Go Away, Big Green Monster!*（Ed Emberley 作）がお薦めです。身体部位と色が学べて、"GO AWAY" のシンプルなフレーズをみんなで繰り返し口にしながら参加型で読み進められます。

ページの真ん中に切れ込みが入っていて、上部と下部とで異なる組み合わせにしてナンセンスを楽しめる作品もあります。*Ketchup on Your Cornflakes?*（Nick Sharratts 作）は＜食べ物＞をテーマとしており、食べ物とトッピングのナンセンスな組み合わせを楽しめ "○○ on △△?" の表現が繰り返され、前置詞の表現も体感できます。

同じ作者の作品で *What's in the Witch's Kitchen* もお薦めです。ページの一部を上下、左右どちらにめくるかによって、2 つの "rhyming words"（韻を踏んでいることば＝同韻語）の絵のどちらかが飛び出す仕組みで、飛び出したその中身は正反対になります！　英語母語話者の自然な話しことばや日常語彙が使用されているので少し難易度は高めですが、このパターンに子どもたちはすぐに慣れます。魔女のキッチンのトースターの中には "toast"（トースト）か "ghost"（お化け）か…さて、あなたならどちらを選びますか？

絵本画像 1　*Go Away, Big Green Monster!* 表紙（上）と本文（下）

(2) 暗唱活動と英語の音を楽しめる絵本

≪例≫ *Five Little Monkeys Jumping On the Bed*（Eileen Christelow 作）

昔からあった子どもたちの手遊び歌を絵本化した作品で、その後シリーズ化され、世界的に広く親しまれています。Five little monkeys jumping on the bed. One fell off and bumped his head. The mama called the doctor. The doctor said, "No more monkeys jumping on the bed!" というフレーズが基本となり、5匹の子ザルたちがベッドの上で飛び跳ねて怪我をし、布団の中へ引き上げる度に、"five" いた子ザルが "four" になり、"four" が "three" になり…と変化してゆきます。英語の強弱拍に乗せてリズミカルに同じフレーズの塊を5回、気持ちよく繰り返して唱えることができ、"bed" "head" "said" の韻も味わいつつ、子どもたちは身振りをつけて楽しく教師と一緒に言うようになります。こうしたフレーズは「きらきら星」のメロディに乗せて歌うこともできます。

反復や押韻によって詩的機能を付与された言語は心に残りやすいため、暗唱活動にも最適です（第3章5節1項を参照）。筆者は毎年小学校4年生の授業で「暗唱チャレンジ」という活動を行ってきました。最初は文字を読みながら言い、少しずつ、言えるところを増やしていって、最終的には個々の子が暗唱するのを教師が一対一でチェックする、という活動です。

いきなり暗唱するのではなく、まずは何度も音を聞いて馴染むところから入り、文章を書き起こした暗唱シートも配布して文字の助けを借りながら徐々に慣れさせます。そうして物語一冊を暗唱できた子は同じ作品に取り組む他の子たちの「プチ先生」になって助けたり、次の作品にチャレンジすることもできるという仕組みを設けます。すると、子どもたちはヒントを得ようと文字を目で追ったり、一所懸命口を動かしたりしながら、お互いに助け合って活動に取り組み、クラスに活気や助け合いの温かい空気が生まれます。自主性や相互扶助やチャレンジ精神を引き出す発信型の活動に展開させる事例としてお薦めします。

絵本画像2 *Five Little Monkeys Jumping on the Bed* 表紙

≪その他に…≫

The Lady with the Alligator Purse（Mary Ann Hoberman & Nadine Bernard Westcott 作）や、*Peanut Butter and Jelly*（Nadine Bernard Westcott イラスト）も、心地よいリズムと分かりやすい繰り返しのプロットで、意味を推測しながら音を口にすることを楽

しめる絵本です。また、*Ten Fat Sausages*（Elke Zinsmeister イラスト）のように、はじけてフライパンから飛び出すソーセージになりきって体を動かしたり、手遊びをしたりして情景を表現しながら歌える、英語圏ではおなじみの数え歌の絵本もあれば、*We're Going on a Bear Hunt*（Michael Rosen & Helen Oxenbury 作）のように、日本ではあまり馴染みのない、英語のオノマトペ（"Swishy swashy!" "Splash splosh!"など）を体感できる絵本もあります。

　日本でよく用いられる Eric Carle の *Brown Bear, Brown Bear, What Do You See?* という作品も、本来はリズムに乗せて、音の反復や韻律を楽しめる絵本ですが、時々、ALT が親切心から発音にこだわって、文を一語一語に切り分けて発音練習させてしまうケースがあるようです。絵本を読むときは、個々の発音だけでなく、全体のリズムや強弱、韻などを大切にして、音を楽しみながら読んで欲しいと思います。

（3）ことばの壁を越えられる絵本

　≪例≫ *Yo! Yes?*（Chris Raschka 作）、*No, David!*（David Shannon 作）

　文章が少なくても、あるいは全くなくても、絵の語りによって深く心を揺り動かしてくれる絵本が存在します。*Yo! Yes?* は、友達のいない少年が一人の少年と出会い友達になるまでを、"Hey!" "Me?" "What's up?" "No friends." などのごく短いセリフだけで綴った作品です。それぞれの心の動きがイラストと文（および文字のサイズや位置の工夫）によって見事に描かれており、見るものをハラハラさせ、最後にはほっこりと温かな気持ちにさせずにはおきません。*No, David!* は、作者自らの幼児期をモデルに描かれた絵本で、文章のほとんどが、主人公が次々とやらかすいたずらに対して親から浴びせられる "No" "David!" のセリフです（この絵本を用いた実践は第17章3節を参照）。

　外国語として英語を学ぶ子どもたちにとって、短いことばや汎用的なフレーズでも、場面や状況に応じて思いを込めて発すれば、驚くほど力強く他者に対して

絵本画像3　*Yo! Yes?* 表紙（上）と本文（下）

第 9 章　小学校英語における絵本を再考する

メッセージを伝えられるということを実感させてくれるのがこうした絵本です。こうした絵本ならば、読み聞かせだけでなく、イラストや前後の文脈を手掛かりにして、**自力読み**（self-reading）に挑戦するのにもぴったりです。

　文字なし絵本も、すでにイラストだけでプロットや情感を伝えられるように構成されていますから、子どもとのインタラクションを通して、場面場面に描かれた事物や登場人物の心情をセリフにしてみるなどして活用してもよいと思います。*Zoom*（Istvan Banyai 作）は、精緻にアップで描かれた事物がページをめくるごとに少しずつ俯瞰の構図へと広がってゆき、思いもかけなかった全体像が徐々に浮かび上がる仕掛けで描かれた絵本です。"What's this?" "What comes next?" と次の展開を予測しながら英語で語り合っても楽しいですね。

≪その他に…≫
　Jez Alborough による *YES* や *HUG* といった作品も、漫画のような吹き出しの手法などを駆使して、"No" "Yes" "Hug" といった短い簡単な語彙だけで読めるよう非常に分かりやすく構成されています。いつもの読み聞かせにちょっと飽きてきたとき、子どもたちが読み聞かせの主体となれるこうしたお話も、スパイスになってよいかもしれません。

(4) 現代絵本で味わう遊び心と「正解のない読み」

　≪例≫ *Granpa*（John Burningham 作）、*This Book Just Ate My Book!*（Richard Byrne 作）、*The Something*（Rebecca Cobb 作）

　かつての絵本は、言葉によって表現された世界をイラストが後から補うものでした。ところが、第一次世界大戦以降、絵本は映画のようなカメラワークやデザイン的な要素を用いるようになり、1970 年代に入ると、従来の絵本の形を逸脱した「ポストモダン絵本」と呼ばれるものが誕生します。

　John Burningham による *Granpa*（邦訳『おじいちゃん』）では、主人公の少女とそのおじいちゃんとの嬉しそうな邂逅や現実の会話の場面が右ページにカラーで描かれ、物語が展開してゆく一方、左ページは終始セピア色で、そこにはおじいちゃんのたどってきたはるか昔の少年時代の回想や空想と思われる世界が描かれ、そこにも登場する少女はおじいちゃんとそこで交流し、彼の人生や、恐らくは生きるということのさまざまな要素を理解し、何かを学んでいきます。最後に、おじいちゃんは現実の世界で病気になり、死んでしまったことが暗に示唆されます。左右のページの関係性については、何も明示されず、おじいちゃんの死も孫娘がそれをどう受け止めたかも、言葉では何も説明されません。

絵に語らせて言語化をしない手法、絵と文との間にズレがある手法、左右のページで時空間がズレている手法、などによって、この作品における事象の意味付けや解釈は、ついに正解がないままです。

こうした作品は、**現代絵本**と呼ばれ、その特徴は未完結性、多義性など、解釈が読者に委ねられること、また、間テクスト性といって、ある作品の登場人物がまったく別の作品にひょいと登場する遊び心やパロディにあります。また、*Granpa* のような左右のページをずらす構造によって読者に作品の読み解き方を意識させ、メタフィクション的な視点を誘導する在り方も現代絵本にはしばしば見られます。こうした現代絵本の手法やその遊戯性は、英語教育においても日本の子どもたちに大いに喜ばれ、受け入れられるものでしょう。

絵本画像4　*The Something* 表紙（上）と本文（下）

例えば、*This Book Just Ate My Dog!* では、見開きの間に横たわるページの隙間が、登場人物の飼い犬や仲間たちを次々と飲み込み食べてしまうという、まさにメタフィクション的な事件が起こる作品です。*The Something* は、主人公が自宅の庭で発見した穴の奥に棲む生き物は何かをめぐる物語ですが、結末はオープンエンドで、読者の想像・創造に委ねられています。こうした、従来の絵本の構造を超えた絵本を読む興奮や、正解のない読みを楽しむ自由を、ぜひ、現代絵本とともに英語の授業でも味わってみてはいかがでしょうか？　心が動くとき、子どもたちの話したい気持ちもまた高まるでしょうから。

《その他に…》

明確に現代絵本の特徴を強く持つとは言い切れませんが、*Shh! We Have a Plan*（Chris Haughton 作）、*Can I Play Too?* などの *Elephant and Piggy* シリーズ（Mo Willems 作）*Winnie the Witch* シリーズ（Valerie Thomas & Korky Paul 作）もお薦めです。文字の大きさや位置、フォントに工夫を凝らしたメタフィクション的要素や、オープンエンドの楽しさなどが、それぞれに豊かに散りばめられた絵本です。

第 9 章　小学校英語における絵本を再考する

(5) reading schemes（読本テキスト）も知っておこう

　reading schemes は「読本テキスト」と訳されることもある、読み書き教育を目的として作成された絵本です。イギリスでは、公立小学校の 80％ にあたる 1 万 8 千以上の小学校で使用されている *Oxford Reading Tree*（通称 *ORT*）というシリーズが最も有名です。こうした reading schemes は National Curriculum に準拠しており、レベルごとに語彙数や一冊の長さがコントロールされた読み物を読み進むうちに、high frequency words と呼ばれる当該年代の子どもたちの頻出語彙や、key verbs と呼ばれる主要な動詞、同一のフレーズや構文などを反復的に読むことによって、読み書きの力を身に付けられるように工夫されています。

　プロット上の反復やイラストによるヒントからも物語全体の意味が理解しやすいように構造化されているため、読者は＜物語全体⇒文⇒語＞という風に、トップ・ダウンで意味を類推・理解できるとされます。レベルごとに使用される語彙・表現が制限されており、一冊の長さやパターンも一定であることから、日本における英語教育でも使い勝手がよく、子どもたちにも人気のシリーズです。本章第 2 節 2 項で述べた通り、従来の絵本 (real books) ほどの表現の自由さ、意外性はなく、子どもたちの心を惹きつける力では一歩及びませんが、"I have ～""I like ～"など、日本の小学校英語の定番表現は reading schemes にもよく出てきます。ある程度それらに慣れたところで読んであげると、読める喜びや達成感が感じられ、動機付けとしてよいかもしれません。

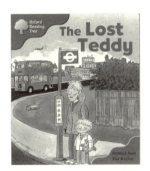

絵本画像 5　*Oxford Reading Tree* 表紙

(6) おまけ——素語り、絵描き話（drawing story）はいかが？

　最後に、素語りと絵描き話について短く触れておきたいと思います。人間の発達において、まず赤ちゃんが認識するのは分節化という概念によって識別される以前の塊としての音であり、歌であると言われます。素語りは、音声のみで語られ、語り手は聞き手と目を合わせて語るので、両者は二項関係にあり、とても親密と言えます。これに対して、絵本の読み聞かせは三項関係であり、語り手と聞き手の視線は絵本に注がれることから、ある程度の成長を経なければ、子どもにとって絵本に集中することは困難です（絵本は耳から聞きながら目で絵を追えるメディアなので、そこに大人がいて読み聞かせをすることの意味は大きいのですが…）。また、絵本の絵には、絵がなければ聞き手の中で自由

に膨らませることのできるはずのイメージを、特定の形をもったものに固定化してしまうという側面もありますが、一方で、言葉の理解が不十分な時に情報を補ってくれるものとして大きな力も持っており、絵や語り手のジェスチャーといった視覚情報はとても役に立ちます。

そこで、絵描き歌や drawing story と呼ばれる絵描き話を、お話の時間のレパートリーに加えてみてもよいのではないでしょうか？ Anne Pellowski は自らも語り手でありながら世界の絵描き話やハンカチ、人形、あやとり紐などを使ったお話を収集し、一冊の本にまとめています (Drawing Stories from Around the World and a Sampling of European Handkerchief Stories, 2005, Libraries Unlimited)。その中でも、19

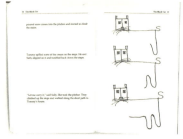

絵本画像6　Drawing Stories 表紙（上）と本文（下）

世紀のアメリカのお話、"The Black Cat" は最も有名な作品の一つとされ、筆者も日本の子どもたちとのお話の時間に用いる定番の絵描き話です。幼稚園児から小学校高学年まで、最初は家の形を表していたはずの絵が、お話が進むにつれて少しずつ猫の顔になり、全体の造形ができあがっていく様を子どもたちは夢中になって目で追いながら語りを聞いてくれます。文字に対する抵抗感がある子や、絵が好きな子にもきっと楽しんでもらえるはずです。

4. 多様な絵本の特徴を知り、英語の学びに活かす

ここまで、日本の小学校英語教育における絵本の扱いを概観し、定番の絵本から、まだ日本ではなじみが薄いと思われる現代絵本や "reading schemes"（読本テクスト）、絵描き話までを紹介し、さまざまな活用の仕方を提言してきました。

絵本は、必ずしも効率的な英語学習のツールであるとは言えません。色や数、形といった類型的な学習は、フラッシュカードやポスターでも効率的にできるでしょうし、それをビンゴやゲームにして楽しむことも可能でしょう。ですが、ただ機械的に、条件反射のように英語の名前を覚えるだけではつまりません。ことばを単なる記号にせず、手触りのある表象物そのものとして味わうには、

絵本が与えてくれる世界観が大きな役割を果たしますし、そのことばの実際の用いられ方、語用論的な感覚をつかむ上でも、難しい言葉ではなくイラストレーションや物語の力によって前後の文脈や状況設定を伝えてくれる絵本は有効なメディアとなるでしょう。また、絵本の背景には、必ず英語圏（および他の国々）の文化社会や歴史があります。

　2020年より、日本では公立小学校でも英語が早期化・教科化され、あまり英語が得意ではない人も含め、多くの担任の先生方が外国語活動や教科としての英語の指導にあたることになります。絵本は、そんなとき、大人と子ども、教えるものと教わるものといった隔てをなくし、ともに感動や心の共振を味わえる素晴らしいメディアになると筆者は信じています。本章が日本の英語教育における絵本の活用の地平をほんの少しでも広げてくれることになれば幸いです。

【引用文献】

村松麻里（2010）.「英語教育における絵本の活用に関する考察――Real Books、Reading Schemes、ELT絵本の比較分析を通して――」『異文化コミュニケーション論集』第8号、57-72頁.

渡邉時夫・佐藤令子・粕谷恭子（2010）.『ここから始めよう　小学校英語』明星大学出版部.

ワトソン，V. & スタイルズ，M.（編）（2002）.『子どもはどのように絵本を読むのか』（谷本誠剛・訳）柏書房. ［原著：Watson, V., & Styles, M. (Eds.) (1996). *Talking pictures: Pictorial texts and young readers*. London: Hodder Education.］

【推薦図書】

①Nikolajeva, M. & Scott, C. (2006). *How picturebooks work*. London: Routledge.［邦訳：ニコラエヴァ，M. & スコット，C.（2011）.『絵本の力学』（川端有子・南隆太・訳）玉川大学出版部.］
➤ことばと絵という、二つの記号体系の関係性、相互作用によって成り立つ芸術形式である絵本というメディアについて、絵本研究の世界的第一人者によって包括的にまとめられた一冊であり、多角的に絵本論・絵本研究の世界を概観することができます。日本の英語教育で頻繁に使用される定番絵本以外にも、現代絵本と呼ばれる作品を含め、世界にはさまざまなジャンルの絵本が存在し、子どもたちの想像力・創造力を豊かに引き出してくれる余地があることを示してくれる一冊ともなるでしょう。

第10章 英語教育における演劇

——演劇の立場からの英語劇の再考

飛田勘文

1. 人生の「真」について「考える」

　1882年の暮れごろに日本人初の女性留学生である山川（大山）捨松が英語教育と道徳教育を目的として「英語演劇クラブ」を創設して以来、英語教育における教育方法としての演劇、つまり「英語劇」は、学習者の英語に関するさまざまな能力を開発するために実施されてきました。例えば、1950〜1960年代の英語教師は、1947年に導入された学習指導要領（試案）の影響を受け、「英語で考える習慣」を形成するために、1970〜1980年代の英語教師は、1969年告示の指導要領の影響を受け、「外国語［英語］を理解し表現する能力の基礎」を育成するために、1990年代の英語教師は、1989年告示の指導要領の影響を受け、「外国語［英語］で積極的にコミュニケーションを図ろうとする態度」を養成するために英語劇を使用しました。

　21世紀になると、英語劇は、コミュニケーション能力に加え、中央教育審議会の答申『21世紀を展望した我が国の教育の在り方』（1996）や日本経済団体連合会の意見書『グローバル化時代の人材育成について』（2000）などの影響を受け、異文化理解、国際理解、多文化共生、社会的包摂、シティズンシップ教育、グローバル人材育成と関連づけられて実施されるようになります。加えて、2008年告示の小学校学習指導要領において2011年度から「外国語活動」が高学年の必修科目として新設されることが決定すると、文部科学省は補助教材『英語ノート』（2009）や『Hi, friends!』（2012）を配布し、その中で「おおきなかぶ」や「桃太郎」のオリジナル劇を創作する単元を用意しました。この単元に関し、直山木綿子文部科学省教科調査官は、この単元が3つのリトマス試験紙——①2年間の外国語活動が見えるリトマス試験紙、②学級経営が見えるリトマス試験紙、③学校全体の組織が見えるリトマス試験紙の役割を果たすと述べ、斬新な英語

劇の意義を提示しています。さらに、2020年度からの新学習指導要領においては、英語のみならずあらゆる教科で「主体的・対話的で深い学び」(アクティブ・ラーニング) を実現することが求められており、今後は英語劇も、そのような新しい学びと結びつけられて展開していくと考えられます。

このように、英語教師は学習者の英語に関するさまざまな能力を開発するために演劇を使用してきましたが、本章において、私は英語教師ではなく、あえて演劇の教師——欧米の表現で「ドラマ教師 (drama teacher)」の立場から英語劇の再考を試みたいと考えています。英語の授業に英語劇を導入することは、英語に関する学習者のさまざまな能力を開発するという点で魅力的です。しかし、その一方で、私は、それは演劇の本来の目的なのだろうかと英語教育における演劇の扱いに疑問を感じることがあります。むしろ、演劇とは、もっと人間の根本的な生を問うものではないでしょうか。

演劇 (ヨーロッパ演劇) には、古代ギリシア演劇の誕生以来、約2600年におよぶ歴史があります。したがって、演劇の理念について論じる場合にはどの時代の理念を選択するかが問題になりますが、現在私たちがよく知っている一般的な演劇の理念の大元は、フランスの劇作家エミール・ゾラ (Émile Zola) の『テレーズ・ラカン』に端を発する近代自然主義演劇、そのなかでもノルウェーの劇作家ヘンリック・イプセン (Henrik Ibsen) の『人形の家』などに由来する近代劇にあります。演劇学者の河竹登志夫は、その近代劇の理念を次のように説明します。

> 作家は俳優に「人生の断片」を舞台にありのままに再現させ、観客は瞳をこらし耳をすませてそれを観察し、**人生の「真」について「考える」**
>
> (河竹, 1978, p.266. 太字は筆者強調)

この「人生の「真」について「考える」」とはどういう意味でしょうか。私は演劇の創作・鑑賞活動への参加は、俳優や学習者が劇の登場人物 (他者) の人生とその登場人物が生活する社会に触れ、人間に関する3つの根本問題について考える機会を持つことだと捉えています。

1つ目の根本問題は、**人間性の獲得**に関することです。ブラジルの教育学者パウロ・フレイレ (Paulo Freire) は『被抑圧者の教育学』(1979) の中で、支配者が被支配者を支配 (抑圧) する二分化した社会において、その両者が非人間化していると論じました。そして、人間とはただそこに「存在する」(human 'being') のではなく、問題提起教育を通して人間に「なる」(human 'becoming'. 原文はポ

ルトガル語ですが、ここでは英訳を使用)のだと主張しました。演劇にも同じことがいえます。観客は、舞台上で苦しんだり泣いたりしている登場人物の姿やその登場人物が置かれている厳しい状況を観察することを通して、人間になるとはどういうことかを考える機会を得ます。私はイギリスの大学でドラマ教育(主に学校で教師が実施する演劇活動)の基礎知識と技術を習得しましたが、イギリスのドラマ教師の多くが演劇のその特徴やフレイレの考えを継承し、その演劇活動の中で、直接的あるいは間接的に学習者に**人間になるとはどういう意味か**と問いかけます。

　2つ目の根本問題は、**社会の構築**に関することです。フレイレは被支配者が支配者の作り上げる現実の中に埋没して生きていることを問題視していますが、私たちは、はたして、他者の社会ではなく、「自分たちの社会」で暮らすことができているのでしょうか。また、近頃は国内外において自分とは異なる文化的背景を持つ人々とともに仕事をしたり、暮らしたりする機会が増えていますが、私たちは、海外にルーツを持つ人々と対等な関係で多文化共生社会を共創することができているでしょうか。本質的に、演劇は、自分とは異なる他者との協働を前提とし、他者との関係を問うことを得意とする社会的芸術です。俳優は、ほかの俳優やデザイナーたちと協力しながら劇を創り上げます。そして、その創り上げる劇の内容についても、古代ギリシア演劇からシェイクスピア、そして現代演劇に至るまで個人と他者の間に生じる問題を扱った物語が数多く存在します。イギリスのドラマ教師は演劇のその特徴を生かし、演劇活動の中で戯曲分析と協働による劇の創作を通して、学習者に**民主的な社会とはどういうものか**を探らせます。

　3つ目の根本問題は、**アイデンティティの形成**に関することです。私たちは日々の暮らしの中で**「自分は誰なのか」**そして**「この社会とどのように関わり、どのように生きていきたいのか」**ということを十分に検討する機会を持つことができているでしょうか。イギリスのドラマ教師は学習者に架空の登場人物(他者)を演じさせ、学習者自身と登場人物との間に存在する考え方や感じ方の違いを比較させることによって、また、学習者にあらかじめ決まっている物語の展開とは異なる新しい物語の展開を想像してもらうことによって、学習者が自分自身についての理解を深め、社会との関わり方を決定していくための手助けを行います(第14章の実践も参照)。

　本章では、イギリスのドラマ教育の理論を土台として、この人間に関する3つの根本問題について考えることの可能な英語劇のモデルの構築を試みます。現状、日本の子どもたちが、学校生活や日常生活の中で自分の人生や社会につ

いてじっくりと考える機会はどのくらいあるのでしょうか。私は子どもたちに、演劇（英語劇）への参加を通して自分の人生や自分が暮らしている社会についての理解を深め、また、その想像力を十全に発揮して、自分の手で自分の人生と社会を創造的に形づくっていってもらいたいと願っています。

　もちろん、今の英語教育の事情を無視することはできません。しかし、「なぜ演劇が人間に必要なのか」ということを考えた場合に、私は、このような英語劇の理念のもとで異文化理解、国際理解、多文化共生、社会的包摂、シティズンシップ教育、グローバル人材の育成など、現在の英語教育が重視するテーマにつながる英語劇の活動を設計し、その英語劇の創作・鑑賞過程（学習過程）において学習者に英語の単語や文法や4技能を指導し、そしてコミュニケーション能力などの能力を開発していくのがよいのではないかと考えています。

2. 英語劇を支える理論

(1) 社会言語学

　はじめに、演劇が言語教育に有効な理由とその理論を説明します。言語教育をテーマとした演劇活動を支える理論としてよく取り上げられるものの1つが**社会言語学**で、特にオーストラリアの言語学者M・A・K・ハリデー（Michael Alexander Kirkwood Halliday）の「選択体系機能理論」と称する言語理論が演劇と相性がよいとされています。ハリデーは『機能文法のすすめ』(1991) の中で、人々が意思の疎通に失敗することもあるが、成功しているのはなぜだろうかと問い、もしかするとそれは私たちが他者の言おうとしていることを事前に分かっているからではないだろうかと推測しました。そして、その推測に基づいて、実は、私たちはことばを使用する際に、ことば（テクスト）だけを経験するということはなく、ことばを常に「シナリオ」との関係で経験しているのではないだろうかという、言語構造に関する仮説を立てます。このシナリオとは、ことばが意味を生成する際に拠り所とする人間の背景や行動や出来事のことで、ことばを支えるそのシナリオがあるからこそ、私たちは、ことばそのものだけでは伝えることが難しいものを正しく把握し、相手と意思疎通を図ることができます。ハリデーはそのような人間の背景や行動や出来事のことを「状況」という専門用語に置き換え、言語は**状況のコンテクスト**の中で機能すると論じました（第3章2節も参照）。

　演劇が言語教育に有効だと考えらえる理由は、演劇が（英語の）ことばにこの状況のコンテクストを提供するためです。文学の場合、そのことばのコンテク

ストは文字によってのみ定義づけられますが、演劇の場合は、文字に加え、人々、物体、空間などのほかの要素によっても定義づけられます。したがって、演劇において、ことばは文字以上、つまり実際に話され、聞かれ、解釈されるものとして経験されます。その上、文字によってのみ定義づけられた場合と比べ、さまざまな要素によって定義づけられた演劇のことばは、はるかに多くの意味を提示します。例えば、ある人物がもう1人の人物に対し、"I hate you." と発します。文字通りに理解するのであれば、それは「あなたのことをひどく嫌っている」です。しかし、もしその人物が相手のことを、乱暴にではなく、大事に抱きしめながら優しくそのことばを述べたなら、その意味はどのように変化するでしょうか。そのことばは、真逆の「あなたのことを大切に思っている」という意味を提示する可能性があります。

(2) クリティカル・リテラシー

　言語教育をテーマとした演劇活動を説明するにあたってもう1つ重要なのが、パウロ・フレイレの識字教育に端を発する「言語と権力」の問題です。社会言語学の理論を踏まえ、イギリスのドラマ教師ジョナサン・ニーランズ（Jonothan Neelands）は論文「ドラマ：その名を語ることをはばかる教科（*Drama: The subject that dare not speak its name*）」（1998）の中で、言語と演劇の関係をクリティカル・リテラシーの観点から説明します（第14章2節も参照）。

　私たちはさまざまな場所で仕事や生活をしていますが、ニーランズはハリデーの理論などを引用し、人々が各々の場所で上手に生きていくためには、その場所やその場所に居る人々の特性に合わせて、ことばの**ダイアレクト（方言）**と**レジスター（使用域）**を「巧みに」使いこなしていく必要があると説明します。ダイアレクトとは、ある社会的集団（労働者階級、中産階級など）や文化的集団（日本人、イギリス人など）が有している特有の話し方のことです。他方、レジスターとは、家庭や職場（学校、市役所、病院など）といった特定の場面における固有の話し方のことです（第3章4節も参照）。演劇では、自分とは異なる社会的・文化的背景を持つ人物を演じることや、普段自分が生活している環境とは別の環境に身を置いてみることを通して、学習者は、これまで自分があまり接したことのないようなレジスターやダイアレクトを使用する機会を得ます。ここで大切なことは、学習者が実際に身体を使用しながら、自分が演じる登場人物が目的を達成するためにはどのようにレジスターやダイアレクトを使用していくのがよいのかを検討し、実験し、習得していくということです。この時、ニーランズは、バジル・バースティンの言語コードの理論などを引用し、演劇

活動を通してさまざまなレジスターやダイアレクトを習得することが若者たち、特に教育を十分に享受できていない若者たちの社会的成功につながると論じます。したがって、日本人の学生が英語圏の物語を扱った英語劇を体験するということは、英語圏のダイアレクトとレジスターを獲得し、英語圏で社会的な成功を収めることが可能なグローバル人材を育成していることを示唆します。

(3) ドラマ教育の理論
「極限状況」が描かれた物語

社会言語学とクリティカル・リテラシーを前提としながら、次に、人生と社会について考える英語劇の土台となるイギリスのドラマ教育の理論について解説します。

演劇の重要な構成要素の1つは**物語**です。さまざまな人間の様子、知識、知恵、価値観が描かれている物語は優れた教師であり、私たちに多くのことを教えてくれます。そして、物語には色々な種類がありますが、イギリスのドラマ教師が好んで使用するのが**悲劇**です。なぜならば、人間の**極限状況**が描かれている悲劇は、非人間的状況に追い込まれた人間の描写を通して私たちに「人間になるとはどういうことか」「人が生きるのにふさわしい社会とはどういうものか」を考えさせるからです。

イギリスの劇作家エドワード・ボンド（Edward Bond）は、本来、人間は赤ん坊の時には無垢で、その想像力を自由に使用しながら世界を理解しようとするけれども、成長して社会に入るに従いその人間性と想像力がイデオロギーに染まり、破壊されてしまうと論じます。そこで、彼は、人間とその想像力をイデオロギーから解放すべく、登場人物を極限状況へと追い込むような、しかもその極限状態においてその登場人物に人間になるか否かの選択を迫るような物語が必要であると、長年、例えば若い観客のためには『割れたボウル（*The Broken Bowl*）』(2012) などの戯曲を執筆してきました。彼は論文「自由とドラマ（*Freedom and drama*）」(1996) の中で、「極限状況では、自己は、人間としての緊急課題に直面することによって核なる自己（the core self）へと戻される」(p.213) と述べています。実際のところ、英語劇はどのような物語を用いても実施することが可能ですが、本章では、人生や社会について思考するという観点から、極限状況が描かれている悲劇を活用した英語劇の活動を設計します。

理解のためのドラマ

イギリスのドラマ教師ドロシー・ヒースコート（Dorothy Heathcote、彼女の出

身地の発音に基づいて「ドロシー・ヘスカッツ」と訳される場合もある）は、1970年代に入ってから注目されるようになったドラマ教育の教師です。ハリエット・フィンレイ＝ジョンソン、ピーター・スレイド、ブライアン・ウェイなど、20世紀初頭から半ばにかけて活躍した教師や芸術家たちが、当時の進歩主義（児童中心主義）教育運動の影響を受け、児童にとっての自然な学びの方法として演劇に注目しました。彼／彼女らは学習者が劇への参加過程で得る経験に豊かな学びや発達の可能性を見いだし、例えば俳優がウォームアップで使用するエクササイズを活用してさまざまな能力を開発したり、劇遊びを通して豊かな人格を育んだり、歴史や文学作品を劇化し、その理解を深めたりするなど、主に経験の獲得を重視する演劇活動を開発しました。それに対して、ヒースコートは、ドイツの演出家ベルトルト・ブレヒト（Bertolt Brecht）の「異化効果」やアメリカの教育者ジョン・デューイ（John Dewey）の「問題解決学習」などの影響を受け、学習者が劇への参加過程で得た経験を検証し、新しい理解へと昇華することを重視した演劇活動——理解のためのドラマを提案しました（「異化効果」については後述）。

　　ドラマとは、**人間の経験を新しい理解へと更新すること**である。それは事実を使用しつつ、常にその新しい理解を融合していく。
　　　　　　　　　　　　　　　　（Heathcote, 1984, p.122．太字は筆者強調）

　例えば、ヒースコートは「役を演じる教師」を意味する「ティーチャー・イン・ロール（teacher-in-role）」という演劇の技法を考案しました。教師自身も登場人物の1人として劇（物語）に参加しながら、ほかの登場人物を演じている最中の学習者に対して積極的に質問を投げかけ、演じ終わった後にも振り返りを入れることで、学習者に登場人物の思考、その登場人物の人間関係、その登場人物が抱えている問題、劇のテーマなどを考えさせました。
　本英語劇の活動は、人生や社会について考えるには物語を劇化した上でその物語の内容を分析し、理解する必要があるという考えから、このヒースコートの「理解のためのドラマ」の理論を採用します。

劇化、役割演技、同化、異化
　続けて、「理解のためのドラマ」の理論を補足する劇化、役割演技、同化、異化という4つの演劇の技法について解説します。
　劇の創作過程において、俳優や学習者は物語を**劇化**し、その劇化を通して物

語の理解と解釈を試みます。プロの俳優は公演を目的として物語全編を劇化しますが、学校の授業の中で演劇活動をする場合、教師は、必ずしも物語全編を劇化する必要はありません。学習の目的に応じて物語全編の劇化を試みる場合もあれば、物語の一部だけを劇化する場合もあります。ここで大切なのは、学習者が自分の身体や道具を使用して物語の場面を「詳しく具体的に描く」ことです。そうすることによって、学習者はことばによる説明だけでは不明確だった人々の感情や葛藤や判断や行動、さらには場の緊張というものに触れることが可能になります。特に、物語の中の鍵となる場面——事件が起きたり、主人公の考えが変化している場面とその前後の場面を丁寧に劇化し、学習者が事件の詳細、主人公の考えが変化した原因、周囲の人々の反応などについて具体的、かつ多角的に探る機会を持つことが重要です。演劇による表現教育の研究者の岡田陽は、『ドラマと全人教育』(1985) の中で、このような理解を知的理解、感情的理解、身体的理解から成る**全人的理解**と称します。

　劇化中、学習者は**役割演技**、つまり登場人物を演じます。そして、**登場人物（他者）の立場に立つ**ことを通して、その内面から登場人物に対する理解を深めます。例えば、移民の役を演じてみることで、学習者はその移民がどのようにこの社会を見聞きしているのか、どのように感じ、考えているのかということを頭ではなく心で、情報や知識としてではなく感情として理解します。役割演技の重要な点は、その登場人物を演じる際に、学習者が、一旦、自分の考え方や意見を保留し、ひとまずその登場人物の感じていることや考えを自分の中に受け入れることにあります。個人の経験は偏っており狭いものですが、そのように他者の経験を自分の中に取り込むことによって、学習者は自分の経験を拡大することが可能になります。

　同化と異化は、演者や観客と劇との距離や関わり方に関係しています。近代自然主義演劇の確立に多大なる影響を与えたロシアの俳優・演出家コンスタンチン・スタニスラフスキー（Konstantin Stanislavski）は、当時の心理学などの影響を受け、「精神と身体が一体となった演技」が必要であると考えました。そして、演技論「スタニスラフスキー・システム」を構築し、俳優に自分が演じる登場人物に**感情同化**することを要求しました。先ほどの役割演技の解説と重なりますが、ドラマ教師はこの近代自然主義演劇の演劇論の考え方を採用し、学習者が登場人物や物語に感情同化することで、自分が演じている登場人物の内面やその劇の内容の理解を深めることが可能になると考えます。

　しかしながら、学習者が登場人物や物語に感情同化することが、深い理解を妨げることもあります。ドイツの劇作家・演出家ベルトルト・ブレヒトは、観

客が理性を用いて客観的かつ批判的に舞台を観劇し、自分の頭で考えることを求める「叙事的演劇」を考案しました。登場人物や物語に感情移入してしまっては、真実を捉えることはできないという考え方です。そして、その叙事的演劇で使用される演劇の技法として、観客の登場人物や物語への感情同化を妨げ、違和感を抱かせる**異化効果**を開発しました。

ドラマ教育では、学習者の登場人物や物語に対する理解を深めるために同化と異化の両方が効果的に活用されます。本英語劇の活動の基礎となっている「理解のためのドラマ」は特に後者を重視しており、学習者に役割演技をさせた上で教師が演技中の学習者に積極的に質問を投げかけたり、複数のグループに同じ物語の場面を劇化させ、その違いを比較するといったことを行います。

(4) 社会的想像力

一般的に公演を目的とする演劇活動の場合には、脚色などの例外を除いて戯曲の内容を変更することはほとんどありません。しかし、物語の内容についての理解を深めることが目的の場合には、学習者は、はじめに物語の内容について理解を深めたならば、次に「物語は変えることができる」という前提のもと、例えばその登場人物が抱えている問題の打開策を議論し、その打開策の案の劇化を試みます——「その問題に○○というようなアプローチをしてみたらどのように状況は変化するのか」「あの時、もし主人公が△△ではなく、□□という判断を下していたらどうなっていたか」といった形で探り、それを実際に自分の身体を使用して試します。

この「物語は変えることができる」という考えは、かつてフレイレとともに活動したブラジルの演出家アウグスト・ボアール（Augusto Boal）の「被抑圧者の演劇」の中の1つ「フォーラム・シアター」に由来します。フォーラム・シアターでは、まず俳優がある個人や集団の抱えている問題を劇化し、次に、その劇の観客たちが、なぜそのような問題が生じているのかを分析したり、実際に劇中の問題が描かれている場面に介入し、その問題の理解と解決を試みます。問題に介入するにあたり、観客はアイディアを提示すること、つまり問題を改善すべく、舞台上に描かれている物語とは異なる物語を提示し、実際に舞台上でその異なる物語を演じ、検証してみることが求められますが、そのアイディアを生み出すのに必要となるのが想像力です。

イギリスのドラマ教師たちが重視している想像力の理論の1つが、アメリカ合衆国の教育哲学者マキシン・グリーン（Maxine Greene）の社会的想像力の理論です。彼女は『自由の弁証法（*The Dialectic of Freedom*）』（1988）を執筆し、その

中で人間の自由について模索しました。そして、自由を生成するものとして**視点**（perspective）（p.21）に注目し、視点は1つではなく、複数存在すると説明しました。すなわち、生き方や世界の見方は1つではなく、数多くあるという見解です。そして、その多様な視点を生み出すものとして、彼女は、**想像力**、つまり「実在しないものを現前する、未だ存在しない条件を呼び起こす能力」（p.16）が重要であると論じ、想像力の活用を積極的に要求する芸術を高く評価しました。彼女は、「芸術は、人々が、通常、見聞きしたことがないものを見聞きすることを可能にする」（p.129）と解説しています。そして、その想像力の範囲を社会にまで拡大したものを**社会的想像力**と定義しました。

> 社会的想像力——私たちの不完全な社会で、私たちが暮らしている通りで、私たちの学校で、**何をすべきか、何をしたらよいかのヴィジョンを生み出す能力** （Greene, 1995, p.5. 太字は筆者強調）

演劇活動の中で、学習者は、登場人物の人生とその登場人物が生活する社会を観察します。そして、その人生や社会に深刻な問題が発生している場合には、何が原因でその問題が発生しているのかの理解を試みます。同時に、社会的想像力を用いてその問題から抜け出す方法を探ります。つまり、従来の英語劇は、学習者が英語の物語を忠実に再現することを前提として英語の能力の開発を行っていましたが、本英語劇の活動では、学習者は主人公の人生に介入し、変更に加え、異なる人生を作り出します。そして、そのような体験を得ることによって人生や社会は固定されたものではなく、**異なる人生の歩み方や異なる社会のあり方**があり得るのだということを学習します。その後、学習者は劇の中で得た経験を自分の日常生活（現実世界）へと持ち帰り、変更や創造が可能なものとして自分の手で自分の人生と社会を作りはじめます。

3. 活動内容

以上の理論的枠組に基づいて、ここから、私は、ウィリアム・シェイクスピアの『マクベス』を用いた英語劇の活動を紹介していきます。シェイクスピア劇はたいへん豊かな内容にも関わらず、その物語の長さや複雑さ、使用されている英語の種類の問題から初等英語ではほとんど扱われていません。しかし、日本の小学校に相当するイギリスのプライマリー・スクールでは、国語（英語）の時間に生徒がシェイクスピア劇を学習していることから、私は、日本の児童

への配慮と工夫は必要ですが、導入する価値があると考えます。

(1) 準備

　教材は、本来であればシェイクスピア原作の『マクベス』を使用することが望ましいのでしょうが、本活動では、子ども用にやさしい英語で書き改められ、日本語訳も掲載されているロイス・バーデット氏原作、鈴木扶佐子氏翻訳の『こどものためのマクベス』(2007) を使用します。

　指導は、基本的に日本語で行い、はじめの段階では日本語訳を使用して物語を読みます。その理由は、やさしい英語に書き改められているとはいえ、日本の小学生たちが本書の英文を読むには難しい英語の単語や文法が数多く登場するからです。そこで、本英語劇の活動では、物語の中から学習する英語の地の文や会話文を抜き出し、その英語の地の文や会話文を使用（劇化）して生徒に物語の指導を行っていきます。教師は、難しい英語の単語や文法が登場するからといって、生徒と一緒にその作品を読むことを諦めるのではなく、物語の中の使用できる部分を使用して生徒に英語の単語や文法、そして物語の内容を指導していきます。

(2) 導入部

シェイクスピアの紹介

　はじめに、イギリスとシェイクスピアの紹介を行います。例えば、生徒に世界地図上のイギリスの位置や、同国がイングランド、ウェールズ、スコットランド、北アイルランドの4つの国から構成されていることなどを説明します。また、シェイクスピアが17世紀に活躍したイングランドの劇作家であることや、彼がストラットフォード・アポン・エイボンで生まれ、俳優や劇作家としてロンドンで活躍し、歴史劇、喜劇、悲劇、ロマンス劇など約40作の戯曲を創作したことを伝えます。そして、最後に、この授業でシェイクスピアの四大悲劇の1つである『マクベス』を取り上げることを知らせます。

ウォームアップ

　毎回の授業の冒頭で、身体をほぐしたり、集中力を高めたり、想像力を活性化したり、集団作業における仲間との関わり方を覚えたりするウォームアップのエクササイズやゲームを導入します。生徒の中には個別に椅子に座って机からほとんど動くことなく、また他者とほとんど関わることなく勉強することに慣れてしまっている者もおり、ウォームアップのエクササイズやゲームを疎か

にして主活動をはじめてしまうと、その活動内容に生徒の気持ちと身体がついてくることができず、主活動がうまく展開しない場合があるからです。

　その内容は、基本的には物語に登場することば、登場人物、場所、テーマなどに関係するエクササイズやゲームを実施することが望ましいと考えられています。ここでは、イギリスのドラマ教師ジョー・ウィンストン（Joe Winston）のウォームアップのゲームを参考にして、3つのゲームを紹介します。

　1つ目は、"Go / stop together" と呼ばれる英語のことばの意味の獲得と、集中力を試すエクササイズです。はじめに、教師は、生徒に英語の指示語 "go" と "stop" とその日本語訳を指導します。次に、教師が "go" と言ったら、生徒は、お互いに十分な距離をとりながら教室内を歩き回ります。そして、教師が "stop" と言ったら、生徒は動きを止めます。再度、教師が "go" と言ったら、生徒は歩きはじめます。時々、教師は短い間隔で "go" もしくは "stop" を2回連続して言い、生徒を罠にかけ、その集中力を試します。また、途中でルールを変更し、"go" と言ったら「止まる」、"stop" と言ったら「歩き出す」といった具合に、ことばの意味を入れ替えることもあります。しばらくして、生徒が "go" と "stop" の2つの指示語に慣れてきたなら、"clap" "jump" "shout 'My load!'" など、順番にそのほかの指示語を加えます。

　2つ目は、"Show me a ..." と呼ばれる登場人物の外見や場所などを形づくるエクササイズです。はじめに、教師は、生徒に英語の指示語 "Show me a ..." のことばとその日本語訳を指導します。その際、"..." に入る可能性がある英語のことば（劇のテーマ、登場人物、場所など）とその日本語訳も指導します。次に、例えば、教師は "Show me a noble king." と述べ、各生徒は、その場で自由に自分が思い描く "a noble king" のポーズをとります。もしかすると、ある生徒は、軽く両足を開いて直立し、両腕を腰に添えて、りりしい顔つきでまっすぐ正面を向いた王様のポーズを創るかもしれません。きっと、生徒たちは、さまざまなポーズの王様を創るでしょう。このようにしながら、生徒に少しずつ演じることに慣れていってもらいます。

　3つ目は、"Go, stop, show me ..." と称する2つのエクササイズを組み合わせたものです。教師が "go" と言ったら、生徒は教室内を歩き回ります。次に、教師が "Stop. Show me (noble) Macbeth." と言ったら、生徒は動きを止め、マクベスのポーズを形作ります。

　なかには、演劇を得意とする教師が自分で新しいエクササイズやゲームを開発する場合もあります。あるいは、既成のエクササイズやゲームを組み合わせたり、アレンジしたりして使用することもあります。『即興術——シアターゲ

ムによる俳優トレーニング』(ヴァイオラ・スポーリン著, 2005 年, 未來社) や 『シアターゲーム 〜ゲームによる演技レッスン〜』(クライヴ・バーカー著, 1988 年, 劇書房) など、ウォームアップに使用できるさまざまなエクササイズやゲームが紹介されている書籍があるので、参考にしてみるとよいでしょう。それらの本に掲載されているエクササイズやゲームをそのまま使用してもよいのですが、その日に学習する予定の英語の単語や文、あるいは授業の目的に合わせて各エクササイズやゲームの内容にひと工夫を加え、生徒の学びをより意味のある豊かなものにしていきます。

(3) 主活動
物語の紹介

　いよいよ英語劇「マクベス」の主活動に入ります。主活動は前半と後半に分かれており、前半に相当する以下の 4 つの活動は、主に物語の内容を再現し、登場人物の性格、ほかの登場人物との関係、各場面の内容を理解することに力点が置かれています。

　その最初の活動では、日本語でストーリーテリングを実施します。絵本に書かれていることばをそのまま読み聞かせてもよいのですが、聞いているだけでは生徒が飽きてしまう可能性もあるので、教師は、生徒全員と一緒に即興で物語全編もしくはその一部を劇化していきます。

　劇化を前提とするストーリーテリングの実施にあたり、イギリスのドラマ教師がよく使用する演劇の技法の 1 つに**ウッシュ**（Whoosh、「ヒューという音」の意味）があります。ウッシュでは、教師が「物語の杖」（簡単な飾りつけをした棒）を持ちながらストーリーテリングを行います。

　まず、教室の中央に演技空間（舞台）を設定します。そして、生徒は、その舞台を取り囲む形で円を作ります。教師が物語のある部分を読み上げたならば、演じることを希望する、あるいは教師に指名された生徒が、舞台に移動します。そして、その生徒は、その場面の登場人物や、動物や風や森、椅子やテーブル、建物などになって、その場面を即興で演じます。例えば、教師が『こどものためのマクベス』の中の一節「ぬかるみ道に、マクベスの姿が見えてきました。マクベスは、猛り狂うあらしの中をつき進んできます」（p.13）と述べたなら、数名の生徒が猛り狂うあらしを、ほかの 1 人の生徒がその中をつき進むマクベスを演じます。同様の手順で、教師は語りを続け、しばらくの間、その舞台上に上がっている生徒たちがその後の場面も演じ続けます。時々、教師は、生徒に彼／彼女が演じている最中の登場人物の台詞の一部を言ってもらいます。ま

ず、教師が台詞を言い、即座に生徒がその台詞を繰り返します。そして、教師は、場面が変わるところなど、区切りのよいところで "Whoosh" と言います。そうしたら、舞台上の生徒たちは、もともと自分の居た場所（円）に戻り、舞台を無人に戻します。教師が "Whoosh" という度に、生徒はその時に自分が演じている役を終了させることができます。したがって、物語が語られている間、生徒は何度でも舞台に上がり、物語に登場する色々な役に挑戦することができる仕組みになっています。

　YouTube に上がっているイギリスのロイヤル・シェイクスピア・カンパニーの動画 "Teaching Shakespeare" の中に『ロミオとジュリエット』のウッシュが行われている部分がありますのでぜひ参考にしてみてください。

　　Teaching Shakespeare | Royal Shakespeare Company
　　https://www.youtube.com/watch?v=1ANp0cbRasU（2018 年 11 月 20 日検索）

　1 回の授業の中で物語全編を演じきることは難しいと思いますので、毎回の授業の中で少しずつ物語のある場面を演じていくようにし、残りの時間は、その場面の内容を扱った別の活動を展開していくとよいのかもしれません。あるいは、教師の方で物語を短くまとめ、1 回の授業の中で全編を演じきります。演じきった後、教師は、生徒にいくつかのピースに切り分けられた各場面の要約や絵本の中の挿絵を渡し、その正しい順番を考えてもらうなどの方法によって、生徒がどの程度物語の内容を把握し、流れを追えているのかを確認します。

上流階級の人々の服装、話し方、振る舞い
　2 つ目の活動では、ダンカン、マクベス、マクベス夫人のような上流階級の人々のダイアレクトについて学習します。
　最初に、生徒は、過去のイギリスの王様の絵画や現在のロイヤル・ファミリーの写真や動画などの資料を見ながら上流階級の人々の服装、話し方、振る舞いなどについて研究します。そして、一般の人々と彼／彼女らの間にはどのような違いがあるのかを探ります。ただし、正確には『マクベス』の舞台はスコットランドですので、厳密に指導するのであれば、スコットランドの王様や上流階級の人々の資料を用いるのがよいでしょう。
　次に、生徒は、その研究した上流階級の人々の振る舞いを自分の演技に取り入れながら、**即興演技**でダンカンなどの登場人物を演じます。例えば、まず、教師は、生徒にダンカンの台詞 "My brave Macbeth, I am in your debt. Your gallant

deeds, I will never forget." (p.18) とその日本語訳を指導します。そして、生徒がその英語の台詞を言うことに慣れてきたなら、生徒にはダンカンとしてその台詞を発してもらいます。果たして、誰が一番立派な振る舞いでその台詞を言えるでしょうか。

主要な登場人物の性格

3つ目の活動では、**彫刻家と像**（Sculptor and statue）と称する演劇の技法を使用して主な登場人物の性格を探ります。ここでは、マクベスを採り挙げます。はじめに、教師は、生徒に物語に登場するマクベスを形容する英語のことば――例えば "brave" (p.18)、"pitiful" (p.25)、"pale" (p.25)、"tormented" (p.29)、"fainthearted" (p.33)、"cruel" (p.62) とその日本語訳を指導します。

次に、生徒に2人組を作ってもらい、1人が彫刻家役を、もう1人が粘土役を担当します。彫刻家役の生徒は、先ほど学習したマクベスを形容する英語のことばの中から1つを選択し、粘土役の生徒の身体を使って相手の身体に優しく触れながら、その英語のことばに基づくマクベスの像を形成します。例えば、"brave" ということばを取り上げる場合、ある2人組の彫刻家役の生徒は、粘土役の生徒に足を大きく開いて、上半身をまっすぐに起こし、右手に想像上の剣を持ってもらって、その剣を大きく上に掲げ、りりしい顔つきでまっすぐ正面を向くように依頼し、「勇敢なマクベス」の像を形づくります。このようにして、マクベスを形容する英語のことばを身体化し、生徒は、マクベスの性格について理解を深めていきます。

教室内には、色々な英語のことばに基づくさまざまなマクベスの像が形作られます。もし同じ英語のことばを選択したとしても、各グループで像の形は異なり、その違いから、生徒は、その英語のことばそのものと、マクベスのその性格に関するイメージをより豊かに膨らませていくことが可能になります。

魔女とマクベスの出会い

4つ目の活動では、ある登場人物とほかの登場人物の関係を探ります。一例として、ここでは、魔女とマクベスがはじめて出会う場面を採り挙げます。まず、教師は、生徒に各魔女の英語の台詞――"When shall we three meet again?" "When the battle's lost and won." "It is a matter of life and death." (p.7) とその日本語訳を指導します。そして、ある程度、生徒がその台詞がスムーズに言うことができるようになったら、次に、生徒は4人組のグループに分かれます。1人がマクベス役で、残りの3人が魔女役です。続いて、各グループで新聞や布などの身近なものを

用いて、手作りの魔女の衣裳と道具を作り、3人の魔女の外見を形づくります。マクベスの衣裳と道具も作ります。そして、各登場人物の衣裳と道具が完成次第、先ほど学習した3つの魔女の英語の台詞とその魔女の衣裳や道具を使用して、3人の魔女が登場し、会合する場面（短編の劇）を創作します。その際、教師は、生徒に魔女の性格や生徒が作り出そうとしている雰囲気に合わせて、その3つの台詞をどのように言うのがよいかを質問し、考えさせます。最後に、魔女が会合しているところにマクベス役の生徒が登場し、魔女とマクベスの最初の出会いの瞬間を模索します。どのように、マクベスは、魔女と対峙するでしょうか。

本来、原作では魔女とマクベスの最初の出会いはもう少し後になりますが、ここでは、2つの場面を合わせる形で劇にしています。

同様の方法を用いて、バンクォーの幽霊が登場する宴の場面や、マクベスが夫人の死の知らせを聞く場面など、物語の鍵となる場面のいくつかを劇化し、その場面におけるある登場人物の心情やその登場人物とほかの登場人物との関係などを探ります。

マクベスの良心と悪意

主活動の後半に相当する以下の3つの活動では、物語の内容を再現するというよりも、その設定を使用した演劇活動を展開します。そして、いっそう深い物語の理解を試みつつ、同時に生徒自身と物語の関係を探っていきます。

5つ目の活動では、本英語劇の活動のテーマ（人間に関する根本問題）の1つである「人間性の獲得」に関する活動を実施します。マクベスは自分が王になるために自分が仕える王の殺害などの大罪を犯しているわけですが、教師は、生徒に「自分が欲しいものを手に入れるためであれば、私たちは何をしてもよいのだろうか」と質問します。続いて、生徒にマクベスを演じてもらい、マクベスを演じる彼／彼女ら自身もやはり人間としてのその一線を越えるのか、それとも留まるのかというそのジレンマ（極限状況）を体験してもらいます。

手順としては、はじめに、教師は、生徒に "I will do it." と "No, I will not do it." という2つの英語のことばとその日本語訳を指導します。次に、生徒は3人組を形成し、1人目がダンカンを殺害しに行く直前の「マクベス」を、2人目が「マクベスの良心」を、3人目が「マクベスの悪意」を演じます。マクベスの良心と悪意は、マクベスの両脇に立ちます。そして、**よい天使／悪い天使**（Good angel/bad angel）と言われる演劇の技法を使用し、良心と悪意は、中央に立つマクベスに向かってさまざまなことばやアドバイスを投げかけます。例えば、良心は、「王を殺害することで大切なものを失うよ」と語りかけ、殺害のデメリットを説明

します。他方、悪意は、「王を殺害し、王位を簒奪することでたくさんの自分の欲望を叶えることができるよ」と誘惑し、そのメリットを解説します。しばらく自分に投げられることばを聞いた後、最終的に、マクベス役の生徒は、自分が説得された方の立場につきます。もしマクベスの良心の立場に立つのであれば、王の殺害を諦めるという意味で "No, I will not do it." と、マクベスの悪意の立場に立つのであれば、王の殺害を実行するという意味で "I will do it." と述べます。

　注意しなければならないのが、この活動の目的は、道徳の指導、つまり生徒に善悪の指導をすることではないということです。したがって、この活動の最中に、教師自身がマクベスの行動について是非の判断を下し、生徒にその判断を指導することは避けるようにします。むしろ、ここでの教師の役割は、どのような思考の過程を経てマクベスがその判断を下したのかを探ることができるように生徒を導くことにあります。

冷酷な支配に置かれた国と王が人々とその幸福を気づかう国
　6つ目の活動では、本英語劇の活動のもう1つのテーマである「社会の構築」に関する活動を行います。物語の中に「今やスコットランド中が、マクベスの冷酷な支配に不満をいだくようになりました」(p.62)と書かれている場面があります。その一節を使用して、本活動では、相対する2つの国を描きます。そして、各国の様子を比較することを通して王と民の関係について探り、また、幸せな国とはどういうものかについて考えます。

　はじめに、教師は、生徒に "a cruel reign" (p.62) と "a happy country" ("happy" は p.15 に、"country" は p.6 に登場) という2つの英語のことばとその日本語訳を指導します。続いて、生徒を5名ほどのグループに分けます。複数できたグループのうち、約半分のグループは、"a cruel reign" に基づいてマクベスの冷酷な支配に置かれた国の様子を短編の劇にします。残りの半分のグループは、"a happy country" に基づいてマクベスの国の人々が願う理想の国、例えば王が人々とその幸福を気づかう国の様子を劇にします。生徒たちはさまざまなアイディアを出しながら、短い時間の中で劇を組み立てます。そして、しばらく稽古をし、準備ができたなら、各グループの劇の内容を順番に観ていきます。順番に観ていくにあたっては、最初にマクベスの冷酷な支配に置かれた国の劇を、次にマクベスの国の人々が願う理想の国の劇を各々まとめて、あるいは1作品ごと交互に観ていきます。そして、最終的に、生徒は、全員でマクベスがどのような国づくりを目指すべきだったのかを論じます。

第10章　英語教育における演劇

親友として

　最後の7つ目の活動では、本英語劇の活動の最後のテーマである「アイデンティティの形成」に関する活動を行います。はじめに、教師は、生徒にマクベスの台詞 "I should protect [the king], to the utmost. Yet to bear the knife is what I intended. How could I do this to a friend." (p.24) とその日本語訳を指導します。そして、ある程度、生徒がその台詞がスムーズに言えるようになったら、生徒は2人組を作ります。生徒の1人がマクベス役を、もう1人の生徒が実際の『マクベス』の物語には実在しないマクベスの親友役を演じます。

　次に、2人は、物語には存在しない場面を作ります。マクベス役の生徒は、その場面の最初の台詞として上記のマクベスの台詞を言います。続けて、そのマクベス役の生徒は、日本語で親友に自分には秘密があると説明します。そして、彼／彼女に「魔女に自分は王になると予言された」ことや、そのことを伝えた妻に「王を殺害せよと言われている」ことなどを明かします。最後に、自分はもうどうしたらよいのか分からなくなってしまったことを伝え、小さくうずくまります。親友役の生徒は、その生徒自身の判断で、もし自分がマクベスの親友だったら、このように追い詰められているマクベスにどういう態度を示すのかを考え、実行します。例えば、親友役の生徒は、勇気づけることばをかけたり、肩を抱きます。もしかすると、マクベスに厳しい態度をとる生徒もいるかもしれません。しかし、教師は、生徒のどの表現も人間の可能性ある行動の1つとして否定せず、それを受け入れ、見守ります。各グループの発表を見た後、最後に全員で各グループの親友の行動を見てどのように考えたかを振り返ります。

4. 英語の表現と物語の理解のバランス

　従来の英語劇は英語で考えたり、会話したり、意思疎通を図ったりする能力を身につけるという目的のために使用されてきましたが、私は、こうした英語劇の活用に「積極的に人生や社会について考えていく」という側面をつけ加えることを提案したいと考えています。そして、そのためには、従来の英語劇へのアプローチを転換させる必要があります。

　演劇は「表現」（劇の創作）とその表現の「理解」（劇の鑑賞）の2つの要素から成り立っており、従来の英語劇の多くは、主に英語の「表現」に注目した活動内容が設計されてきました。しかし、人生や社会について思考するにあたってはそこで扱っている英語の物語の「理解」の部分にも積極的に注目していく必要があります。そして、ヒースコートの「理解のためのドラマ」は、そう

した英語の物語の理解に有効です。難しいのが、英語の台詞を表現する部分と物語を理解する部分のバランスです。あまり理解の割合が多いと英語の単語や文法やリズムを習得する機会を失うことになるので、教師は、表現と理解の割合をバランスよく設計していくことを心がける必要があります。

　最後になりますが、マクベスが、王ダンカンや大切な友人であるはずのバンクォーを暗殺してまで自分の野心を満たそうとしている姿は非常に象徴的です。アメリカ合衆国の哲学者マーサ・ヌスバウム（Martha Nussbaum）は、著書 *Not for Profit: Why Democracy Needs the Humanities* のなかで、現在、私たちは、他者を単なる肉体、つまり「物」としてしか認識することができなくなっている危険な時代を生きていると警告しています。

> 他者を単なる肉体として見るのは簡単だ——それが悪い目的だろうと、よい目的だろうと、私たちは、自分の目的のためにその肉体を利用できると考えるかもしれない。その肉体の中の魂と出会うという達成が必要であり、この達成は、目にしているその肉体の内的世界について、私たちに思案することを求める詩や芸術によって支えられている。
>
> （Nussbaum , 2010, p.102）

　私は、人間が「物」と化していく現代社会の中で、ほかの人間の魂と出会うことを可能とする演劇（英語劇）やそのほかの芸術の役割はますます大きくなっていくのではないかと考えています。

【引用文献】

Bond, E.（2006）. Freedom and drama. In *Plays: 8* (pp.205-222). London: Methuen.
バーデット，L.（2007）.『こどものためのマクベス』（鈴木扶佐子・訳）アートデイズ．［原著：Burdett, L.（1996）. *Macbeth for kids*（*Shakespeare Can Be Fun*）. New York: Firefly Books Ltd.］.
フレイレ，P.（1979）.『被抑圧者の教育学』（小沢有作・楠原彰・柿沼秀雄・伊藤周・訳）亜紀書房．［原著：Freire, P.（1970）. *Pedagogia do oprimido*. Rio de Janeiro: Paz e Terra］.
Greene, M.（1988）. *The dialectic of freedom*. New York: Teacher College Press.
Greene, M.（1995）. *Releasing the imagination*. San Francisco: Josey-Bass Publishers.
ハリデー，M. A. K. & ハッサン，R.（1991）.『機能文法のすすめ』（筧壽雄・訳）大修館書店．［原著：Halliday, M. A. K., & Hassan, R.（1985）. *Language, context, and text: Aspects of language in a social-semiotic perspective*. Oxford: Oxford University Press.］.
Heathcote, D.（1984）. *Collected writings on education and drama*. Illinois: Northwestern University Press.
河竹登志夫（1978）.『演劇概論』東京大学出版会．
Nassbaum, M. C.（2010）. *Not for profit: Why democracy needs the humanities*. Princeton, NJ: Princeton

University Press.

Neelands, J. (2008). *Drama: The subject that dare not speak its name*. ITE English: Readings for Discussion.

岡田陽（1985）．『ドラマと全人教育』玉川大学出版部．

【推薦図書】

①JACETオーラルコミュニケーション研究会（編）（2002）．『オーラル・コミュニケーションの理論と実践』三修社．

②塩沢泰子・野村和宏・大川道代（編著）（2013）．『オーラル・コミュニケーションの新しい地平』文教大学出版事業部．

▶ 大学英語教育学会オーラル・コミュニケーション研究会のメンバーが執筆しているこの2冊の書籍には、オーラル・インタープリテーションやディベートに加え、ドラマ教育、リーダーズ・シアター（朗読劇）、ミュージカル、創作劇など、さまざまな英語劇が紹介されています。

③吉田真理子・田近裕子（編）（2015）．『生きる力を育む初等英語教育——津田塾大学からの提言』朝日出版社．

▶ 本書の編者である吉田先生は、ドラマ教育の専門家です。本書の中で、吉田先生たちは、ホール・ランゲージ・ティーチング、多重知性理論、内容重視の指導法に基づいた英語劇やそのほかの英語の活動を紹介しています。

④川村一代（2014）．「フロントライン教育研究　オリジナル英語劇にチャレンジしよう」『初等教育資料』第913号, 82-85頁．

⑤川村一代・小林ゆかり・北岡美代子（2014）．「オリジナル劇の実践から見えてきた外国語活動の進め方："Hi, friends! 2" Lesson 7 の3つの実践をもとに」『小学校英語教育学会誌』第14巻, 第1号, 4-19頁．

▶ 文部科学省が配布する補助教材『Hi, friends! 2』の「Lesson 7」では、生徒が桃太郎のオリジナル劇を創作します。川村先生は、この教材を使用して人間に関する根本問題に触れる英語劇を展開しています。川村先生は、多文化共生の観点から、力で鬼を屈服させ偉そうに椅子に座りながら、床の上で土下座して謝罪している鬼に対して上から"We are friends!"と言っている桃太郎の行動を問題視します。そして、生徒に暴力では鬼を服従することができても友達になることはできないということに気づかせたいと述べ、生徒によりよい解決方法はないかを考えさせ、生徒の提案に基づいて結末の異なる新しい桃太郎の劇を創作します。

第Ⅳ部

個別指導、協働学習、内容統合学習、多モード的自己表現

第11章　ていねいに、分かりやすく教えるための視点

―― 英語が苦手な生徒の立場に立って力を与える

小林隆史

1. 英語が苦手な児童・生徒の視点に立つ

　読者の皆さんは、小学校または中学校における教科で苦手だった教科はありましたか。時間割にあるその教科の名前を見るだけで憂鬱になってしまったり、可能ならば教室から飛び出して一人になりたいと秘かに思ったりしたことはなかったでしょうか。

　私の場合、小学校時代の図工が苦手でした。手先が器用ではなかったからです。親に何度もそう言われ、自分でも「僕は不器用だ」という感覚がありました。ですから、授業中に先生が示す順番に従って紙を折る作業に一人だけついていけなかったり、粘土を使って自分だけの作品を創作する時に思考も手も止まってしまったりすることがありました。授業形態は一斉指導が大半であり、そして、それぞれの児童の創作品は最終的に展示される場合もあり、私の能力不足が周りの人に露呈することがよくありました。その時に感じていた緊張感や羞恥心はなんとなくまだ覚えています。

　英語に対して**苦手意識**をもつ児童・生徒に想像を働かせると、彼らはこのような気持ちを英語に対してあるいは英語の授業に対して抱いているのではないでしょうか。「分からない」という気持ちはやがて理解することを放棄させ、無関心へとつながっていきます。

　小学校で英語が教科として本格的に導入されれば、さまざまな要因によって英語が得意な児童と苦手な児童が生まれてしまうのは避けられないでしょう。しかし、教員の指導力不足や苦手と感じる子どもへの配慮不足で事態を悪化させてしまうわけにはいきません。外国語学習は終わりなき学習ですから、それを可能にする知的好奇心や動機付けが最も重要な成功要素の一つです。ですから、子どもにとって「**できる**」「**分かる**」という**経験**を教室で与えて、小さな成

功体験を積み重ねていくよう指導・支援をしていくのが教科指導で大切なことだと考えています。実際、私が年度末に行う自由記述の授業アンケートでも、「丁寧で分かりやすい」、「できるようになるから楽しい」といった肯定的な意見が見られ、学習への動機付けを支える原理のように感じます。

では、児童・生徒の英語学習における困難は何でしょうか。最大の壁の一つは**発音と綴りの関係**です。"want" を見て "went" と読んでしまう、"different" を見て "difficult" と読んでしまう。文字への注意が不足しているからです。文字を読んでいるようで、実際は頭の中にある似た綴りの単語にアクセスしているだけという場合があるようです。解決策として、体系的なフォニックス指導をしていくという従来の方法があります。しかし、本章では小学校でもすぐに使えるような新出語句の発音と綴りを、苦手な学習者でも徐々につなげられる実践的な方法を提示します。意味のある繰り返しの中で丁寧に段階的に指導していくので、苦手な生徒でも発音と綴りの関係が分かっていきます（詳細は第5章3節〜5節を参照）。

英語が苦手な学習者たちが直面するもう一つの課題は、**英語らしいリズムのある音読**ができるようになることです。彼らは往々にして音読の際に無駄な母音を挿入したり、強弱のない読み方をしてしまいがちです。音声的な**自己モニタリング**（self-monitoring）ができるようになるためにも、音読指導の一環でできることを提案します（英語らしい音についての定義は第4章を参照）。

最後に、学習者一人ひとりに教室内で挑戦させ、小さな成功体験を積んでもらうためにはどのようなタスクを指導者が与えられるかを、私が実践していることで伝えたいと思います。結局のところ学習者が喜びを感じるのは、指導者に個人として認められ、**ケア**されていると感じる時です。そして、新しい学習内容を理解し、できたという達成感を味わう時に喜びを経験するのです。

2. 丁寧に発音と文字を関係づける

小学校で英語教育が展開されていく時、必ず起きると予測される議論があります。すなわち、文字指導です。どうすれば生徒が自ら単語や文を書けるようになるのか。**指導者が教科書を使って行う一斉指導の中でできる工夫**は何か。

外国語学習における適性が高い学習者は一定数存在する気がしますが、彼らはインプットに対する分析力が比較的優れているようです。そのため、目標言語の明示的知識に関していえばその理解は他より速く、小テストで苦労しないようです。例えば、彼らは "eat" "tea" "read" などの単語とその音声に触れる中で、

第 11 章　ていねいに、分かりやすく教えるための視点

どうやら "ea" の二文字で /iː/ と読むというルールを指導者が教えることなく自分で気づくことができます。同じように、"gate" "name" "take" "make" などの音声と文字のインプットから "a" は /eɪ/ とアルファベット読みをし、語末の "e" は読まないと自ら導き出す可能性が高いです。ところが、英語が苦手な学習者に対してはこれらのルールを**全体指導の中で思考させ、明示的に指導するべき**です（第6章2節1項も参照）。また、すでに学習した文字の読み方を繰り返し想起させる必要があるようです。この章では、私の中学校の授業における実践を示し、発音と文字の一致がどんな学習者の頭の中でも自然とできるような段階的な指導を紹介します。

(1) フラッシュカードをフラッシュさせない

　フラッシュカードは中学校の語彙指導で定番として使用されていると思います。教科書の内容をオーラルイントロダクションで導入した後に、新出単語を一気に効率よく全体で学習する際によく用いられるのではないでしょうか。そして、何度も繰り返し単語を見て読むことが大事だと生徒に言い聞かせ、カードをくるりと素早く回転させ、日本語から英語に瞬時に口答で言えるまで練習させるのではないでしょうか。

　しかし、はたして一人ひとりの学習者が文字を認識しながら発音しているのでしょうか。文字を正確に認識しているとするならば、"traditional" という単語の "tion" の部分だけを取り出して読み方を聞いて、単語としてまだ学習していないから読めないといった反応はありえません。だが、現実にはそのような反応をする学習者が珍しくないのです。彼らは "traditional" をおよそ "tra-di-tion-al" のような文字のかたまりとして認識できていないのです。同様に、"wonderful" の "der" の部分のみを見せても、一部の学習者は平然と読めませんと言ったりするのです。さっきまで単語を見ながら教師の発音をしっかりリピートしていたにも関わらず。

　そこで、フラッシュカードをフラッシュして、英単語とその語義の記憶をさせるのは最終地点とします。発想の転換で、最初はフラッシュカードをフラッシュさせずに、文字をかたまりごとにパワーポイントで提示し、無理なく文字を処理させるのです。

　このようにすれば、**文字と発音の関係を常に思考させる**ような機会を与えることができます。すなわち、"uncle" ならば "c" のみをスライドで見せて /k/ と読ませ、"cle" を /kl/ と読ませ（指導者は語尾の "e" は読まないように声がけを学習者にする）、同様に "u" を /ʌ/、"un" を /ʌŋ/ と読ませた上で、音を足させて結果と

179

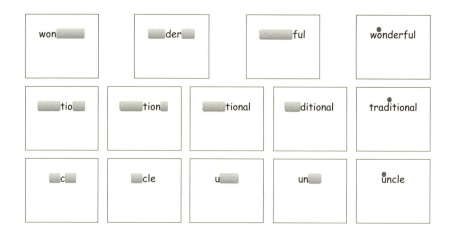

して /ʌŋkl/ という読み方をさせます。さらに、スライドを見れば分かるように、ストレスの必要な場所を視覚的に提示しているので、/'ʌŋkl/ と学習者は読めばよい。指導者はそれぞれの音の調音位置と方法のデモンストレーションを通して適宜全体指導し、必ず何人か当てて個別指導をして、フィードバックをします。一人ひとりができてほしいという願いを込めて。

　また "wonderful" の場合、まずは "won" で /wʌn/ と読ませます（"son" のように、この o は /ʌ/ と読んであげようと声がけをする）。続いて、あとは弱く短くいいかげんに読むようにと指導者が声がけをしながら "der" で /dər/、"ful" で /fl/ と読ませて、結果として /wʌndərfl/ という音声を得ます。先ほどと同様に、ストレスを意識している学習者は /'wʌndərfl/ という英語らしい音声で読めるようになります。

　こうすれば、何度も文字を処理する過程で文字への注意がかなり注がれているので、学習者の脳内に文字とその読み方が強固に結びついていくように思います。ただし、全ての新出単語についてこうしたアプローチをとるのは、時間的な制約や生徒の飽きにもつながるので難しいかもしれません。その場合は、新出単語の中から文字の処理をさせたい単語を指導者が英語の苦手な子のニーズを考えて選び出し、こうしたスライドを作って発音と文字の関係を整理させるようにすればいいでしょう。さらには、"won" のように "o" を /ʌ/ と読む単語をペアでできるだけたくさん考えるよう指示すれば、音と文字の関連をより一層意識できるようになるのではないでしょうか。このように、指導に少しの工夫を加えて、**自立的に英語の文字を読める学習者**を育てたいものです。

第11章 ていねいに、分かりやすく教えるための視点

(2) 単語の一部分のみを言わせる、そして書かせる

　さきほどのアプローチで音と文字をつなげて一人ひとりが新出単語を読めるようになったら、フラッシュカードを見せて英単語とその語義を高速で処理していきます。日本語を見て、英語が英語らしい音で言えるまで全体指導・ペア学習・個別指導などさまざまな形態を組み合わせて指導にあたります。

　さて、そのあとは短時間でもいいので、学習者が頭にもっている音声のイメージから単語が書けるのかどうかチェックすべきです。その時に役に立つ簡単なスライドとハンドアウトを紹介しましょう。例えば、以下のようなスライドを使って、空欄に入る文字のみを口で言いながら指で空中に書かせ、音と文字を一致できるか高速でチェックします。また、ハンドアウトで一つひとつの単語の文字処理を個人学習させてもよいでしょう。

Spelling Practice
__は一文字、＿＿はアルファベットが複数文字入る

1	wonderful ● ・ ・	素晴らしい、不思議な	w_nd__ful
2	traditional ・ ● ・ ・	伝統的な	tr_di__nal
3	uncle ● ・	おじ	_nc__
4	Mongolia ・ ● ・	モンゴル	Mongo_ia
5	the way of life ・ ● ・ ・	生活の仕方	the w__ of l_f_
6	a roof ・ ●	屋根	a r__f
7	a gate ・ ●	門	a g_t_

181

フラッシュカードで一通り新出単語に慣れたからといって、単語の綴りを全て言わせる・書かせることは絶対にしません。苦手な学習者にとっては、単語の見た目の記憶や印象から言う・書くことになるからです。ここでも音と文字を丁寧につなげてあげましょう。
　このように、単語に音と文字の関係を意識させるような空欄を設けて、その部分のみの綴りを書かせます。どこを空欄にするかは、その時指導者が何にポイントをおいて指導したかに依存しますので、語彙指導を前もってある程度計画しておく必要があります。計画ができない場合は、母音と子音で別々に空欄を設けた練習用のスライドまたはハンドアウトを作成して取り組ませても効果的でしょう。また、何文字書けばいいのかすでにヒントがあるので、どうすればいいかどんな生徒にとっても一目瞭然ですし、ハンドアウトでは音声面にも気を配り、そのリズムが円の大きさ（・●）で視覚的に表されているので、指導者から離れた家庭学習の際にもなるべく英語らしいメリハリのある音で英単語の学習が可能になるように工夫されています。

(3) 定期テストにおいても単語の一部分のみを書かせる

　不規則動詞の学習は英語学習者の登竜門の一つでしょう。一般的な指導アプローチは、不規則動詞一覧表を配布し、何度も飽きるまで口頭で練習させ、綴りを覚えるまで繰り返しノートに練習させることでしょうか。ところが、このような指導では生徒の頭の中で音と綴りの関係が整理できません。苦手な生徒

7 下線部には一文字が、そして二重線には複数文字が入ります。

意味	原形（現在形）	過去形	過去分詞
する	do	did	done
与える、あげる	give	gave	given
見せる、案内する	show	showed	shown
（文字を）書く	write	wrote	written
置いていく、離れる	leave	left	left
見つける、分かる	find	found	found
聞く、耳に入る	hear	heard	heard
理解する、分かる	understand	understood	understood
〜になる	become	became	become
広がる、広げる	spread	spread	spread

10 /10

ほど奇想天外な覚え方、例えば「エフ・オー・ユー・エヌ・ディー」と念仏のように唱えて"found"を覚えようとします。不規則動詞とは直接関係ありませんが、「バセバ11」という呪文のような覚え方に対応する英単語は予想できますか。これは、野球の部活動のみに熱中し、英語が大の苦手であった私の友人が"baseball"を記憶するために編み出した秘技です。

　しかし、前述のようなアプローチで丁寧に発音と文字をつなげていけば、膨大な不規則動詞も整理して覚えることができます。実際の生徒の答案を載せましたが、この生徒はスペリングを書くのを非常に苦手としていました。文字の習得が難しい子どもなのではと一部から疑われていましたが、決してそうではないことを証明してくれました。音と文字の処理が向上した結果でしょうか、1年間で彼の英語の成績が飛躍的に向上したことを付け加えておきます。

3. 学習者一人ひとりと向き合う

　バイリンガル教育の権威であるジム・カミンズ（Jim Cummins）の著書、*Negotiating Identities: Education for Empowerment in a Diverse Society* を大学在学中に読む機会がありました。これは、アメリカのマイノリティの子どもたちの多様な言語や文化を排除することなく学校教育の中で尊重し、**力を与える／生み出す**（empower）ために教師や組織ができることは何かを詳細に理論的かつ実践的に記述した本です。毎週20ページくらいの読書課題が出されましたが、カミンズの数々の力強い言葉と教育が社会変革を起こす可能性への信念に衝撃を受けた覚えがあります。そこで繰り返し言及されていたことは、マイノリティの子どもたちが学校教育で最も幸福と感じるのは教員から特別なことをしてもらい、**ケア**をしてもらった時ということです（詳細は第6章2節3項と第14章3節を参照）。

　たとえ指導する相手がマイノリティの子どもたちでなくとも、実情は同じではないでしょうか。すなわち、教室内で自分が一人の個人として認識され、気にかけてもらっていると感じる時に、学習者は一生懸命になって力を発揮するのだと思います。日々多くの人数を一斉に相手にする教員にとって、**個別指導**に時間を割くのは挑戦的かもしれません。けれども、個別指導を授業に組み込むことは必要不可欠だと考えています。最終的には、学習者が一人になった時に英語を使って何ができるかが全てだからです。

　この節では、学習者一人ひとりを見るために私が教室で実践しているタスクを紹介します。その内容の多くは、私が尊敬する先生方の実践を真似したもの

になっていますが、参考になればと願って、いくつか列挙します。

(1) 例文暗唱テスト

　大東文化大学の靜哲人氏が実践してきており、その著書やワークショップで推奨している「グルグル」を個別指導のために取り入れています。「グルグル」とは、学習者を教室内で円形に並ばせ、その中を指導者が文字通りぐるぐると回り、彼らがターゲット文を完璧に暗唱できているかを一人ひとりチェックしていく個別指導です。"read and look up" のスタイルで、英語らしい発音で指導者の目を見ながらターゲット文が言えたら合格です。"read and look up" とは、覚えるべき例文を作業記憶（working memory）に一度格納し、その例文から目を離して誰かに伝えるように言う音読活動です。スピーキングへの橋渡しの主な活動として取り上げられることが多いです。

　英語らしい発音の決定的な要素は、子音（"r"/"l", "f"/"v", "th", "n"）の調音、あいまい母音（"ə"）、適切なストレス、リンキング、イントネーションなどです。どれか一つでも失敗したら合格を与えません。厳しい基準を越えたときに本当の喜びが待っているからです。「できた」と自信を持って言えるようになるからです。**自信**は学習に対する強力な動機付けになります。

　ハンドアウトのターゲット文は教科書にある基本文から選定し、必要であれば文脈を加えてできるだけ自然な文にします。実際の指導では、まず全体指導で合格基準を明確にし、納得がいくまで細かく音声の指導をします。その際、教師に向かって言うだけだと必ず飽きがくるので、隣同士相手の目に向かって言ってみたり、個人を指名したりして言わせるなど、全体指導と個別指導のバランスをとりましょう。とにかく、指導者は目を凝らし、耳を澄まし、目標をある程度達成できるまで譲歩しないようにします。

　次に、いよいよ個別指導のグルグルをしますが、指導した通りの合格基準に満たない者は迷わずすぐに失格と判定します。判断を迷ってはいけません。ポイントは、判断を素早くし、生徒に挑戦する機会をできるだけ多く与えることです。失格の場合は、短くフィードバックをします。例えば、「"a liar" の "l"」とか「"the street" の "th"」のようにだけ伝えて、音声を常に自己モニタリングさせます。発音の仕方は全体指導ですでに指導しているはずなので、あえて多くの助けを与えません。自分の力で合格をとらせるという状況に追い込み、必死で取り組ませることが大切です。アンケートで生徒の声を拾うと、「厳しくて大変だったけど英語力がついた」や「他の授業と違って個人で見てくれたのがよか

第11章　ていねいに、分かりやすく教えるための視点

		例文暗唱テスト	
		Class（　）#（　）Name _____	
		f/v r/l n th の発音を正確に！　英語らしいリズムで！	
		↓合格をもらったら〇を書く	
	1	彼女は僕を嘘つき呼ばわりした。なぜなら彼女との約束を破ったからだ。	She called me a liar. It's because I broke a promise to her.
	2	犬を道で見つけて、家に連れて帰った。太郎という名前にした。	I found a dog on the street and took it home. I named it Taro.
	3	体育の授業で疲れた。	The P.E. class made me tired.
	4	発表するの緊張するなぁ。	Making a presentation makes me nervous.
	5	その音楽聴くと気分がよくなる。踊りたくもなる。	The music makes me feel good. It makes me want to dance, too.
	6	本を毎日読むことは私にとって大切だ。	It's important for me to read books every day.
	7	一年以上生きるのは彼女にとって難しいだろう。	It will be difficult for her to live for more than one year.
	8	彼女の死を受け入れるのは友人にとって難しかった。	It was difficult for her friends to accept her death.
	9	これは誰かの誕生日プレゼントですか？お包みいたしましょうか？	Is this a birthday present for someone? Shall I wrap it for you?
	10	このカードをその箱に入れてくれますか？	Would you put this card in the box, please?

↓全て合格したら、ランダムに言われた日本語を英語にし、〇をもらう

合計点

った」と言ってくれました。

(2) なりきり説明タスク

　授業の最後7～8分間程度を使って、その日の授業のポイントを先生になりきって説明するタスクです。初めて学習する文法の導入をした時に役に立つタスクです。ランダムで指名してクラスメイトを前にして説明させる場合と白紙を配布して一人ひとり紙上で説明させる場合があります。

　やり方を説明します。指導者は授業終了前になったら、板書した例文の重要部分をおもむろに消していきます。黒板を使っているならば、色チョークで強調した部分を消していくとよいでしょう。「それでは、今日の授業のダイジェスト版を先生になりきってやってもらいましょう」と伝え、1分間ほど何を言うか考えさせます。ペアで話し合わせて、知識の確認をするのも効果的でしょう。

　ランダムに指名する場合は、指名された者がすでに消された部分を元に戻しながら先生になりきって授業の要点を簡潔に話してもらいます。この時、聞いている生徒は適宜つっこみを入れ、「お～」とか声を出すように指示します。ちょうどお笑いのガヤ芸人のようになるイメージです。一方で、紙上で説明させる場合は、自力で空欄を埋めた例文を用いながら一人ひとり自分のことばで学習したことを1・2行で記述してもらいます。指導者はこれで誰が理解できていて、理解できていないのか一目で分かります。上手な説明をしているのを見つけたら、必ず次の授業で共有し、ロールモデルとして提示します。最初は難しいタスクかもしれませんが、こう説明すればいいというイメージが徐々にできるように慣れていきます。そして何よりも、こうしたタスクが授業の最後に設けられていると予測されれば、学習者は目的をもって授業に参加するようになります。

(3) リテリングを一対一で見る

　定着活動の典型的なアイディアの一つで、教科書本文を口答で表現させるリテリングがあります。最近は、グーグルから持ってきた画像や本文中のキーワードを使って本文内容を表現し、それを基にして学習者にこの活動をさせるのが多いようです。ペアでお互いに言わせて相互評価をさせたり、グループ内で活動させたりするなどいろいろなアプローチがあると思います。しかし、本当にできたと個々の学習者が実感するためにも、なるべく指導者が評価するのがよいのではと考えています。

　私の場合、画像とキーワードで表現した本文内容をスライドで示しておき、全体指導をしながら、適宜、個人指名をして一人ひとりできているかを確認し

ます。グルグルの全体指導と同様に、こちらが設けた基準に達するまで時間をかけます。その後は、「リテリングができるようになった者は先生のところに来て合格をもらってください」と指示します。そして、「最初に合格した2・3名の者には先生役をしてもらい、評価を手伝ってもらいます」と伝えます。こうすることで、なるべく多くの生徒が挑戦できるように指導・評価環境を整えます。合格をもらった学習者は、今度は口答のリテリングではなく、白紙にリテリングの内容を記述させると暇になることはありません。いずれにせよ、一人ひとりを見る、あるいは**一人ひとりに責任感を与えて力を発揮させるタスクを与える**ことが大事なのです。こうした個々に焦点を当てた活動を通して、学習者に関する理解が深化し、学習者との信頼関係が徐々に構築されるのではないかと考えています。

(4) オリジナルスキット作成で英文法習熟度を見る

英文法の指導の最終地点は何でしょうか。私はターゲットとする言語項目を学習者が「いつ・どんな場面で」使用するのかを理解していることではないかと思います。したがって、これができているかを試すタスクをゴール地点（例えば定期テスト）で用意することが重要でしょう。具体的には以下のようなライティングタスクを設けるのはどうでしょうか（言語の使用場面を意識する指導として第7章2節2項と第17章3節も参照）。

> "How long have you ~?" を必ず一度使い、自然な会話を作りなさい。正確な1文につき2点獲得できます。最大で8点獲得できます。

このようにゴールを設定することで、何をどのように指導すればいいのかが徐々に明確になっていきます。すなわち、"How long have you ~?" という表現が実際にどのような場面で使用されるのかを生徒に考えさせるためには、身近な場面を提示しながら、例文に多く触れさせることが必要になるということです。すると、"How long have you ~?" は相手が何かにおいて優れていることに気づき、一体どのくらいの期間練習してきたのかを相手に尋ねるような場面で使用することが典型的な例なのだと理解できるのではないでしょうか。生徒が書いた一例を提示しておきます。"How long have you ~?" の使い方が本当に理解できているのか一目瞭然です。

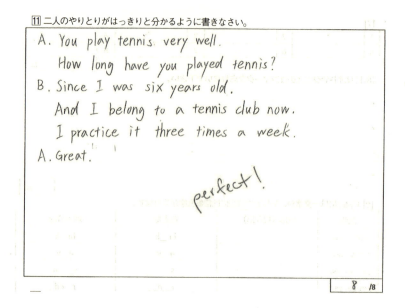

4. 学習者に向き合い、教室で力を生み出す英語教育に向けて

　小学校で英語が教科化されれば、自ずとそれを不得意とする子が現れることが容易に想像できます。これに鑑みると、学習の初期段階で自尊心を失わせ、動機づけを減退させることを何としても避けなければなりません。外国語学習は生涯学習なのでモチベーションが鍵です。本章では、そうした困難を抱える学習者の視点に立ち、文字と発音の指導法を具体的に提示しました。また、一人ひとりに向き合うというテーマで、個別指導で私が実践してきたタスクをいくつか紹介しました。

　結局のところ、教室内で学習者が一人の個人として指導者から認識され、気にかけてもらっていると感じる時に、彼らは一生懸命になって最大限の努力をするのではないでしょうか。苦手な学習者ほど指導者からのケアを必要としているはずです。彼らの視点を忘れることなく、常に一人ひとりに教室空間内で力を与える／生み出す (empower) という信念で指導に携わっていくことが私たち英語教師としての使命なのだと思います。

【引用文献】

Cummins, J. (2001). *Negotiating identities: Education for empowerment in a diverse society* (2nd ed.). Ontario, CA: CABE.

【推薦図書】

①中嶋洋一 (2000).『英語好きにする授業マネージメント 30 の技』明治図書.
➤ 著者の確信に満ちた教育哲学に舌を巻いてしまう。有意味なタスクの設定からテスト作りまでさまざまな実例が紹介されている。ゴールを意識したレッスンプラン作りに役立つ。
②和泉伸一 (2016).『フォーカス・オン・フォームと CLIL の英語授業』アルク.
➤ 近年注目されている指導アプローチを理論的かつ実践的に紹介している良書。教科書本文にさまざまな角度から迫るラウンド制のリーディング指導が興味深い。
③靜哲人・正頭英和・小林翔 (2014).『英語授業の心・技・愛 ——小・中・高・大で変わらないこと』研究社.
➤ 指導技術の前に英語教師として大切な心構えが熱く語られている。小手先のテクニックではなく、プロの指導者たる者はどのような姿勢・力量が要求されるのかについて歯切れの良い文体で書かれている。

第12章　協働学習を取り入れた小学校英語の提案

　　　——英語嫌いを作らないために

津田ひろみ

1. 小学校英語に求められる「使命」

　現在、私は大学で教職課程の授業を担当していますが、10年ほど前まで大学と並行して中学校と高等学校でも教えていました。そして、小学校では帰国生クラスと5、6年生のクラスで7〜8年間英語を教えていました。また一時期、近所の子どもたちを集めて英語教室を開いていました。こうして、私は幼児・小学生・中学生・高校生、そして大学生の英語教育に携わってきました。ここ数年、小学校の英語教育に対する関心が年々高まり、研究会や講習会も頻繁に開催されています。私もそこで勉強したり小学校の英語授業を参観したりしながら、これからの小学校英語教育の在り方について考えています。

　20年ほど前、「学習ストラテジー研究会」の仲間と、「学習の目標を定め、目標達成のための計画を立て、学習後に振り返りをする、という**メタ認知方略**を小学生に教えられるか」という研究を数年にわたって行いました。京都の小学校で10回ほど5年生に英語の授業をさせていただきましたが、小学生は新しいことを学ぼうとするエネルギーに溢れていました。

　最近再び、私立と公立の小学校の英語授業を参観しましたが、当時とはかなり様子が変わっていました。以前はALTがゲームをして担任の先生はほとんど出る幕がありませんでしたが、最近参観したクラスでは担任の先生が主でALTが補助に回っていました。しかし、児童たちは以前と同様に、きらきらと目を輝かせていました。こんな素晴らしい子どもたちの学びに対するモチベーションを保つにはどうすれば良いのでしょうか。

　子どもの英語教育について、「臨界期」説に基づき、音声に関しては早くから学習を始めた方が良いといわれてきましたが、最近では諸説あります。確かに、小さい子どもはまねするのが上手ですから、「英語」「日本語」という区別なく、

音をまねることができるのでしょう。それなら、幼少期から英語学習を始めれば、確かに発音と耳は訓練できるかもしれません。しかし、外国語に興味をもってくれなければその後の英語学習につながらないでしょう。

　もうひとつの問題は、これから小学校の英語が必修科目になると、地域による格差がますます大きくなるということです。予算のある地域ではALTを常駐させたり専科の先生にお願いしたりできますが、予算の少ない地域では担任の先生がひとりで取り組むことになるだろうというのです。その上、都会では子どもの英語塾も盛んになってきています。これでは中学校入学時に地域によって、あるいは児童によって、英語運用能力にばらつきが生じてしまいます。すでに、中学校に入学したときに「英語は嫌い！」という生徒もいるといいます。小学校の英語科では指導の工夫も大事ですが、教育格差に注意を払いながら、何より英語嫌いを作らないことを真剣に考えなければいけないでしょう。

　さらに最近、新たな問題が持ち上がってきました。それは英語の「専科化」です。音楽や美術のように英語も専門教員に任せるというのです。担任教師の負担を軽減するために提案されたようですが、逆に、児童の状況を把握している担任教師にしかできない工夫、たとえば、社会科や家庭科、算数などの学習内容と関連づけ、科目の枠を超えて外国語を教えるようなことは難しくなるでしょう。その上、専科化によって、英語指導がスキル指導に走る危険も生じるのではないでしょうか。小学校児童に対して機械的なスキルの押しつけはうまくいくわけがありません。児童の知的好奇心をさまざまな側面から刺激して、外国語をもっと知りたいと思えるような授業を準備する必要があります。さらに、異文化理解を通してグローバルな時代に生きる人材を育成するような授業が求められるでしょう。

　繰り返しになりますが、小学校英語に求められる「使命」は、英語学習を通して外国語に興味をもち、中学校以降の外国語学習へ向けて学習動機を高めることだと考えます。そこで、私の研究テーマである「自律的な学習者の育成」、つまり、学習者の自ら学ぶ意欲を高めるのに効果的であると考えられる**協働学習**の観点から私の提案を以下に述べたいと思います。

2. 協働学習とは

　一時期、**アクティブ・ラーニング**という言葉が流行しましたが、新しい学習指導要領では学習過程の視点として（アクティブ・ラーニングの視点に立った授業改善）と括弧つきで挙げられ、「どのように学ぶか」というところに「**主体的・**

対話的で深い学び」と説明されています。こうした姿勢は協働学習と合致しているのですが、ここで述べる協働学習は「学習指導要領」が主張するアクティブ・ラーニングと必ずしも同じではありません。学習指導要領には、中学年の外国語活動では「コミュニケーションを図る**素地**となる資質・能力」の育成を、そして高学年の外国語科では「コミュニケーションを図る**基礎**となる資質・能力」の育成を目指すことによって、中学校の外国語科の目標につなげるとあります。つまり、コミュニケーションできることが学習の目標であり、そのためのペア・ワークやグループ・ワークを提案しています。一方、協働学習では、目標よりむしろ学習過程に重点をおいており、その過程が**コミュニケーション**の場なのです。言い換えれば、協働学習そのものがコミュニケーションのひとつの形態であるわけで、この点が大きな違いと言えます。

(1) 協働学習の基本

　協働学習の第一のポイントは**学習者主体**の学習形態であるということです。学習者が主体的に学ぶ、つまり、自律的に学ぼうとする姿勢を育てるということです。個別学習と競争学習、そして協働学習という3つの学習形態の中で、**自律的な学習**にもっとも効果があるのは協働学習であると言われます。個別学習は一見すると自律的な学習に見えますが、分からないときは教師に教えてもらうことを前提としているので、実はあまり自律的ではないのです。競争学習は時には効果が期待されますが、常に他人と比較して競争していたのでは学習者が疲れてしまうだけでなく、学習が深まらないでしょう。このように考えていくと、学習者同士が助け合い、**学び合う**協働学習こそが学習者がもっとも自律的に学べる形態であることがお分かりになるでしょう。とはいえ、協働学習は決して万能ではありません。新しい知識を獲得するにはより多くの知識をもつ教師が教え、繰り返し学習してインプットを重ね、知識を確かなものにすることも大切です。協働学習は、そうやって獲得した知識を**自分の問題**として捉え、自分の考えを仲間とやりとりすることによって**新たな視点**に気づき、学び合いが成立するときに効果が期待されます。

　協働学習とは学習者主体の学習形態だと述べましたが、単にグループで学習すれば協働学習というわけではありません。基礎となるのは、「学習とは人との関わりの中で成立する出来事である」とする**社会文化理論**（socio-cultural theory）です。また、ロシアの思想家であり、文芸批評家でもあるバフチン（1968）は、当時の厳しい政権下にあっても、誰もが平等で自由に発言することが許される状況を**カーニバル**と呼びました。協働学習は、バフチンの、いわゆる「カーニ

第12章　協働学習を取り入れた小学校英語の提案

バル」が学習の場に実現している状態であると考えられます。つまり、学習者が遠慮なく自分の考えを言い合える状況です。そのためには、クラス内に「よく**聴き合う**」「もし誰かが間違ったとしても笑ったりしない」などのルールを徹底し、学習者間に良好な人間関係（**ラポール**）が形成されている必要があります。

一方、学習者が協働学習を進める間、先生は**ファシリテーター**として常に学習者一人ひとりに目を配り、グループ活動の様子を見守っていなければなりません。

協働学習を支える理論がもうひとつあります。前出のバフチンの言葉に「**権威あることば**」と「**内的変化を起こすことば**」というのがありますが、前者は先生など力のある立場の人が発することばで、生徒に知識を与えることはできますが、生徒の心にまで届きません。それに対して、後者は仲間や対等な立場の人から発せられることばで、そういうことばは生徒の内面・精神面に語りかけ、深い理解を促し、学習意欲を掻き立てることができるのです。つまり、先生が教えたことは生徒の頭の上をかすめていくようなもので、仲間と真剣に話し合い、一緒に悩んだ末に獲得した知識や視点は、納得し、深く理解できるというのです。実際、中学生へのインタビューで「先生の説明は分かるけど、友達は（下の方を手のひらで示して）この辺から説明してくれるから、よく分かるんです」と答えた女子生徒がいました。まさに教師のことばは**権威あることば**として受け止められ、一方、仲間のことばは**内的変化を起こすことば**として彼女の心に届いていたのでしょう。これこそ協働学習の効果を言い当てたコメントであると思います。

さて、協働学習のモットーは "one for all, all for one" であり、それはラグビーにも共通するものですが、これは単に「一人はみんなのために、みんなは一人のために」ということではありません。一人ひとりが自分は何をなすべきかを考え、チームの勝利を目指して積極的にプレーすることを意味しています。協働学習も全く同じです。自分がグループ内で果たすべき**役割**を積極的に遂行し、一方で「学び合い」を通して自分自身もまた成長できるのです。しかし、協働学習は**集団主義**とは違い、集団が常に優位なのではありません。協働学習では一人ひとりの学習者が学びの**主体**です。そして、学習の目標も学習のやり方も、上から押し付けられるのではなく、学習者一人ひとりが考えるのです。そうでなければ、学習に対する**意欲**を高めることはできません。そういう**学ぶ意思**をもった学びの主体としての個人が力を合わせて何かを成し遂げるのが協働学習なのです。

しかし、力を合わせるということは決してお互いが「なあなあ」の関係になるということではありません。協働学習ではグループ内で密かに競争意識が働

くこともあるのです。大学生の例ですが、同じグループの女子学生が英語で自分の意見を述べているのを見て、「カッコいい、自分もあんなふうになりたい」と思った男子学生は必死に英語を勉強し、翌年アメリカに留学しました。この女子学生のような存在を "near peer role model"（**身近な役割モデル**）と言いますが、残念ながら英語教師はこうした model になれません。なぜなら、教師は生徒にとってある意味、別格ですし、peer（仲間）でもないので簡単に生徒の目標にはなれないのです。身近に "near peer role model" が見つけられるのも協働学習のメリットのひとつと言えるでしょう。

(2) 協働学習の効果

協働学習の効果として、知識の獲得、自己達成感、学習への積極的な取り組み、高い動機づけ、クラス内のより良い人間関係、自信、高次思考力などが挙げられますが、私はこれまでの調査結果から、協働学習を導入する学習場面によって異なる効果が期待されると考えます。たとえば、pre-（学習前の活動）やwhile-（学習の最中の活動）に協働学習を導入した場合には、新しい知識の授受や背景知識の獲得、内容理解など、いわゆる「低次思考力」の伸長を目指す活動が主となるのに対し、post-（学習後の活動）に協働学習を導入すると、学習内容を批判的に捉え、思考を深め、さらに評価を与えるなど**高次思考力**を育てる活動へと発展させられます。小学生が高次思考力をどこまで伸ばせるかという点について疑問もあるかと思いますが、小学生でも、自分の視点で物事を捉え、自分だったらどうするか真剣に考え、お互いの考えを聴き合うことはできます。そうした力を身につけることは、その後の学習への意欲を高めるだけでなく、学習を深めることにもつながる大事なことだと思われます。

では、どのようにして**学習動機**が高められるのでしょうか。社会心理学の側面からは、「自律性の欲求」「有能性の欲求」「関係性の欲求」という学習者の3つの**心理欲求**が満たされるとき、学習動機が高められると考えられていますが、小学生の協働学習にも当てはまります。児童一人ひとりが自分の分担に責任をもって取り組み（**自律性**）、仲間と協力しながらやり遂げて達成感を味わい（**有能性**）、自分がグループの仲間に認められることによって参加意識をもつことができます（**関係性**）。つまり、協働学習における**責任**、**達成感**、**参加**の3つが実現されるとき、児童の3つの心理欲求が満たされ、動機づけも高まることが期待されるのです。しかし、児童一人ひとりが**学びの主体**とならなければ仲間との協働も達成できません。そのため最初から最後まで協働学習だけで授業を進めるのでなく、ひとりで考える個別学習も適宜取り入れて、協働学習と組み合

わせることが必要です。また、そうすることによって、人と関わることがあまり得意でない児童に対する配慮にもつながります。

(3) 協働学習の準備

協働学習をうまく運ぶには、4名もしくは3名のグループが妥当です。というのは、グループの人数が5名以上になると端の人の声がよく聞こえず、仲間の意見を理解するのが難しくなるからです。そして、机はお互いの顔が見えるように向かい合わせに並べますが、誰もがクラス全体を見渡せるように、黒板、または教卓を中心にハの字に並べると良いでしょう。グループメンバーに関しては、異なる特徴をもつ生徒を組ませるのが良いとする考え方もありますが、私は無作為にグループ分けしています。そうすると人員構成に偏りが生じる場合もありますが、それはむしろ、いろいろな仲間と学び合える良い機会だと考えます。一度だけ中学校で男女混合、成績も偏らないようにグループ分けをしましたが、そのとき生徒の「俺、一番下」「あたし、4番目」といった呟きを耳にして衝撃を受けました。それ以来、作為的なグループ分けは実施していません。その代わり、グループのメンバーは長期間固定せず1か月ほどで交替し、いろいろな人と活動する機会を作るようにしています。

メンバー替えの際にトランプを使ったところ、大学生でさえ予想以上の盛り上がりをみせました。4人グループなら4つのマークで、グループの数だけトランプの数字をそろえます。一人ひとりカードを引くときのドキドキ感が楽しいようです。ぜひ、トランプを使った席替えを試してみてください！

(4) 協働学習のしめくくり

毎回の授業の最後に児童に自分の学びを振り返らせることはとても重要です。何ができて何が難しかったか、次の目標は何か、あるいは、今日頑張ったメンバーは誰だったか、自分の協力度はどの程度だったか、などに関して児童に5段階、あるいは3段階評価をさせます。または、短いコメントを書かせても良いでしょう。ただし、どんな場合も教師が短いコメントを返信し、児童と教師の間の**コミュニケーション**を図る場にすることが大切です。

大学生の場合は学期始めに自分のゴールを設定させ、途中でその達成度を自己評価させています。以前、小学校で教えたときは、授業の始めにみんなでその日の**目標**を決め、授業の最後にどれくらいできたか5段階で評価してもらいました。その結果、小学校高学年の児童は**メタ認知**を働かせて**振り返り**をすることが可能であることが分かりました。このような振り返りによってメタ認知

を働かせることが習慣化すると、「自律的な学習態度」が育つことが期待されます。ただし、小学生はまだ自律の程度がさほど高くないので、「今日」といった短いスパンの目標を立てさせると良いでしょう。自律度が高くなるにつれて長いスパンで学習について考えられるようになっていきます。

(5) 協働学習と学習者の自律

ここで「学習者の自律」について考えてみたいと思います。

van Lier (2008) は「学習者の自律の 6 段階」を設定しました。① passive（受身：答えられない、または一語のみで答える）② obedient（従順：指示されたことをこなす）③ participatory（参加：教師の質問に答える）④ inquisitive（探求：積極的に質問する）⑤ autonomous（自発：ほかの学習者を補助し、協働学習を行う）⑥ committed（責任：自分の意見を発信し、高度に自律して協働学習を行う）。学習者はこのようにして次第に自律していくのです。そして、①～③の自律に至らない 3 段階は教師主導型の授業にありがちな学習態度であり、一方、④～⑥の 3 段階は協働学習に求められる、自ら学び思考を深める自律的な学習態度であるといえます。

協働学習では、仲間との意見のやりとりや**相互行為**を通じて、次第に考えを深めながら自分の意見を構築していく学習態度が習得されると考えられます。学習者は暗記したり問題を解いたりする**認知方略**の使用によって学習内容の理解を深め、**社会方略**を駆使してグループ内で仲間とのやりとりをしながら学び合いがなされます。そのとき学習者は自らを褒めたり自分にもできると励ましたりしながら**情意方略**を利用し「うまくいった！ 次はこうしてみよう」と自身の中で対話しながら（**内言**）、学習内容の内化を進めるのです。同時に、学習者の意識（**メタ認知方略**）が、初期段階では「この単語の意味は何だろう」といった「**今、ここ**」で取り組んでいるタスクに向けられますが、仲間と意見交換し学習を進めるうちに、「なぜこういう結果になったのだろう」など学習内容全体、あるいは「発言していないメンバーはいないか」などグループ全体を視野に入れることができるようになります。つまり、学習者の意識が**今、ここ**のレベルから**包括的**なレベルへと引き上げられていくのです。それは学習者が働かせることのできるメタ認知のレベルが広がり、学習者の自律の度合いが高まったことを意味します。このように、協働学習は自律的な学習態度の育成に効果をもたらすことが期待されるのです。こうした学習方略の使用の様子と学習者の自律の度合いの関係を分かりやすくまとめ、「自律的学習者への**階層的フレーム**」として示しました。

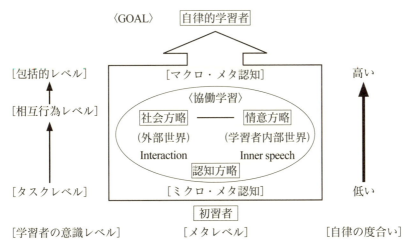

自律的学習者への階層的フレーム（津田，2013, p.173 改）

　では、小学校外国語学習における児童の自律とはどういうことでしょうか。大げさに考える必要はありません。授業以外でも児童たちが英語に興味をもってくれれば良いのです。たとえば、英語の標識や看板を見つけたら何だろうと考えてみる、テレビで英語のコマーシャルを聞いたら真似してみる、アニメーション映画を英語版で観る、英語の歌を一緒に口ずさむ、図書館で英語の絵本を手に取ってみる、などが考えられます。さらに、海外を舞台にした映画を観てその土地に興味を覚えたらその国のことをみんなで手分けして調べてみる、なども挙げられるでしょう。外国文学（日本語訳でも）を読んで想像の中で主人公と一緒に冒険したり、描かれている食事やその土地の様子に関心を持つだけでも**異文化理解**への一歩となるでしょう。その結果、児童が外国の文化や人々の暮らしについてもっと詳しく知りたい、外国語を勉強してその国の人たちと話したい、と思ってくれたなら、それは外国語学習における児童の**自律的な学習態度**の芽生えと言えるのではないでしょうか。

3. 協働学習で取り上げる教材

　最近は異文化理解教育という言葉をよく耳にしますが、ここでは文学作品とのコラボを考えてみようと思います。

少し前に某新聞の教育コラムに「いじめの原因のひとつとして、子どもたちがSNS（Social Network Service）に興じ本を読まなくなったことが挙げられる」という記事が載っていましたが、教職科目を履修していた大学生にはその意味が理解できませんでした。「中学校で朝読書の時間はあったけれど、いじめはありました」「なんで読書をすることがいじめ対策になるのか分かりません」と言うのです。その学生たちにとって読書はおしつけられたものであり、しかも、本というとハウツー本のことを思い浮かべ、『いじめをなくす法』といった本をいくら読んでも役に立たないと考えたのです。ここで私が言う「本」とは、そういう本ではなく、もっと純粋な文学を指します。主人公の気持ちになって、あるいは主人公と一緒に冒険をしながら、次のページをめくるときのドキドキ・わくわく感を味わってほしいのです。文部科学省が目指している**豊かな心**とはそういうところで育まれるのではないでしょうか。

　わが子が小さかったころ『子供に読んで聞かせたい絵本』という本を参考に絵本を買ってきて読んで聞かせました。私自身もわくわくしましたし、子どもも絵本という別世界に入ってしまったようで、早く次のページをめくりたがったものです。絵本にはそういう不思議な魅力があるのです。初めて外国語に触れるのですから、あまり頑張らなくてもすんなり受け入れられるものとして絵本はぴったりだろうと思います。

4. 協働学習の導入の手順

　協働学習を取り入れた指導案の一例を示したいと思います。これから紹介するのは、筆者がかつて福岡県のカトリック私立小学校で実際に受けた英語の授業の一部です。その小学校では、1年生から3年生まではカナダ人のシスターが、4年生からはそれに加えて日本人の先生が英語を教えていました。当時の私はとてもシャイな子どもで、手を挙げて発言することはほとんどありませんでしたが、そんな私にとって今でも記憶に残っている活動は一枚の絵を使った**紙芝居**です。その時に描いた絵については色さえもはっきり覚えています。おそらく、フラッシュ・カードを読むような繰り返し学習と違って、自分でできたという**達成感**と楽しかった思い出が相まって記憶として残っているのでしょう。

　私が経験した授業を元に、坂本ひとみ先生（東洋学園大学）の紙芝居を使った英語活動を参考にしてアレンジし、協働学習を取り入れた活動を紹介したいと思います。以下に手順を詳しく説明しましょう。

　① まず、先生がお話を読んで聞かせます。CDなどを利用しても良いのです

第12章　協働学習を取り入れた小学校英語の提案

が、できれば先生の「気持ち」が児童たちに伝わるように先生が読んであげるのが一番だと思います。(ナイショですが) 1回だけ日本語版絵本を読んでも良いと思います。それから英語版絵本の表紙を一瞬だけ見せて隠すなどして、「さあ、今度は英語だよ」"Ready? Enjoy!" などと声をかけ、児童の注意を引いてから読み始めましょう。そして、児童がグループ活動に入る前に、英語版を何度も読んであげてください。お話の一部をリピートさせたり、児童の記憶に残っていることばを言ってもらったりしながら、**インプット**を十分に行いましょう。その際、「ガマ君は何を持っていったのかな」などと質問して、児童にみつけてほしいことをはっきり伝えましょう。また、二重下線の部分のように、同じ指示文を繰り返し先生が使って児童に慣れさせることも重要です。

　②　次に、児童たちは4人グループになり、みんなでひとつの場面を選んで協働しながら絵を描きます。そして、仲間といっしょに登場人物の気持ちを想像して、みんなで描いた場面に合うダイアローグを作ったり、本には描かれていなかった裏話やつづきの部分を創造したりします。みんなで協力すると、ひとりではとうてい思いつかないような楽しい展開が見られるかもしれません！これこそが協働学習の醍醐味なのです。

　たとえば、Nick Butterworth 作 "Amanda's Butterfly" という絵本では、チョウチョウを探しに行ったアマンダがチョウチョウよりもっと素敵な「奇跡」に出会うのですが、ほとんどが地の文でダイアローグはあまりありません。アマンダがたまたま出会った「奇跡」のためにあれやこれやアイディアを出して、最善の方法を模索していくいくつかの場面で、アマンダのひとり言や、「奇跡」とのダイアローグを児童たちに考えさせ、グループで話し合わせるのも面白いでしょう。小さいアマンダが自分のもっている知恵を総動員して活発に行動する様子に、児童たちはきっと、「違う、違う！」「それじゃダメ」とアマンダに向かって叫びながら、次第にお話の世界に引き込まれていくでしょう。そうなったら、児童たちはアマンダと「奇跡」の台詞をどんどん思いつくに違いありません。ただし、これは女の子が主人公のお話で、児童たちが比較的初歩の段階で学習した表現を使用するのにちょうど良いレベルの作品ではないかと思います。

　そこで、もう少し協働学習の神髄に迫れる作品を使った活動の例を紹介します。Arnold Lobel 作 "Frog and Toad" シリーズのひとつ "Days with Frog and Toad" の最終章に "Alone" というお話があります。突然「ひとりになりたい」というメモを残して出ていってしまったカエル君と、その友達を元気づけようと頑張るガマ君、そのふたりの気持ちと台詞を児童たちに考えさせてはどうでしょう。＜サンドイッチと冷たい紅茶を持ち、カメの背中に乗ってカエル君に会いに行っ

たガマ君は、もう少しのところで川に落ちて、せっかくのランチを台無しにしてしまいます…＞ と、先生はここで読むのを止め、絵本を閉じ、なぜカエル君は一人になりたかったのだろう、ガマ君はこの後どうするだろう、など児童に考えさせるのです。さらに続きを読むとカエル君の考えが次第に分かってくるので、「カエル君のことばを聞いたガマ君はどう思っただろう、あなただったらどう思うかな」など少し考えなければならないような問いを投げかけます。さらに、「カエル君とガマ君はこれからどんな友達になるだろう、あなたはどんな友達になりたい？」、そして最後に、「友達（あるいは友情）って何だろう」と問いかけながら、少しずつ児童の考えを深めていきます。重要なのは、お話の理解も含め、どの段階でもまずひとりで考えさせ、それからグループで話し合わせることです。それを繰り返す中で児童は、始めは絵本の登場人物の立場に立って友達について考え、次に自分自身の問題として友情について考え、さらに、グループの仲間と話し合うことによっていろいろな考え方があることに気づき、自分の考えを少しずつ深めていくでしょう。そのようにしていけば、児童たちはカエル君とガマ君の台詞を真剣に考えるのではないでしょうか。

　この活動は英語で行うのは少し難しいかもしれないので、日本語で考えさせても良いと思います。もし英語で行うなら、「あなたならカエル君に何を持っていってあげる？」というような比較的簡単な質問にしてはどうでしょう？　ある程度パターンを示し、グループで相談しながら児童たちが好きな単語を選んで穴埋めする方法も考えられます。次の活動を口頭で練習してはどうでしょう。

1. Toad: I have something wonderful for you, Frog. Here you are!
2. Frog: What's this?
3. Toad: Guess!
4. Frog: _____?
5. Toad: No. It's _____.（大きさ、色、形、感触などヒントになる言葉）
6. Frog: _____?
7. Toad: Yes! _____.（ここは褒め言葉）Here you are.

　5行目では普段なら先生が出してくれるヒントを自分たちが出すのですから、児童たちはきっとわくわくするでしょう。もちろん、前もってこのパターンを練習しておくことは言うまでもありません。さらに、正解したときの褒め言葉（Right. / Good job! / Great! など）を折に触れて教室で使用しておけば、児童はグループの仲間と話し合いながら、そのうちのどれかを思い出して7行目で使って

第12章　協働学習を取り入れた小学校英語の提案

くれるに違いありません。

　③　協働学習では、まとめとしての**アウトプット**（ここではグループごとの**発表**）も大事なステップです。発表の前にはグループで練習する時間をたっぷり取りましょう。そして、ALT や先生は教室を動き回って、困っているグループがあれば喜んで助けてあげてください。なぜなら、児童たちの誰もが自信をもって発表し、英語で伝える**愉しさ**を実感することが大事だからです。みんなの準備が十分にできたと思ったら "Ready?" と聞いて、全員が "Yes!" と返事をしたら、順番に前に出て発表させます。"No, not yet." というグループがひとつでもあったら、焦らずに待ちましょう。決して焦らせないことです。佐藤学（1999, p.468）は「たゆたい、よどみ、せきこみ、うねりながら進行する**身体の時間**」は質的な学びの時間であり、予定に縛られた物理的な**時計の時間**よりも学習を深めるのに大切だと述べています。児童一人ひとりが自分の頭で考え、仲間と話し合いながら学びを深めていく過程を大事にしたいものです。

　しかし、どれほど練習したとしても、クラスのみんなの前で発表するというのは児童にとってとても勇気のいることです。だからこそ、たとえ多少の失敗やハプニングがあったとしても、協力してやり遂げたという達成感は、仲間との絆を深め、児童たちを大きく成長させるのです。もちろん、クラスのみんなから盛大な拍手をもらったら、その体験は自信となり、次の発表もまた頑張ろう、と張り切ることでしょう。このように、発表することによってそれまでの話し合いが児童にとって**意味のある**活動となるのです。ですから、プロセス重視の協働学習にとって、アウトプットは学習のまとめとしての役割を持つ重要なステップと言えます。

　④　聴き手側の児童には、発表を聴いた後で質問したりコメントしたりするよう前もって伝えておきましょう。意見交換によって、クラス全員がさらに考える機会を得られるはずです。学習が進んできたら、短い質問は、英語でできるようになると良いですね。そのためには、普段から先生が ALT に英語で質問したり、ALT の質問に英語で答えるなどしながら、英語によるやりとりのモデルを見せておくことが必要です。先生も始めはうまくできなくても構いません。むしろ、先生が頑張っている姿を見て、児童たちは自分も頑張ろうと思うでしょう！　協働学習では、他の児童が near peer role model になると書きましたが、この場合、先生も児童にとってそうした model のひとりなのです。

　これまでに述べたように、協働学習は学習者主導の学習ですが、先生が何もしなくて良いのでは決してありません。児童が活動しやすいように前もってあちこちに**しかけ**を作ったり、活動中は足場掛けをしたりしなければなりません。

しかも、協働学習は単なるメソッドではないことを念頭に置いて、児童が学習に興味をもち、仲間との**インタラクション**の中で自分とは異なる視点に気づき、自分の考えを振り返り、さらに自分の問題として考えを深めることができるような**学び合い**の場にしなければならないのです。

5. 協働学習の評価

　協働学習の評価については意見が分かれるところですが、私はグループ活動と個別学習の両方を評価すべきだと考えます。最近はルーブリックを使った評価が盛んなようですが、小学生にルーブリックは負担が大きすぎると思います。そこで、評価項目ごとに「とても良くがんばりました」「次はもうちょっとがんばろう」など、児童のやる気を高めるような表現を使って、評価というよりむしろ児童を励ますツールと考えてはどうでしょう。そして、評価する時には、先生がかならず一言コメントしてあげましょう。できれば、ヴィゴツキーのZPD 理論（2001）が示すように、児童一人ひとりが「今日」の自分より一歩先に進めるようなアドバイスをしてあげられると素敵です。

　グループ活動に関しては発表だけが評価の対象となりがちですが、協働学習では、結果だけを見て児童を評価するのでなく、そこに到達するまでの学びの**過程**も評価することが必要です。そのためには最終発表の「できばえ」に加え、「協働のプロセス」についての観点も入れましょう。プロセスも評価の対象とすることによって、グループ内のラポールの形成が促進され、作業の遅い友達を仲間はずれにするようなことも回避されるのです。その他に「グループみんなが楽しく発表していたか（協働できていたか）」「お話は面白かったか」などの項目を入れても良いでしょう。

　もちろん、グループの発表が終わったら、先生はとびきりの笑顔でグループ全員を褒めてあげてください。いつも "Good job!" "Wonderful!" でなく、"Splendid!" "Excellent!" "Perfect!" など、いろいろな褒め言葉を準備しておきましょう。竹内理先生（関西大学）は、教員向けのワークショップで「100 くらいの褒め言葉がすぐ出てこなければだめ」とおっしゃっていました。ネットで調べることもできますし、ALT が使っている新しいフレーズに気づいたらメモしておくなどして褒め言葉のストックを増やしましょう！　そして、いつでも使えるように準備しておきましょう。先生の褒め言葉は児童が次のステップへ進む原動力になるのですから。

　さらに、児童がお互いの発表を評価して 1 位を決めるなどすると、グループ

内の協働意識がさらに高まり、楽しくなります。ただし、競争の色合いが強くなりすぎないように、ご褒美はみんなの big hand かせいぜいシール1枚くらいが適当でしょう。

　個人の評価では「大きな声で話せたか」「友達の発表をよく聴いていたか」「準備で仲間と協力できたか」「発表の練習に一生懸命取り組んでいたか」「質問やコメントができたか」といった観点が考えられると思います。でも、こうした評価のしかたも先生一人ひとりが児童と向き合って決めるのがベストでしょう。あるいは、仲間の先生方（英語科の先生方、または同学年の他のクラスの先生方）と意見交換しながら協働で進めるのも一案だと思います。

6. 協働学習を成功させるために

　協働学習に王道はありません。繰り返しになりますが、先生一人ひとりが目の前の児童をよく観察し、彼らに合わせて工夫しながら授業を進めていけば良いのです。しかし、いきなり始めても児童は参加してくれません。まず、協働学習の下地となる自由で寛容なクラスの雰囲気を作り、仲間と協働する仕方を少しずつ学ばせ、同時に、協働することの愉しさを伝えていくことが必要です。そのためには、先生がうまく足場掛けをしてやることが大事です。

　熊本大学教育学部附属小学校の「論理力」を育てる試みの中で、徐宮忠義先生（算数科）は「国際社会で活躍するために、必要なものは何だろう」という課題を5年生に与え、いくつかの具体的な事実を基に、調べ学習や意見交換をさせながら10時間かけて「英語はコミュニケーションのツールであって、伝える内容がまず必要であること」を児童たちに気づかせることができたそうです。ひとつの課題に10時間もの授業を割くことはなかなか難しいかもしれませんが、小学校高学年の児童がこれほどまで深く考えることができたことは、協働学習の大きな成果であり、私たちも大いに勇気づけられます。

　ここで、小学校英語教育に導入した協働学習の限界について考えたいと思います。第1節でも述べたように、協働学習は本来、ものごとに対する新しい捉え方に気づいたり、考えを深めたり、学習した内容を批判的に振り返ったりする場面、つまり高次思考力を必要とする場面で本領を発揮します。したがって、協働学習に適した学習者のレベルをみつけることが必要です。一般的に、中学年の児童は音声中心で身体を動かす学習が得意ですが、高学年になると、もっと分析力や論理的思考力が高まり、さらに仲間と共感し協力することができるようになると考えられています。ですから、協働学習の愉しさを教えるのに、

小学校高学年はおそらくとても良い時期だと思われます。しかし、精神発達のレベルには個人差があり、必ずしも高学年の児童全員が仲間と協力することを楽しめるとは限りません。こうした児童の個人差要因に目を配ることも忘れないでください。目の前の児童に適した形で、無理をせず少しずつ取り入れていけば、その先生独自の協働学習のやり方が次第に確立されていくでしょう。また、先生が孤立しないよう、お互いに忌憚のない意見を述べ合って一緒により良い授業を目指すなど、先生同士の協働も大切です。

　ここでは協働学習の題材として絵本を取り上げましたが、児童が興味をもちそうなテーマを設定すれば *Let's Try* や *We can* などの教科書の題材にももちろん応用できます。協働学習はひとつの手段であってゴールではありません。協働学習を通して、先生も児童も英語を楽しみながら、みんな素敵な笑顔になれますように！

【引用文献】

バフチン，M. M.（1968）.『ドストエフスキイ論──創作方法の諸問題』（新谷敬三郎・訳）冬樹社.

Butterworth, N. (1992). *Amanda's butterfly.* London: Picture Lions.

母と子の本の会（編）（1982）.『子供に読んで聞かせたい絵本（ベスト100選書）』辰巳出版.

Lobel, A. (1979). *Days with frog and toad.* New York: Harper Collins.

佐藤学（1999）.『学びの快楽──ダイアローグへ』世織書房.

津田ひろみ（2013）.『学習者の自律をめざす協働学習──中学校英語授業における実践と分析』ひつじ書房.

内田伸子・鹿毛雅治・河野順子・熊本大学教育学部附属小学校（2012）.「「対話」で広がる子どもの学び──授業で論理力を育てる試み』明治図書.

van Lier, L. (2008). Agency in the classroom. In J. P. Lantolf & M. E. Poehner (Eds.), *Sociocultural theory and the teaching of second languages* (pp.163-186). London: Equinox.

ヴィゴツキー，L. S.（2001）.『思考と言語』（柴田義松・訳）新読書社.

【推薦図書】

①鳥山淳子（2002）.『もっと知りたいマザーグース』スクリーンプレイ.
➤英語圏の生活の底辺をなす Mother Goose の唄50編ほどを集め、日本語訳や解説に加え、アガサ・クリスティーの作品やディズニー・アニメなどの引用例を紹介。

②百々佑利子（監修）（1986）.『マザーグースとあそぶ本』ラボ教育センター.
➤日本語訳に加え、遊び方のイラスト付き。CDも出ています。

③鷲津名都江（1996）.『マザー・グースをたずねて──英国への招待』筑摩書房.
➤3年半のイギリス留学中に著者が出会った庶民の生活の中に生きるマザー・グースを写真と文で紹介するユニークな英国案内書。

第12章 協働学習を取り入れた小学校英語の提案

④江利川春雄 (2012). 『協同学習を取り入れた英語授業のすすめ』大修館書店.
➤ 協同学習の基礎を踏まえ、小・中・高校・大学での多くの実践を紹介しています。英語科だけでなく、協同学習が初めての先生方のガイドブックとして最適。

⑤江利川春雄 (2009). 『英語教育のポリティクス――競争から協同へ』三友社出版.
➤ 日本英語教育史を専門とする著者は、英語教育政策が「競争と格差」から「協同と平等」へ転換する必要があること、そして、英語科教育は単なる技能教科・実技科目ではなく、その目的を考えるよう主張しています。

第13章 CLIL を取り入れた外国語教育
——全ての児童にとって学びある英語教育の実現のために

山野有紀

1. CLIL（クリル）とは

　「先生、なんで英語を勉強しなきゃならないの？」、教室で児童からこう尋ねられた時、この外国語学習に対する根源的な問いに、先生方はどう答えますか。**CLIL（クリル）** を取り入れた授業には、その問いに答えうる学びの実現の可能性があることが、これまでの日本の小学校外国語活動における実践研究から報告されています（柏木他，2017；北條，2016；山野，2013）。

　CLIL（クリル）とは、**Content and Language Integrated Learning** の頭文字をとった略称で、日本語に訳すと「**内容言語統合型学習**」となります。学習者の興味や認知的発達に鑑み、他教科やトピック・テーマなどの多様で豊かな本物の**内容（Content）** と**外国語学習（Communication）** を統合したもので、そこに、じっくりと考える**思考（Cognition）** を促す活動やペアやグループ学習などの**協同学習・国際理解や相互文化理解（Community/Culture）** を取り入れ、地球市民としての視野を持つ自立的学習者を育てることを目指す外国語教育です。上記の内容・学習言語・思考・協同学習／相互文化理解は、**4Cs** と呼ばれ、CLIL 授業を実践する際の重要な構成要素となっています。

　CLIL は 1990 年代にヨーロッパで始まり、発展してきました。その背景には、ヨーロッパ連合（EU）統合により、連合諸国の平和と安定のために、ヨーロッパ市民の外国語コミュニケーション能力の育成と相互文化理解が必須となったことがあります。そこで 1995 年に発令された母語以外の二言語を学ぶことを目標とした EU 言語政策のもと、それらを具現化するための外国語教育として生まれたのが CLIL です。現在、日本を含めた世界の多くの国々で、効果的な外国語教育として期待され、実践、研究が行われています（第 15 章 2 節 2 項の CBI も参照）。

第 13 章　CLIL を取り入れた外国語教育

　実際に、21 世紀社会を生きる子どもたちは、地球市民として、さまざまな文化をもつ人々とともに、多くの複雑な国際的課題に立ち向かわなければなりません。そのためは、自らの個性・長所を活かし、多様な考え方や他文化を認めながら、多くの人々と協同していく力、批判的思考力を駆使し、問題解決のために主体的に課題に取り組む力、そして、その力を国際共通語によるコミュニケーション能力を通して使うことが求められます。CLIL には、それらの力を育む外国語教育実現のための要素が有機的に統合されています。

　事実、本物の多様な内容を通した言語活動には、従来の英語授業が苦手と感じている生徒にとっても、それぞれの多様な興味や関心を引き出し、授業への主体的関わり、平易な英語表現でも意味ある対話や深い学びを促す可能性があると指摘されています。では、その CLIL について、詳しくみていきましょう。

(1) CLIL の 4Cs

　ここではまず上記や図 1 に示した、4Cs と呼ばれる CLIL の要となる構成要素について、以下に詳しく説明します。

① Content（内容）

　Content とは他教科やテーマやトピックに関する教科横断型による内容を示しており、英語学習においては初学者であったとしても、児童の知的レベルに沿う興味深い**理解可能なインプット**（comprehensible input）を豊富に提供するための重要な要素となります。言い換えると、CLIL における内容とは、言語学習のための良質なインプットの質と量を提供するために必要不可欠なものであり、真正（authentic）で多様（diverse）な、学習者にとって学ぶに値する価値があるも

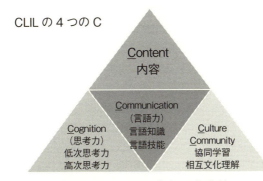

図 1　CLIL の 4 つの C s（池田，2016, p.3 を参考に一部改変）

のでなければなりません。これらは英語が得意でない児童にとっても、外国語学習における自己関連性と学習への興味を高め、学びの意義を見出すことにつながります。これは、外国語での主体的な学びの契機となりえることが期待できます（第6章2節2項も参照）。

2017年の小学校学習指導要領においても「指導内容や活動については、児童の興味・関心にあったものとし、国語科、音楽科、図工科などの他教科等で児童が学習したことを活用するなどの工夫により、指導の効果を高めるようにすること」との示唆があり、CLILはそれを具現化する指導法の一つとして可能性があると言えます。

② **Communication（学習言語）**

Communicationとは、CLIL授業の中で学ぶ言語を示します。特にCLILにおいては **3つの言語** を使用することで学習が促進されるとされており、それは、① **language of learning（学習の言語）**、② **language for learning（学習のための言語）**、③ **language through learning（学習を通しての言語）** と呼ばれる言語で、図2のように示すことができ、以下に詳しく説明します。

まず、language of learning（学習の言語）とは学習のために必要な単元の目標となる英語表現で、言語知識を示します。次にlanguage for learning（学習のための言語）とは、学習活動を行う際に使う言語技能を促すために必要な表現です。これには既習の語句や表現も含め、活動の際に活用できる言語表現、発信言語を示します。最後のlanguage through learning（学習を通しての言語）は学びを深めるための、学習における偶発的、繰り返しの言語です。

例を挙げてみましょう。学習の言語として「色の名前」を単元の学習目標とする際、指導者が教えた以外の色について、児童が知りたいと質問して出てくる色の単語（例："Green"を理解した児童が「黄緑って英語でなんていうの？」と尋ねる場合など）は、その学習を通して出てくる偶発的な「学習を通しての言語」です。さらに「学習を通しての言語」にはもう一つの役割があります。それは「学習の言語（言語知識）」と「学習のための言語（言語技能）」をつなぐ役割です。

例えば、前述の通り、色を「学習の言語」として習った後、指導者が"Look at the blue sky. It is a wonderful weather today."や"Look at the whiteboard. Can you see it?"など、機会を見つけて、学んだ色に関する語彙をさまざまな文脈の中で何度も使用することにより、児童が活用できる言語としての学びを促す役割です。この

第13章　CLILを取り入れた外国語教育

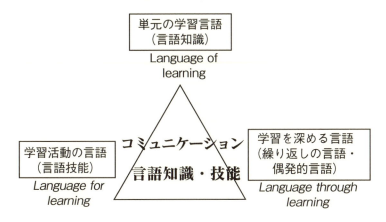

図2　CLILの3つの言語（Coyle, Hood & Marsh, 2010；池田，2010を参考に一部改変）

ように、児童から出てくる言語への興味を大切にしながら、指導者が機会を見つけて授業の中で繰り返し使用する、学びを深める言語を「学習を通した言語」と呼びます。この言語は、児童や先生が、授業で積極的なコミュニケーション活動を行う際や、言語の学びを積極的に行う、もしくは奨励することによって生じてくるものとされています。

　以上のように、CLILにおける言語学習は、言語知識と技能の育成とともに、意味ある文脈の中での、学習者の主体的な学びと教室での対話的な学びを促します。

③ **Cognition**（思考）

　Cognitionとは、授業の課題の中で、児童が行う思考活動です。学んだ内容に関する知識や学習スキルを統合しながら、意味ある文脈の中で、考え、学習言語を使って発話しようとする活動を示しています。CLILではこのCognition（思考）を説明するために、大きく二つの分類に分けています。一つは **LOTS**（**L**ower-**o**rder **T**hinking **S**kills；低次思考力）と呼ばれるもので、記憶、理解、応用などの思考を表し、もう一つは **HOTS**（**H**igher-**o**rder **T**hinking **S**kills；高次思考力）で、分析、評価、創造などの思考を表しています。それらを図3に示し説明します。

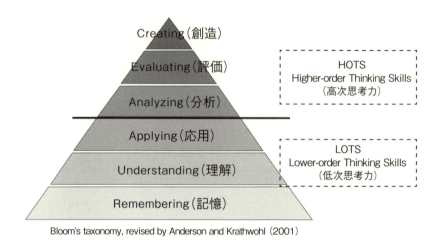

図3 CLILの思考活動の分類（池田，2010, p.8）

　「低次思考力」（LOTS）は答えが定まっていることやいくつかの選択肢の中から自分の考えに合う表現を選ぶ時などに使う、暗記・理解の力です。記憶（暗記する・名称を言う等）から理解（説明する・要約するなど）、応用（使用する・実践する等）する思考力を示します。一方、「高次思考力」（HOTS）は答えが一つに定まらない、または初出で答えが分からないことを推測したり比較したりして考え、自分なりの意見を創出する際に使う力です。分析（比較する・整理する等）、評価（確認する・判断する等）、創造（創出する・発明する等）に必要な思考力を意味します。
　この2つの思考力は相互補完的であり、どちらも学びには重要な力です。大切なのは、指導者がこれらを知ることにより、授業において生徒に与える課題が、どんな認知的負荷を伴うかについて明示的に意識できるようになり、暗記や理解に偏ることのない、バランスのとれた多様な深い学びを促す学習活動を実践することができるようになることです。思考力・表現力・判断力の育成は日本の英語教育でも重視されており、CLILのCognition（思考）の概念は、その実践のために貴重な指針の一つとなることが考えられます。

第13章 CLILを取り入れた外国語教育

④ Culture / Community（文化・協学）

CLILの最後のCであるCulture / Community（相互文化理解・協学）とは、教室での協同の学びを中核として、世界の文化や国際理解についても学びを広げることを目標としたものです。教室内の協同の学びを起点とし、自己理解と他者との協同による学びの深まりから、さまざまな文化や世界の生活などについても学び、自国の文化や言語の理解についても真価を深めることを目指しています。これは、教室内での協同的学びから、地球市民としての相互文化理解への学びとつながっていきます。

さて、ここまでの説明で何か感じた方はいるでしょうか。学習者にとって意義ある内容豊かなインプットによる主体的学び・3つの言語を意識したインタラクションによる対話的な学び・多様な思考を考慮し考えながら学ぶことを促すアウトプット活動による深い学びのある外国語教育、コミュニケーション能力の学びの根源にも関わる協同学習・相互文化理解の重要性、実は、これらは全て以前から言語学習において、それぞれ重要とされてきた要素です。CLILの画期的なところは、これらを有機的に統合し授業を組み立てていく点、まさに**統合**（integration）にあるのです。

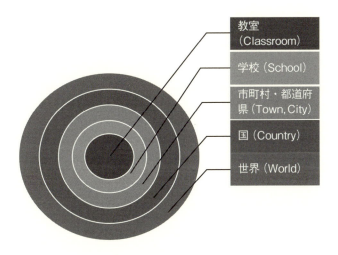

図4　CLILのCulture / Community（池田，2011，p.9をもとに作成）

(2) CLILのバリエーション

　最後にCLILの授業形態について述べます。CLILには柔軟性があり、教育現場の実情に合わせたさまざまなバリエーションが許され、それもCLILの特徴の一つとされています。池田（2010）は、このCLILのバリエーションを、①目的、②頻度・回数、③比重、④使用言語の4つに分類し、以下のようにまとめています。

　まず、①目的とは、授業の目的であり、内容を取り扱いながらも言語学習に重点を置く場合はSoft CLILとなり、教科内容に重点を置く場合はHard CLILとなります。次に、②頻度・回数とは、決められた期間に行うCLILの授業回数を示します。CLILを学年や学期に単発で入れて行うLight CLILから、本格的にカリキュラムとして取り入れて毎回継続的に行うHeavy CLILまでのバリエーションがあります。③比重とは、一回の授業においてCLIL的なタスクをどのくらい取り入れるかを表します。授業の一部にCLILを取り入れる場合はPartial CLILとなり、授業全てに取り入れて行う場合はTotal CLILとなります。最後の④は、教室での使用言語について示しています。

　CLILでは言語の豊かなインプットと意味あるインタラクションとアウトプット活動のため、なるべく多くの学習言語を使うことが望ましいとされていますが、学習活動における母語の効果的活用の重要性も指摘されています。この母

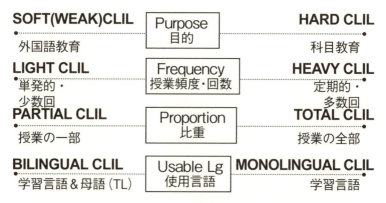

図5　CLILのバリエーション（池田，2011a，p.10)

第 13 章　CLIL を取り入れた外国語教育

語使用は Tranlanguaging と呼ばれ、CLIL 授業の理解を深める効果的な方略のひとつとして、研究が進められています（教室内使用言語については第 15 章 2 節 2 項を参照）。

ここまで CLIL とは何かについて述べてきました。上記の通り、CLIL に基づく授業は、4 つの C を考慮し、上記のバリエーションの中から学校やクラスの状況を考慮して、最も適する形態を選び授業を実践することができます。

2. 実際の CLIL 授業例

それでは日本の小学校外国語教育で実践可能な授業例について紹介していきます。
ここでは学習言語を、"How many?" を使った表現と、数と動物の英語の語彙にします。
まず文科省から出ている補助教材 *"Hi, Friends!"* ではどのような学習活動があるか見てみましょう。

外国語活動授業参考資料　How many? の学習活動（*Hi, Friends!* より）

5年生の Lesson 3 にある "How many?" では、まずじゃんけんをして勝った数を数え、中国、アメリカ、日本、フランス、韓国、スペイン語の 1 から 10 の数の数え方を聞きます。さらに、数のチャンツなどで数の言い方に慣れ親しみながら、

　　①ペンケースにある犬や猫、鉛筆やバッグについている車やりんごの数を数えて、英語での数やものの言い方を理解する活動
　　②"How many ～ ?" を使って、動物（犬、猫、蜘蛛）や果物（メロン、バナナ、レモン、りんご）とボール（サッカーボール、野球のボール）の数を尋ね合う活動
　　③最後に自分の好きな数のりんごを塗り絵して、友達同士でりんごの数を尋ね、同じ数のりんごを持っている友達を見つける活動などがあります。

　では、ここで数や動物の名前の学びを学習言語とした、CLIL に基づく授業をみていきましょう。

　今回は数や動物の名前の学びと、理科・図工・社会科の学びを統合してみます。

①まずは下記のような絵本を読み聞かせして動物名や足の数を数えることに慣れ親しみ、児童の好きな動物と足の数について考えさせます。

②次に、それぞれ児童の好きな動物の絵をカードに描いてもらいます。活動中には、先生が "How many legs? Is this an animal?" と問いかけながら、魚や犬や猫などはもちろん、昆虫も動物であることを確認していきます。

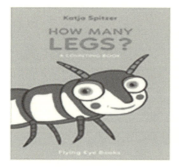

CLIL 授業参考資料 1　How many legs? の絵本

How many legs? Where are they?
(Providing input in a meaningful context)

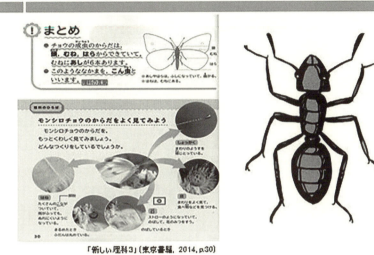

CLIL 授業参考資料 2　昆虫の学びと学習言語のつながり（東京書籍，2014, p.30）

　この活動では自分の好きな動物を通して、英語の数の学びと理科的学びを統合し、主体性と自己関連性を深めつつ、図工的創作活動を取り入れます。自らの描いた好きな動物を通して、上記の問いかけを行いながら、先生と児童のやりとりを行う中では、児童の好きな動物の名前に関する「学習を通しての言語」の学びも生ずるかもしれません。

　最後に、以下のようなスライドを使い、"How many legs? Where are they?" "What's the difference?" と、足の数と位置にも注目するように尋ねると、昆虫と他の生物との比較・分析に関する理科の学びと英語の学びをつなぐことができます。

③次に②で作成した動物カードを使い、児童同士で "How many legs?" とカードを持って尋ねながら、同じ数の足を持つ動物ごとにグループを作ります。"No legs" でしたら魚類、"2 legs" でしたら鳥類等、"4 legs" の動物や "6 legs" の昆虫類、"8 legs" の蜘蛛等、さらにもっと数が多い "14 legs" のだんご虫など、足の数が同じ友達を見つけ、似ている種類だと考えられる動物ごとに分類し、グループを作ります。

How many legs (do the animals have)?

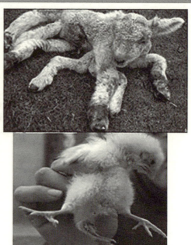

CLIL 授業参考資料 3　環境汚染により足の数が変化した動物達
左（亀）：https://oddstuffmagazine.com/weird-and-unusual-beauty-of-nature.html より
右上（羊）：https://jp.reuters.com/article/idJPJAPAN-27202020070803 より
右下（雛）：https://www.recordchina.co.jp/b7518-s0-c30-d0000.html より
いずれも 2013 年 11 月 25 日閲覧・引用

　そして、そのグループで、それぞれの動物を画用紙などに貼ったり、モビールにして合わせたりして協同で、足のグループごとに、まとまるように作成します。
　最後に、全てをあわせて教室に提示します。これは児童全員の好きな動物で作ったクラス動物園の完成でもあり、英語と理科・図工的学びの可視化にもなります。
　このような成果物の提示は、授業後、児童同士で英語の数と生物の名前を、楽しく振り返ることの契機にもなります。

　上記の①から③までで終了してもよいのですが、内容的にさらに深く高学年の社会科の世界の国々や環境問題とつなげるためには、最後に次のような活動も実践できます。

④先生が児童の作成した成果物をもとに、"How many legs?" と尋ねながら、前時までの学びを振返ります。その後、"How about these animals? How many legs?" と

問いかけ、8本足の亀や7本足の羊など、インターネットからパワーポイントや印刷した写真を児童に提示し、全員で、地球の環境汚染により変わってしまった動物の足の数を数えます。

　児童は、動物の足の数を数えながら、そこにあらわれた地球的課題の現状を知ります。「先生、どうして？！」と児童から質問が出るかもしれません。その際、"Why? It's a very good question. Let's study it in Social studies class." と答えてあげてください。
　これにより、英語の "How many?" の学びの中で、児童から発せられた重要な問いを起点とし、環境問題に関する推測を促す他教科の学びへともつなげていくことができるのです。

このように、CLIL を取り入れた授業活動では、
①理科や図工、社会科を取り入れた多様な本物の内容を通して（Content）
②"How many?" と数や動物の名前等の学習言語を（Communication）、意味ある文脈の中でスパイラルに、何度も出会い、使いながら
③理解や活用の低次思考力を使う活動から、比較・分析・推測の高次思考力をも促しつつ（Cognition）、
④協同の学びと世界的課題の気づきにもつながる活動により（Community/ Culture）学びを深めていくことができます。

　最後に、上記活動の授業形態として、上記のすべての活動を行い、"How many?" の英語表現、数や動物の名前に関する英語の語彙を学ぶ場合は、Total CLIL となります。*Hi, Friends!* などの文科省の学習教材、学校や市町村にある既存の教材や指導案等を使いながら、上記の一部の活動をとりいれて行うこともでき、その場合は Partial CLIL となります。前節で示した通り、バリエーションの中から児童の状況を考慮して、最も適する形態を選び授業を実践できます。

3. CLIL を取り入れた外国語教育の可能性

　ここでまとめとして、これまでの日本の外国語活動における CLIL の実践研究（柏木他，2017；北條，2016; 山野，2013）から報告されている CLIL の可能性について、以下の5点を示します。

(1) 児童の興味・関心にそう内容による言語学習への動機付けの高まり
(2) 意味あるコンテクストの中での、学習言語のインプット、多様な思考を促す発問を通してのインタラクションおよびアウトプットによる、学習言語の内在化の促進
(3) 協同学習・国際的課題等による学習者の積極的な学習態度の促進
(4) 英語教育における小学校教員の他教科知識の活用
(5) 指導者に言語教育に対する新たな視点を提供し、よりよい授業実践を考える契機となりうること

　上記の (1) から (3) は学習者からの可能性であり、(4) と (5) は指導者からの可能性です。特に (1) から (3) に鑑み、第二言語習得過程と4Csの関係を示すと、以下の図のようになります。

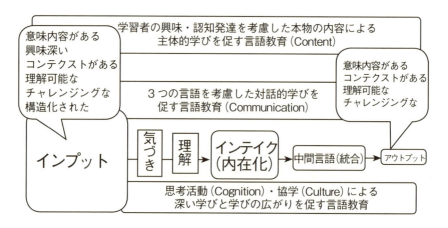

図6　CLIL4Csと第2言語習得過程　和泉，2011, p.39；村野井，2006, p.10を参照の上改訂（山野，2017, p.264）

　上記の可能性とともに、CLILには課題もあります。まだ日本では始まったばかりで、日本の外国語教育の文脈にあった教材や事例が少ないため、CLILの理念がよく理解されないまま、実践されてしまうことです。そこで最後に、CLILのCognitionとCultureについて、実践における留意点を述べます。まずはCLILの深い学びを支える思考を促す指導についてです。先生が内容をしっかり教えようとすると、熱心に教えこむこととなり、児童が考える時間を奪うことになりかねません。これはこれまでの日本の英語教育が抱えていた課題でもありま

す。前述した英語での数の学びにもあるように、児童に問いかけ、児童から考えを引き出すことを大切にしてください。もう一つは CLIL の学びの広がりを支える Culture です。CLIL では、言語を学ぶことは、異文化の理解と同時に、自国の言語と文化についても省察を促し、学習者の相互文化理解能力育成の学びとつながると捉えており、それを重視しています。外国語教育の中で、教室から始まる自己や他者理解を、多様な文化への気づきや国際理解へと広げ、外国語を学ぶ根源的な意義を体験的に学習すること、それが CLIL の Culture の学びで、これも前述した実践の中に取り入れられています。CLIL は内容言語統合型学習の略称で、この名前の中に Cognition と Culture は出てはきませんが、この 2 つも CLIL の学びを支える重要な要素です。教材作成や実践の際は、この点に留意し、CLIL の学びを子どもたちと楽しんでください。

　日本の英語教育は大きな変革を迎えようとしています。特に、今回の改訂の背景には OECD の「キー・コンピテンシー」等で示す能力・資質、日本の国立教育研究所による「21 世紀型能力」の汎用的スキルの育成があり（文部科学省、2016）、「知識・技能」「思考力・表現力・判断力」「人間性等および学びに向かう力」の 3 つの柱による教育目標を実現するため、「教科横断型カリキュラムマネジメント」「主体的・対話的な深い学び」という教育プロセスの重要性が示されました。そうした中で、英語初学者であったとしても、学習者の発達段階・知的レベルに沿う内容を通した活動による言語知識・技能・思考力を促す、すべての児童にとって学びの意義ある外国語教育を、いかに実現していくか。それは、今後の日本の英語教育における大きな課題の一つとなると考えられます。その課題に対し、CLIL を取りいれた授業実践研究は、これからの日本の効果的な外国語教育の実現に貢献しうる可能性があることを示しています。

【引用文献】

Coyle, D., Hood, P., & Marsh, D. (2010). *CLIL: Content and language integrated learning.* Cambridge: Cambridge University Press.
Gray, K. (2015). *How many legs?* London: Hodder Children's Books.
北條礼子（2016）.「小学校英語教育における CLIL の可能性――ドイツにおける CLIL をはじめとする英語教育事情にも着目して」『上越教育大学研究紀要』第 36 巻、第 1 号、185-192 頁.
池田真（2011）.「CLIL の基本原理」渡部良典・池田真・和泉伸一（共著）『CLIL 内容言語統合型学習　第 1 巻　原理と方法』(1-13 頁). 上智大学出版.
池田真（2016）.「CLIL 活用の新コンセプトと新ツール」池田真・渡部良典・和泉伸一（共編著）『CLIL 内容言語統合型学習　第 3 巻　授業と教材』(1-29 頁). 上智大学出版.

和泉伸一（2011）．「第2言語習得研究からみたCLILの指導原理と実践」渡部良典・池田真・和泉伸一（共著）『CLIL 内容言語統合型学習　第1巻　原理と方法』(31-71頁)．上智大学出版．

柏木賀津子・山野有紀・村上加代子・伊藤由紀子・李静香（2017）．「小中連携の英語とCLIL──Focus on Form・Literacy Skill を取り入れて」『第43回全国英語教育学会島根研究大会発表予稿集』(259-266頁)．

文部科学省（2010）．『Hi, Friends!1』文部科学省．

文部科学省（2017）．『新学習指導要領』文部科学省．

村野井仁（2006）．『第2言語習得研究から見た効果的な英語学習法・指導法』大修館書店．

Spitzer, K. (2016). *How many legs?* London: Flying Eye Books.

東京書籍（2014）．『新しい理科3上』東京書籍．

山野有紀（2013）．「小学校外国語活動における内容言語統合型学習（CLIL）の実践と可能性」『EIKEN BULLETIN』第25号，94-126頁．

【参考資料】

文部科学省(2016)．「次期学習指導要領に向けたこれまでの審議のまとめ」2017年9月21日 http://www.mext.go.jp/component/b_menu/shingi/toushin/__icsFiles/afieldfile/2016/09/09/1377021_4_1.pdf から取得

【推薦図書】

①池田真・渡部良典・和泉伸一（共編著）（2016）．『CLIL 内容言語統合型学習　第3巻　授業と教材』上智大学出版．

➤ 最新の研究に基づくCLILの理論と実践について、日本の英語教育における小学校から大学までのCLIL授業の指導案と教材とともに紹介してあります。

②笹島茂（2011）．『CLIL──新しい発想の授業──』三修社．

➤ CLIL の理論と幅広い実践について、学ぶことができます。特にヨーロッパ各地での実践と日本での実践を紹介されています。

③Calabrese, I., & Rampone, S. (2007). *Cross-curricular resources for young learners.* Oxford: Oxford University Press.

➤ ヨーロッパのCLILトレーナーの第一人者であるシルバナ・ランポーネ先生による実践的で多様な小学校CLIL活動が紹介されています。

④笹島茂・山野有紀他（共編著）（2019）．『学びをつなぐ小学校外国語教育のCLIL実践』三修社．

➤ 日本とフィンランドの小学校におけるCLIL活動や実践のためのヒントが紹介されています。

第14章 アイデンティティ・テクスト
―― 「二言語での文章産出」から「多モード的表現」へ

本林響子

1. テクストに〈わたくし〉を紡ぐ

　人が「ものを書く」とはどのような行為でしょうか。考えを人に伝えるために書くこともあれば、記録のために書くこともあります。思考をまとめたり、深めたりするために書くという人もいます。学校で作文を書いたり、仕事で報告書を書いたり、友人にメールを書いたり、SNSでメッセージを送ったり。文字言語を媒介とした表現、すなわち「書く」という行為を通して、私たちは、自分自身や読み手と対話し、対峙し、自分を表現することができます。「ものを書く」ということはさまざまな要素を内包するものであり、私たちが社会生活を営む上で、とても大切な行為のひとつだと言えるでしょう。
　この「書くという行為」については、教育においても、それ以外の分野においても、多くの研究がなされてきました。言語教育およびその関連領域においては、「書く力」は一般に「リテラシー」の一部と捉えられています。**リテラシー**とは、狭義においては文章を読んだり書いたりすることを通して相手の伝えたい意味を受け取り、自分の伝えたい意味を発信する力のことです。この場合、リテラシーは「読み書き能力」とも訳されます。しかし、現代におけるリテラシーが指すものは、必ずしも文字情報のやりとりに限られるわけではありません。文字を含む、しかしそれに限定されないさまざまな表現や情報発信のかたち――後から説明しますが、これを「モード」とも言います――で表された情報の総体を受け取り、咀嚼し、自分からも発信する力。それが現代のリテラシーです。
　この章で扱う「アイデンティティ・テクスト」も、広い意味ではそういったリテラシーと関連しています。もともとは、カナダに移民した言語的マイノリティの子どもたちのための教育実践として始まりました。簡単に言うと、アイ

デンティティとは自分が何者であるかということ、テクストとは書かれたもののことですが、これらは思いのほか複雑な概念です。「アイデンティティ・テクスト」という概念の根底にあるのはつまるところ「テクストに〈わたくし〉を紡ぐ」という理念だと解釈できますが、特に現代においては、そのプロセスにかかわるさまざまな概念に関して、多面性、多様性、重層性、複数性が指摘されるようになってきました。本章で紹介する「アイデンティティ・テクスト」を理解するには、以下のようなリテラシー、モード、そして言語の**複数性**（multiplicity）が関連してきます。以下で、一つずつ説明しましょう。

2.「複数性」の時代を生きるためのリテラシー能力
　　——リテラシーの多様性とモードの多様性

　先述のように、文字を含む、幅広い表現のかたちをとって——多様なモードで——発信された情報の総体を受け取り、咀嚼し、自分からも発信する力が現代においては求められています。1990年代後半から2000年代にかけて、このような時代の変化に即した「新しい」リテラシーのあり方について盛んに議論が行われるようになってきました。例えば Hull & Schultz（2002）や Lankshear & Knobel（2003）といった研究者はそれを "New Literacy Studies（NLS）" と名付け、研究を始めました。これらの研究者は社会言語学や文化人類学的な観点からことばや教育を考え、リテラシーの概念は学校教育を中心に涵養される「（文章の）読み書き能力」にとどまらないこと、学校の外でも子どもたちは多くのリテラシー実践に触れつつ育つということ、そしてリテラシーの概念とは一つではなく、複数あるものだということを、"literacy" を複数形にした "literacies" という言葉で主張しました。これは、ゲーム、インターネット、テキストメッセンジャー等、当時においては萌芽的なテクノロジーの出現に伴う、情報の受信、発信、解釈および意味付けの変化を鋭く捉えた指摘です。現在では当たり前のように思われるかもしれませんが、これは当時としては画期的な主張でした。

　このように、さまざまな表現や発信のかたちを利用して情報を受け取ったり発信したりするリテラシーのあり方、またそれができる能力のことを、"New Literacy Studies" のように「新しい」と形容するだけでなく、その「複数性」を明示して**マルチリテラシー**（multiliteracies）という言葉で表現することもあります（New London Group, 1996）。「マルチ」とは「たくさんの」とか、「複数の」「多様な」という意味ですが、実は最近のコミュニケーションのあり方を表すキーワードです。

　マルチリテラシーを考えるにあたっては、マルチモダリティ、つまりモー

ドの多様性の理解が欠かせません。マルチリテラシーの概念を提唱した New London Group（NLG）（1996）や Cope & Kalantzis（2000）が主張するところによれば、マルチリテラシーとは言葉だけでなくより多様な文脈やモードでの表象を内包する概念です。現代においては、「テクスト」のかたちも多様であり、必ずしも書かれた文章だけを指すわけではありません。情報を発信する時のかたちは**モード**（mode）と言い、たくさんのモードが合わさっていることは**マルチモーダル**（multi-modal）と形容されます。より分かりやすく日本語にすると「多モード的な」と訳すことができるでしょう。また、多モード的な状態のことは**マルチモダリティ**（multi-modality）といいます。これは同じく「多モード性」という日本語が馴染むように思います。「マルチモーダルな」テクスト、すなわち、多モード的に表現されたテクストとは、平たく言えば、文字だけでなく、絵や写真や動画や音や色やさまざまなものを総合的に駆使した表現のことです。現代の子どもたちは、すでに多モード的メディア表象の中に生きています。そして、テクノロジーの進展に柔軟に適応し、それら多モード性を駆使して自分を表現することもできるでしょう。このように既に多モード的な表象の中を生きる子どもたちに対して、文章を読み書きする力だけでなく、多種多様なモードでの発信を組み合わせるスキルの発達も視野に入れ、人々が自己を表現し、学校を超えた社会と関わるあり方に思いを至らせつつ教育を行うというのがこの考え方の特徴です。

　以上、多様なリテラシーのあり方や、技術の発展に伴い、ますます加速する表現のマルチモダリティ（多モード性）に関する議論を紹介しました。本章で紹介する「アイデンティティ・テクスト」とは、これらの議論を踏まえ、多言語話者の子どもたちの教育にどのように応用しうるのかを考えた実践のための概念です。次節で詳しく見ていきましょう。

3. アイデンティティ・テクストの理論的背景と定義

　前節ではリテラシーの多様性とモードの多様性について概観しましたが、英語教育、日本語教育を含む言語教育について考える場合、ここで「多言語」性について考えることが欠かせません。「多言語」も、「マルチ」がつく「多様性」の一つ、英語では**マルチリンガル**（multi-lingual）です。「多モード的なテクスト」を媒介とした交流、すなわち「多モード的なコミュニケーション」が加速する中で生きる現代の多言語話者の教育においては、「多言語性」という要素を「多モード性」という要素とどう組み合わせていくか、それによってどのような教

育効果が期待できるか、を考えることが重要となるでしょう。

　多言語的な環境というのは時に力関係や葛藤を孕むものであり、そのような環境で多言語話者として生きる人々にとって、マルチリテラシー的な視点や多モード的な交流のあり方が教育上有効な場合があります。そこに着目し、アイデンティティ・テクストの概念を提唱したのがカナダの応用言語学者、ジム・カミンズです（Cummins, 2005; Cummins & Early, 2011; Taylor & Cummins, 2011）。アイデンティティ・テクストの概念が提唱されたのは2000年代以降ですが、カミンズは、1970年代から移民家庭や多言語家庭の子どもたちの言語的、認知的発達に関心を寄せて研究してきた研究者です。アイデンティティ・テクストの概念も、そのような研究の蓄積の上に理解されるべきものだと言えるでしょう。

　アイデンティティ・テクストの理論的基盤ともなるカミンズの初期理論については Cummins（2000）、Baker & Hornberger（2001）、中島（2016）等にまとまっています。カミンズの理論には、教育現場との対話から生まれたものが多いのが特徴です。例えば、「表面的には流暢に第二言語を操る子どもたちが、学業場面においては困難を示す」という現象を説明すべく、「基本的対人伝達能力（Basic Interpersonal Communicative Skills：BICS）」や「認知学習的言語能力（Cognitive Academic Language Proficiency：CALP）」という概念が生まれました（第3章5節2項と第6章2節3項も参照）。これにより、言語能力の多層性、特に「認知的要求度の高低」や「文脈サポートの有無」といった要素の重要性が示されました。また、「『バイリンガルに育つ』ということが認知的・言語的発達にもたらす影響が状況によって異なる」という現象を説明するために、「敷居仮説」が生まれ「加算的／減算的バイリンガリズム」が定義されました。これらの概念はさまざまな議論を呼びましたが（本林, 2006）、多言語話者の子どもたちの教育に大きな影響を与えました。

　本章で紹介するアイデンティティ・テクストの考え方は、「社会的に非主流派のグループに属する生徒たちは、学校における教育者との相互交渉如何によって『できる』生徒になったり『できない』生徒になったりする」という現象に着目して生まれた「エンパワメントのための理論的枠組み」と深く関わっています（Taylor & Cummins (eds.) 2011; Baker & Hornberger (eds.) 2001）。この枠組みでは、社会的マイノリティの子どもたちの学業的な達成度には、教師と生徒間でのアイデンティティ交渉が強い影響を与えると考えられています。子どもたちが教師との間で、母語や母文化に対する意識も含め、自尊感情や自己肯定感を育むことができるような自己像を作り上げることが、ひいては彼らの学業的な達成度に良い影響を与えるという考え方です（第15章2節2項も参照）。特にリテラ

第14章　アイデンティティ・テクスト

シーの教育に関していえば、子どもたちがリテラシーを含む学習活動に積極的に関わるためには、その活動がアイデンティティを肯定するようなものでなければならないとカミンズらは主張します。ここでは、創造的な文章表現、アート、演劇、コンピューターを使ったアニメーションなど文化的なものを生み出すことが、子どもたちのアイデンティティの表現であり、投影であり、再構成であると捉えられています。そしてこれには多様な読み手との対話やフィードバックが欠かせません。

アイデンティティ・テクストは、このような考え方のもと、言語的、文化的マイノリティの子どもたちのための活動として生まれました。カミンズによれば、アイデンティティ・テクストとは「教師（の仕掛けと工夫）により作り出された教育的空間の中で生まれた子どもたちの創造的な作品や活動の成果物」(Cummins, 2005, p.9)です。その作成においては、書くという行為、話すという行為、あるいは必要に応じて手話、視覚的表現、音楽的表現、演劇的表現、その他の表現手段を自由に組み合わせて「テクスト」すなわち他者の解釈に開かれた文化的構成物を作り上げ、それを通して子どもたちは自分のアイデンティティを投影しつつ表現します。その際に彼らのアイデンティティを肯定するようなテクストを生み出すことに留意して実践を行うことができれば、先行研究で実証されていることに照らしてみると、マイノリティとしての英語学習者の学業不振の原因を解決することにつながるのではないかと思われる、というのがこの実践の裏にある理念です (Cummins, 2005, 2011)。

この概念を具体的な実践へと応用としたものとして**二言語での執筆活動**(Dual Language Books)がありますが、その教育的意義は以下のように説明されています。

> 二言語で本（マルチメディア使用、あるいは手書きのいずれであっても）を作り上げるという作業を通じて、生徒たちは、認知的に負荷のある（と同時にやりがいを感じられる）課題という文脈において、目標言語を主体的に使用することができる。彼／女らは自身のアイデンティティを両方の言語で表現する（かつ豊かにする）ことができるだけでなく、自分たちが一つでなく二つの言語を使用することでより幅広い読み手と交流することができる二言語使用者なのだということを文字通り目に見える形で理解することができるのである。
>
> 　　　　　(Cummins 2005, p.10　なお、文中の（　）は原典によるもの)

この定義からも分かるように、アイデンティティ・テクストの概念は、もとも

とは言語的マイノリティの子どもたちのために提唱されたものです。英語が主流の社会において時に疎外感を感じることもあるであろう多言語話者の子どもたちが、自身の持つ複数のことばのレパートリーを可視化することでそれに誇りを持ち、自信を持って自分を表現できるようになるというのがこの実践の趣旨です。

4.「アイデンティティ・テクスト」の実際——教育現場での事例から

　それでは、実際に子どもたちが書いたアイデンティティ・テクストの実例を見てみましょう。ここでは3つのテクストを紹介します。上述のように、移民問題に長く取り組んできた北米およびヨーロッパ諸国においては、社会での主流言語を母語としない児童生徒（言語文化的にマイノリティである生徒）に対する母語教育支援の理論と実践が積み上げられてきています。これらの国々では、教育者が生徒の母語を彼ら／彼女らの重要な能力および資質の一つと位置づけ、母語保持に関して肯定的なメッセージを発したり、積極的にその伸長の手助けをしたりすることが、これら生徒の学業成績およびアイデンティティや自己肯定感等の健全な発達に資するという研究結果や実践報告が多数あります。まず、そのような研究結果に基づいた Cummins (2005) の Dual Language プロジェクトから、一つ目の例を見てみましょう（なお、以下に記されている書き手の名前は全て論文中で使用されているものです）。

例1

　以下の「例1」は「新しい国」（The New Country）というタイトルの本です。この本には、正式な出版物のように「表紙」があり、「表題」があり、「著者紹介」がついています。このような公式な書籍のフォーマットに準ずる形で、英語とウルドゥー語の二言語で書かれているのがこの本の特徴です。カミンズの紹介によれば、この作品の筆者は Madiha、Sulmana、Kanta という3人の女子生徒です。執筆当時、Madiha はカナダに移住してまだ1年未満、Sulmana と Kanta は移住後約3年が経っていました。Sulmana と Kanta は比較的流暢に英語が話せましたが、Madiha は英語の学習にはまだ困難を抱えていたそうです。この3人は、7年生と8年生（日本でいう中学1年生、2年生に相当）が合同で行う授業を受けており、その授業では、「移住」（migration）というテーマで社会科、言語、ESLカリキュラムを統合した活動が行われていました。生徒たちは数週間かけて自分たちのテーマに沿って調査と執筆を行うことになっており、この本もその一環として

第14章 アイデンティティ・テクスト

作成されたものです。

　この課題を遂行する過程において、Madiha、Sulmana、Kanta の3人は自分たちの経験と言語スキルを持ち寄り、協働的に学ぶことができた、というのがカミンズの主張です。Madiha の英語力はあまり高くありませんでしたが、彼女はウルドゥー語が上手でした。Sulmana はウルドゥー語と英語両方が流暢であり、かつ両方で読み書きすることができました。Kanta の家庭言語はパンジャビ語でしたが、彼女はパキスタンにいた時英語を媒介とする学校に通っており、さらにトロントに来てからウルドゥー語も学び始めました。この作品の執筆時には、Kanta は既にウルドゥー語と英語を使って言語活動を行うことが非常に上手になっていたそうです。

　このように言語文化的背景が随分と多様な3人が集まったわけですが、作業はどのように行われたのでしょうか。実は、話し合いは主にウルドゥー語で行われ、初稿は英語で書かれたそうです。Sulmana は話し合いの時には少し消極的でしたが、話し合いの結果出たアイディアを文章にする時には非常に優れた能力を発揮し、両方の言語を文字にする役割を担ったそうです。残念ながら、この論文には話し合いの際の Kanta の様子はくわしく書かれていません。代わりに、Madiha がここで「達成できたこと」について、詳しく論じられています。

　この論文によれば、「通常学級」においては、Madiha が7年生の社会科の授業に積極的に参加するのは難しかったそうです。まだ、英語力が障壁となってしまう段階であるからです。おそらく、自分自身の経験や、考えたこと感じたことについて、英語で存分に書いたり表現したりする機会は持てなかったことでしょう。しかし、この授業の構成が――大きな意味では彼女を取り巻く環境の構造が――少し変わるだけで、Madiha は彼女自身を表現することができたのです。実はこのような経験は、二言語話者であり第二言語話者である生徒たちにはあまり経験できないものだとカミンズはいいます。しかしこの授業においては、彼女の家庭言語、つまり移住する前の彼女の経験が詰まった言葉が、学習の道具となりえたのです。彼女は自分の考えや経験をこの物語を作る上で活かすことができただけでなく、さまざまな語彙や表現をウルドゥー語と英語の間でどのように翻訳するかについての話し合いに参加し、この3人の協働制作としての物語を作り上げました。

　この作品の制作過程において表現されている Madiha の知性、感性、そしてアイデンティティの表現は、同じ（複数の）言葉を共有する多言語話者の同級生との協働によって促進されたとカミンズはいいます。カミンズによれば、この課題に取り組むにあたり、3人ともが**「自分たちの物語」**を作り上げることに思

227

い入れを持って取り組むことができたこと、その結果として良いものを作り上げるために両方の言葉を使っての活動をする時間を自然と多くとったことが重要であるといいます。教師も話し合いの際に助言をしたり（英語の）原稿についてフィードバックを行ったりしましたが、この3人の生徒たちは完全に主体性を持ち、自分たちの知性と想像力を発揮してこの課題の作成に取り組み、彼女たち自身の作品を作り上げたということです。

　この事例、すなわちこの作品とその制作過程の解説には「アイデンティティ・テクスト」のエッセンスがよく表現されています（Cummins, 2005, pp.8-9）。前節でも述べたように、「アイデンティティ・テクスト」とは、「教師（の仕掛けと工夫）により作り出された教育的空間の中で生まれた子どもたちの創造的な作品や活動の成果物」（Cummins, 2005, p.9）であり、その制作過程においては子どもたちは「自身のアイデンティティを思い入れを持って投影し持ち込み」（ibid.）ます。そのようなアイデンティティは「書いたもの、話したもの、画像や映像、音楽、演劇的、あるいはそれらを組み合わせたマルチモーダルな（多モード的な）かたち」（ibid.）で表現される、とここでは述べられています。なお、Madihaらの作品を含む本実践の成果は現在もDual Language Showcaseというウェブサイトで公開されています（Thornwood Public School 2001）。

　このように2000年代初頭からアイデンティティ・テクストの概念はその姿を現し始めました。その後10年を経て、2011年には学術雑誌の特別号や編集本が出版されるに至ります。そこにはテクノロジーとさらに融合したかたちでのアイデンティティ・テクストの実践が見られます。その一部が次に示す例2と例3です。

例2

　次の例は、メキシコの大学のTESLプログラムで英語教師となるべく学んでいる学生たちのアイデンティティ・テクストです。Lopez-Gopar, Clemente & Sughrua（2011）によれば、この実践が行われた大学のあるオアハカ（Oaxaca）という州、そしてメキシコ全体の傾向として、英語が流暢な人々は主に社会経済的に上位層の人々が多く、また一般的に、スペイン語と英語が重宝されたり価値が高いとみなされるのに対して先住民族の言語（indigenous language）は疎外される傾向にあります。そのような環境で、英語の「正当な話者」（legitimate speaker）となるには「アメリカ的」または「母語話者的な」発音で話したり振舞ったりすることが期待されるといいます。しかし、この論文に登場するオアハカの英語教師の卵たちは社会経済的には下位層あるいは中間層の学生が多く、「アメリカ的」

第 14 章　アイデンティティ・テクスト

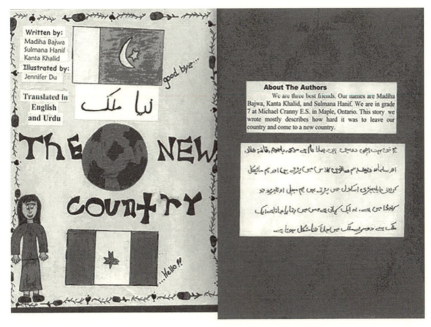

例 1　Madiha, Sulmana & Kanta のアイデンティティ・テクストの一部
Cummins 2005, p.8, Figure 4.

なもの、「英語ネイティブ的」な発音に接する機会がない学生も多かったとのことです。

　Lopez-Gopar らによれば、オアハカ州はメキシコの中でも最も言語的・文化的多様性が顕著な州であり、この州には公的に認められた先住民言語が 16 存在するそうです。これらの先住民言語は、上述のスペイン語と英語の影響力の強さの中にあって、一部継承が危ぶまれているといいます。このような文脈において行われたアイデンティティ・テクストの実践から、この論文ではメキシコの英語教師の卵たちが、「英語教師としての正当性」および「多言語話者性」について、教師自身および自分が教える生徒たちの多言語話者性を尊重し、「母語話者／非母語話者」の二項対立に挑戦しようとする様が描かれています。大学の授業として 16 週間にわたって行われた実践の中では、アイデンティティ・テクストを作成するだけでなく、それを授業の中で互いに共有し、自分たちがいるオアハカという文脈に即して対話を深めました。この論文では、TEFL 学生が作り上げたアイデンティティ・テクスト、内省、およびそれらを媒介としたイン

タビューや対話的エスノグラフィーを用いて、学生たち自身の経験や声が紹介されています。

　以下の例は、Hugoという学生の作品です。Hugoは先住民族言語であるサポテク語（the Indigenous Zapotecs）コミュニティにルーツがあります。Hugoは生まれてから6-7年ほどサポテク語コミュニティで過ごした後、家族とともに州都オアハカ市に移住した学生です。Lopez-Gopar, Clemente & Sughrua（2011）によれば、Hugoは大学生活を楽しむと同時に家族を大変大切にしている学生であり、彼のアイデンティティ・テクストも家族を中心としたものでした。家族の思い出を語りながら同時にHugoは先住民族の人々が周縁化されていった状況についても認識を深めることとなります。彼のアイデンティティ・テクストにはサポテク語は使われていません。しかし、このアイデンティティ・テクストを媒介として家族について語る中で、彼は州内の多言語状況および先住民族コミュニティのための多言語実践についての気づきを得ています（Lopez-Gopar, et al. 2011, p.256）。単に二言語を使った「作品」ができたというだけではなく、その過程に

例2　Hugoのアイデンティティ・テクストの一部
　　　　　　　　　　　Lopez － Gopar, Clemente & Sughrua (2011), p.255, Figure 2.

第14章　アイデンティティ・テクスト

おける気づきをインタビューや内省によって丁寧に追っているこの論文は、アイデンティティ・テクスト作成の過程における教育効果の可能性を示していると言えるでしょう。

例3

最後の例は、ギリシャの小学校や大学のクラスをカナダやオーストラリアとインターネットで結んだ授業間交流実践からのものです。この論文で注目すべき点は、技術の発展とともに交流が変化していく様子を描いているところです。筆者のKourtis-Kazoullisは、いわゆる「Web 2.0」を、ブログやソーシャルネットワーキングサービスなどが普及し私たちのコミュニケーションのあり方が劇的に変化した現象と捉え、その前と後に行った二つの事例を比較、紹介しています。これにより、実は技術的なものよりも教授法自体が重要であるということが浮かび上がっています。

Kourtis-Kazoullisの一つ目の実践は1998年から2000年の間、筆者によればWeb 2.0以前に行われました。DiaLogos projectと名付けられたこの実践は、ギリシャ、キプロス、カナダを結んだ言語交換プログラムで、参加者は4-6年生、つまり小学校高学年の子どもたちでした。ギリシャの子どもたちは英語学習の一環として、カナダの子どもたちはギリシャ語学習の一環として、このプログラムに参加したということです。カナダとギリシャでは時差が7時間あるため、このプロジェクトは完全に非同期的（asynchronous）なものでした。したがって、ここでのコミュニケーションはメールや作文の交換に限られていました。そのような中でも協働的な作業および創造性を重視した実践がなされ、子どもたちが主体性を持って取り組めるような仕掛けがありました。

二つ目の事例は、2004年から2009年にかけて、ギリシャの大学とオーストラリアの大学を結んで行われたものです。この実践はギリシャ語で「ことばの美しさ」を意味するLogou Hariプロジェクトと名付けられており、Web 2.0以降のプロジェクトとして紹介されています。実は、この実践に参加したオーストラリア側の大学のあるダーウィンという都市には、1950年代から1960年代にかけてギリシャからたくさんの移民が移住してきたという歴史があります。それもあり、オーストラリアの大学の学生たちの多くは、ギリシャ語専攻であると同時にギリシャになんらかのルーツを持つ学生たちでした。一方、ギリシャ側の参加者は、修士課程の学生であり、第二言語としてのギリシャ語教育とインターネットを通じた言語学習とを融合させた授業の受講者でした。

このインターネットを通じた交流においては、ギリシャ文学のテクストが用

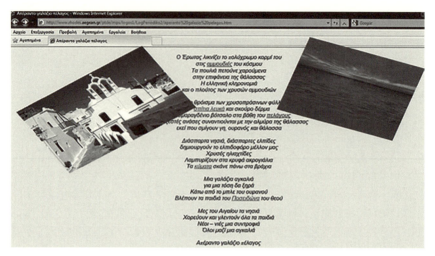

例3　ギリシャ語学習者が協働的アイデンティティ・テクストとして作成した詩の一例
Kourtis-Kazoullis (2011), p.318, Figure 5.

いられました。このことにより、参加者の創造性も刺激されたのではないかとKourtis-Kazoullisは推察しています。この実践では3つの目標が定められていました。目標言語で文学作品を理解すること、それと同時にその作品に使われている言語的側面にも目を向けること、そして最終的には学習者自身が詩を作りオンラインで公開すること、という3つです。

　そのような中で作成されたのが例3のテクストです。この作成においては、学習者同士の協働的な作業も推奨されました。とりわけ、移住や旅と重ね合わせることのできる物語や詩を読んだことで、学生たちも自分自身の親や祖父母がギリシャからオーストラリアへと移住した歴史を振り返り、積極的に取り入れたと言います。

　協働学習を通じた創造的な執筆作業という点では、例えばギリシャとオーストラリアの大学生計21人および3人の教師による興味深い作品があります。「ギリシャ島」（the Greek island）というテーマで、1人1行ずつ書くという作業から生まれた詩です。この詩は最終的には電子版の文学誌に掲載されましたが、その際にはポップアップ写真がつけられ、この詩を第二言語学習者が読んでも伝わりやすいように工夫されていました。参加者はそれぞれ一文を書いただけではありますが、各自が「ギリシャ島」の印象を一節の言葉（詩の1行に相当）にする際には、教師の多大なサポートがあったようです。詩という表現形式をと

るだけあって、一つ一つの単語の意味や詩的表現としての効果に関して、対面あるいはスカイプでの話し合いも多く行われたとのことです。インターネット掲示板でも両クラスの間で議論が行われました。イメージの喚起に始まり、語彙、表現、そしてギリシャ島をテーマとした他の詩の紹介など、教師の側からも多くのサポートがありました。このように考えると、各自が産出した詩の一節はあくまで学習成果の一部であり、この過程においてさまざまな学びが起こっていたことが想像に難くありません。この論文では、完成した作品が pp.318-319 に、また、作成過程における詩的表現等に関する目標言語での議論は p.319（Table 6）に掲載されています。これらを見ると、アイデンティティ・テクストの定義上重要な、認知的に負荷の高い課題という条件にも当てはまるといえるでしょう。

5. 複数性（multiplicity）の時代におけるリテラシーと多言語話者

　以上、この章では、「アイデンティティ・テクスト」という考え方を紹介しました。「アイデンティティ・テクスト」は、提唱者ジム・カミンズの心理言語学的な研究が実践と結びついた一つのかたちであるといえるでしょう。初期のモデルである「バイリンガルの子どもたちが二つの言葉で自分についての文章を書く」という教育実践は、一見シンプルなアイディアに思われますが、書くことにアイデンティティの観点を取り入れる、すなわちテクストに「わたくし」を紡ぐということの教育的意義と認知的な効果に関するそれまでの研究に裏打ちされています。その後の実践の展開を見ると、二言語で同じようなものを書くということを超えて、いかに学習者のアイデンティティを肯定的に支持するかたちでリテラシー実践を行うか、という点が重視されていることが分かります。そのような理念のもとに、テクノロジーの発展とともに変わりゆく多様なリテラシー実践、および表現のためのモードの多様化（マルチモーダル化）を活かしたかたちで教室実践を行っているところに、意義があると言えます。

　理論的には、アイデンティティ・テクストの概念について留意すべき点がいくつかあります。まず、このような実践が、ここで主張されている「学業的達成度への貢献」をどれだけ促進することができるのかという点。そして、誰が学習者の「アイデンティティ」を決めるのかという点です。この点については、教育現場におけるアイデンティティと言葉の「適切性」を誰が判断するのかという鋭い疑問も投げかけられています（Flores & Rosa, 2016）。さらに、本章で紹介したような実践、特にオンラインでの公開等については、倫理的な側面について慎重に検討されるべきであろうと思います。このような点からアイデンテ

ィティ・テクストの概念を検討してみると、さらなる議論が必要なことが分かります。支援者が学習者の「あるべき」アイデンティティおよびその表現のあり方を規定してしまうことにならないか、より深い内省が求められるのかもしれません。これらはいずれも重要な議論であり、稿を改めて論じたいと思いますが、関心のある皆さんにはぜひ関連する文献を読んでいただきたいと思います。

これらの議論を踏まえた上で、本書の目的に即していえば、アイデンティティ・テクストの概念は日本の英語教育においてもさまざまな形での応用が可能であると思われます。特に、自分のことばの豊かさとリテラシーの多様性について可視化できる点、また自身を投影するテクストを紡ぐことの楽しさを感じられるような仕掛けがある点などは、文脈の異なる日本の英語教育においても参考になるものと思われます。

日本の英語教育という文脈においてバイリンガル教育や複数言語を活用した教育実践を考える際には、国語科や日本語教育との協働でさまざまな可能性が生まれると考えられます。小学校英語教育の導入にあたり、小学生の子どもたちが、初めて触れる英語を自分たちがこれまで育んできた日本語とともに「自分のことば」のひとつとして捉え、自分を表現する手段として伸ばしたり、日本語や英語を取り巻く状況について多角的に考えたりすることができるような実践は今後ますます重要となるでしょう。アイデンティティ・テクストの考え方は、その手がかりのひとつとなりうるでしょうし、そのような現場での応用から上述の議論に一石を投じることもできるかもしれません。小学校英語教育を、子どもたちのリテラシーとアイデンティティの健全な発達に資するものとするために、ここで紹介したアイデンティティ・テクストという考え方が少しでも役に立てばと思います。

【引用文献】

Baker, C., & Hornberger, N. (eds.) (2001). *An introductory reader to the writings of Jim Cummins*. Clevedon: Multilingual Matters.

Cope, B., & Kalantzis, M. (eds.) (2000). *Multiliteracies: Literacy learning and the design of social futures*. London: Routledge.

Cummins, J. (2000). *Language, power and pedagogy: Bilingual children in the crossfire*. Clevedon: Multilingual Matters.

Cummins, J. (2005). Teaching for cross-language transfer in Dual Language Education: Possibilities and pitfalls. *TESOL Symposium on Dual Language Education: Teaching and Learning in Two Languages in the EFL Setting*. Istanbul, Turkey: Bogazici University.【例1 出典】

Cummins, J. (2011). Identity matters: From evidence-free to evidence-based policies for promoting achievement among students from marginalized social groups. *Writing and Pedagogy, 3*(2), 189-216. [In the special issue "Identity texts, literacy engagement, and multilingual classrooms"（Taylor & Cummins ed. 2011)]

Cummins, J., & Early, M.（2011）. *Identity texts: The collaborative creation of power in multilingual schools*. Stoke-on-Trent: Trentham Books.

Flores, N., & Rosa, J.（2016）. Undoing appropriateness: Raciolinguistic ideologies and language diversity in education. *Harvard Educational Review, 85*(2), 149-171.

Hull, G., & Schultz, K.（2002）. *School's out: Bringing out-of-school literacies with classroom practice*. New York: Teacher's College Press.

Kourtis-Kazoullis, Vasilia.（2011）. Internet-based sister classes and writing. *Writing and Pedagogy, 3*(2), 305-323. [In the special issue "Identity texts, literacy engagement, and multilingual classrooms"（Taylor & Cummins ed. 2011)]【例3出典】

Lankshear, C., & Knobel, M.（2003）. *New literacies: Changing knowledge and classroom learning*. Buckingham, PA: Open University Press.

López-Gopar, Mario E., Clemente, Ángeles., & Sughrua, William.（2011）. Co-creating identities through identity texts and dialogical ethnography. *Writing and Pedagogy, 3*(2), 241-264. [In the special issue "Identity texts, literacy engagement, and multilingual classrooms"（Taylor & Cummins ed. 2011)]【例2出典】

本林響子（2006）.「カミンズ理論の基本概念とその後の展開：Cummins（2000）"Language, Power and Pedagogy"を中心に」『言語文化と日本語教育』第31号，23-29頁．

中島和子（2016）.『バイリンガル教育の方法（完全改訂版）』アルク．

New London Group.（1996）. A pedagogy of multiliteracies: Designing social futures. *Harvard Educational Review, 66*(1), 60-93.

Taylor, S. K., & Cummins, J.（eds.）（2011）. Identity texts, literacy engagement, and multilingual classrooms. *Writing and Pedagogy, 3*(2)（special issue）.

Thornwood Public School.（2001）. The dual language showcase. http://www.thornwoodps.ca/dual/ 2018年10月30日取得．

【推薦図書】

①Cummins, J., & Early, M.（2011）. *Identity texts: The collaborative creation of power in multilingual schools*. Stoke-on-Trent: Trentham Books.

➤「アイデンティティ・テクスト」とはどういうものか、どのような考えに基づいて生まれたのかということがよく分かる本です。さまざまな文脈での事例も載っており、参考になります。Taylor & Cummins（編）（2011）の *Writing and Pedagogy* 誌特集号と合わせて読むと良いでしょう。

②中島和子（2016）.『バイリンガル教育の方法（完全改訂版）』アルク．

➤アイデンティティ・テクストの背景となるカミンズの理論を含む、バイリンガル教育理論についてまとまっている本です。1970年代以降カミンズが行ってきた研究と、アイデンティティ・テクストという実践がどのようにつながるか、理解するのに好適です。広くバイリンガル教育、多言語教育に関心のある方にお薦めします。

③Thornwood Public School. (2001). The dual language showcase. http://www.thornwoodps.ca/dual/ 2018 年 10 月 30 日取得.
➤ 2000 年頃のアイデンティティ・テクストの初期の実践例が見られるウェブサイトです。子どもたちの作品だけでなく、背景となる理論や考え方についても解説してあり、参考になると思われます。

④Cope, B., & Kalantzis, M. (eds.) (2000). *Multiliteracies: Literacy learning and the design of social futures*. London: Routledge.
➤ マルチリテラシー、マルチモダリティについてもっと知りたい方に推薦したい本です。約 20 年前の本で、マルチリテラシー研究ではむしろ古典となってしまいましたが、テクノロジーがリテラシー実践を変えつつあったまさにその時期に変化を捉えた研究者たちの鋭い視点を味わえるという点でも有用だと思います。

第Ⅴ部

使用言語、教室談話、社会文化コミュニケーション、越境コミュニケーション

第15章 教室内コミュニケーションにおける効果的な母語使用

――コードスイッチングの観点から

森（三品）聡美

1.「英語」の授業は何語で行う？

　国内外を問わず、外国語の授業内における教師・生徒間のインターアクションで何語を使用すべきか、つまり何語を通して学ぶべきか、というのは古くて新しい問いです。現行の学習指導要領（2017年告示）においては、中学校以上では授業を英語で行うことを基本としており、小学校においても、想定している授業内容から考えると英語を使って授業を行うようになっていくことが望ましいと考えられます。比較的平易な、日常的な内容のやりとりの練習――つまり状況から判断可能で反復性の高い内容――であれば、使用言語は英語のみでもそれほど困難なく授業運営を行うことができると思われます。しかし、内容がそれなりの重みを持ってくるに従い（あるいは文構造についての紹介もある程度行っていく場合）、状況からの判断のみでは理解できない事柄を扱うことになるでしょう。その場合、教室内の使用言語にはどのようなことが求められていくか、あらためて検討する必要がありそうです。

　外国語教育における教室内使用言語については、目標言語100％主義から、母語使用を特段の制限なしに容認する立場までさまざまですが、日本の言語環境、そして日本における英語教育の目的、目標を考慮に入れた的確な判断が必要だと思います。英語母語話者教員、日本語母語話者教員（主に学級担任）、どちらにおいても使用言語について、その効果についての正しい知識と、日本の言語状況ならびに言語習得の理論を踏まえた指針が必要です。教室内で教員が使用する言語は、生徒たちが定期的に見聞きする限られたインプットであり、生徒たちの言語能力や言語観そのものに少なからず影響を与えると考えられるためです。そこで本章では、英語を媒体言語とする授業における、日本語の使用とその効果について、これまでの研究に基づき考察し、適切な日本語の使用につ

いて提案したいと思います。

　ここで本章で使用する用語の整理をしておきます。「母語」ないしは「第一言語」は人が生まれて最初に接したことばを指します。多くの人々にとってそれは最も得意な言語でもあります。二つ目に覚える言語は「第二言語」ですが、これは厳密には日常生活で使用する言語を指し、その使用が原則として教室内に限定される「外国語」と区別します。英語圏に移住した日本語母語話者にとって英語は「第二言語」にあたり、日本の学校で英語を学ぶ生徒たちにとっての英語は「外国語」です。また、学習過程にある言語を「目標言語」と呼ぶこともあります。

2. 教室の中で使用される言語についての考え方

(1) 日本の英語教育における教室内使用言語の状況

　日本の英語教育の教室内（小学校～大学）における使用言語は、多くの場合日本語（大多数の生徒たちの母語）であったと思われますし、現在でも大半の学校においては授業は日本語で行われているようです。しかし、後述するように、授業における使用言語は教育目標と採択する教授法と深く関係しており、例えば従来の文法訳読法では当然のことながら日本語で説明を行い、日本語に訳して理解するわけですから、教師、生徒いずれも日本語を使うのが自然であるといえます。しかし、近年の英語教育の目標は「コミュニケーション力」の育成に転換しており、現実のコミュニケーションを行うことを通してコミュニケーションの媒体としての言語を習得していくことに力点を置いています。従って、教室内でも目標言語である英語を教員も生徒も使用する場面が増えていくことが期待されています。現行の中学校から高等学校の学習指導要領には英語（目標言語）使用を原則とする指針が示され、今後教室内の使用言語がより一層英語へと移行していくことが予想されます。小学校においても、「外国語でのコミュニケーションを生徒たちに体験させる」ことに重きが置かれており、必然的に英語で授業を行うことを目指していくものと思われます。

(2) 教室内使用言語についてのさまざまな考え方

　諸外国において、英語を外国語ないしは第二言語として教える教室内においては、使用言語は多くの場合英語であるといえるでしょう。教室内の使用言語は教授法と深い関わりがありますので、近年主流の教授法と関連させながら整理してみたいと思います。

内容重視と目標言語使用主義

　外国語／第二言語の教授法は、言語の構造や語彙等に特化したトレーニングを経てから内容学習に入る、という旧来のものから、**コミュニケーション重視**、そして**内容重視の教授法**へと変遷してきており、特に英語圏や欧州各国における英語教育では主流となっています。主だったもの二つ（内容重視型授業と内容言語統合型授業）と使用言語との関連について、以下に簡単に解説します。

　米国で提唱された、教科内容を目標言語で教える**内容重視型授業**（Content-Based Instruction、以下CBI）においては、教室内使用言語は原則として目標言語です。内容学習を通して言語学習を行うことで学習者が関心をもって内容に取り組み、その結果言語習得も進む、という理念に基づいています。またその際に、第二言語を習得する上で必要不可欠な**理解可能なインプット**（comprehensible input）を与えていくこと、そしてまた内容に関心をもつことで、やはり言語習得を促すといわれているアウトプット（意見を述べるなど）をする機会を生み、言語学習と内容（教科）学習が効果的に進むという理論のもとに成り立っています（Brinton, Snow & Wesche, 1989）。このような考えの根底にあるのは、母語習得と第二言語習得には共有するメカニズムがあり、子どもが母語を学ぶのと同様にその言語のインプットを多く与え、意味のあるやり取りをその言語のみで行うことが最も効率のよい学びにつながる、という見方です。このような理論に基づく教授法で行う授業においては、必然的に使用言語は目標言語となり、教師も学習者も原則として目標言語を使用することが前提となります。

　このような状況下で、外国語・第二言語の教育現場においては極力その言語の使用を促すことを重視する姿勢が強く見られてきました。殊に第二言語としての英語教育状況下で生まれたCBIでは、学習者の背景言語がさまざまであり、英語が唯一の共通言語であるということに加え、教員の多くが英語話者であることも背景にあろうかと思われます。

　欧州で提唱された**内容言語統合型学習**（Content and Language Integrated Learning、以下CLIL）においても、基本的には授業において目標言語を使用することが望ましいとしています。CLILは、内容を言語とともに教えることを目的とした教授法で、教科内容、言語コミュニケーションに加え、学習者の認知活動、国際理解と異文化理解を統合することを条件としています。EU統合により外国語教育と異文化理解の必要性が高まったことを背景に**複言語主義**を言語政策として掲げている欧州において、それを実現するために開発された教授法です（詳細は第13章1節・2節を参照）。基本的に教科を担当する教員ないしは言語教員が英語でそれを教えるという方法をとるため、教員は英語非母語話者で学習者と母語を共有する教員

であることが多くなります。そのような事情もあり、初期段階における不安の軽減や自身の母語への理解を深めるために、必要に応じで母語の使用は認める、としています。従って、CBIほどに英語100%を強く求める事情はないにせよ、CBI同様に、理解可能なインプットと意味のあるアウトプットを行う機会を最大限学習者に提供するために、教室内での言語は原則英語が望ましいとしています（池田、2011）。

　上記のように内容、コミュニケーション重視型の教授法が主流であることが前提となる教育現場においては、これまで多くの研究者が教師も生徒も原則として目標言語を使用することが望ましいと主張してきています。目標言語に限定することは、①**その言語を使用する現実のコミュニケーション**（お互いの母語を共有していない相手とのコミュニケーション）に即しており、②**言語の自然習得**を促すと共にコミュニケーション上のトラブルに対処する力（例：言い換え、言い換えの要求など）を涵養することができると考えられます。また、③**目標言語の習得においては、母語は否定的な役割を持つ**という考え方が前提となっており、目標言語使用時は母語には「依存」するべきではない、という考えもあるでしょう。例えば、母語と目標言語の構造が異なる場合、母語の構造が目標言語に反映され誤りとなる、いわゆる「負の転移」が生じること、また、母語の自然習得の環境を再現するためには母語はそもそも不要であることからくる考え方です。そして何よりも、コミュニケーションを通して、あるいは教科内容を通して言語習得を目指すのであれば、その言語を使って内容を伝え合うことに全ての時間を費やすことで、与えられた時間内における④**最大のインプットならびにアウトプット量を確保**できる、という発想になります。このような考え方に立てば、限られた時間を有効に使えない、という捉え方になろうかと思います。また、このような教授法を採る中で、たとえば不明な箇所について母語で説明するなどを頻繁に行うと、そもそも母語で通じるのだから、目標言語を使う動機づけが低下するという考え方（あるいは教師の経験値）もあろうかと思います。状況は異なりますが、両親がそれぞれ異なる言語で話しかけるバイリンガル児の場合、親子のインタラクションにおいては、親が二言語能力があることを明示的に示していくと、社会や家庭において優勢ではない言語（家庭内でしか使わない言語）の使用は徐々に減っていくという報告もあります。

　ここまでの教授法と使用言語の考え方をまとめると、効果的な目標言語の習得という観点から、原則として教室内使用言語は目標言語とする、という考え方がみてとれます。

このような母語使用否定論に対しては強い反対意見も表明されています。厳格な母語使用禁止ポリシーをとることによる効果、つまり目標言語習得にどれだけの効果があるのか（習得に結び付くインテイクが保障されるのか）については、検証されていない、という主張があります。「理解可能な」インプットと意味のあるアウトプットが必要なわけですが、全てのインプットを「理解可能」なものとするのは現実的には教員側の周到な準備と学習者の言語能力を十分に把握していることが前提となります。そうでない場合、例えば「理解ができない」部分が多すぎると内容理解が不足し、かえってインテイクが少なくなる可能性があるといえるでしょう。逆に、母語を適宜入れていくことで、内容理解がより効率的になり、習得が促進される、つまりインプットとインテイクの保障と母語利用とは両立する、といういい方ができます。

　また、母語習得と第二言語習得とは同じメカニズムが働いているというのは不正確な理解で、第二言語は母語をすでに習得した上で習得されるものであるがゆえに母語が関連し、第二言語と影響し合いながら習得すると考えるのが妥当だという主張もあります。従って、目標言語使用に限った空間のみでの習得は、第二言語習得においては無理がある、あるいは極めて効率が悪く、母語が一定の役割を果たすべきだ、ということになります。これは次に扱う母語使用容認主義の考え方につながっていきます。

バイリンガル教育と母語使用の容認

　これまでの説明でもある程度明らかなように、特にCBIにおいては、第二言語習得理論を理論的根拠としています。これは学習者（生徒）の発達過程にある、いわば不完全な言語としての第二言語のみに注目した理論です。同じような移民の人々を対象とした研究の中には、彼らを発達段階にあるバイリンガル、**つまり二言語使用者**とみなす考え方があり、1970年代頃から提案されるようになりました。カナダの移民の子ども達の教育現場から生まれた言語観で、子ども達が学校でさまざまな教科を第二言語で学習する中で第二言語自体も身につけていく過程においては、実は彼らの母語の力が十分に発揮されることが重要だという考えです（中島、2002）。移民の子ども達にとっては、母語の使用は家庭内（あるいは大きなコミュニティを持っていればコミュニティ内）に限られ、学びの場で使用するような語彙や表現を発達させることが困難であり、それゆえに第二言語での教科学習も難しくなっていくと指摘しています。移民の子ども達にとって、いきなり放り込まれた第二言語での学びについていくのは並大抵のタスクではありません。他の子ども達に追いつくためには母語の活用が鍵

となる、つまり、このような言語環境に置かれた子ども達にとっては、母語が第二言語を通した教科学習ならびに第二言語習得に重要な貢献をするのだ、という見方です。背景として、上記のような言語状況から母語の保持を強調する必要性が極めて大きいこともあり、母語使用に重きを置く議論になっていると解釈できます。

　また、移民の子ども達の言語教育においては彼らの**アイデンティティ**も重要になってくるため、母語を尊重し、母語の使用を排除しないことは子ども達の成長にとっても極めて重要であると主張します（第14章3節も参照）。

　このような教育環境においては、教室内の母語使用はむしろ重視されることになります。毎日の学校生活の中で母語の使用を否定することで、子ども達は自信を失うだけでなく、教科学習における数々の重要な概念を十分に理解することができないまま学年が進むことになりかねません。従って、この立場に立てば、母語使用を避けたり、否定したりすることは、教科学習や概念発達を損ないかねないという発想になります。あるいは、母語ですでに学習した知識がある場合、その知識との統合をしていくことで効率よく学習ができると考えられます。

　また、学習者でなく二言語「使用者」と捉えた場合、そして教室内の言語のやりとりを自然なインターアクションとして捉えた場合、教員も生徒達も二言語を節内あるいは節を超えて交替させる、いわゆる**コードスイッチング**を行うのはむしろ自然な言語使用だ、ということもできるでしょう（以下、本節3項で後述）。このような視点で捉えれば、コードスイッチングとして現れる母語はありのままの言語使用として受け入れるべきであると同時に、二言語を共有する話者同士でのインターアクションでは極めてあたりまえの言語使用だということを理解させるためにも、母語使用は積極的に認めていくべきだ、という主張もあります。

　このように、母語使用支持の議論の根底にあるのは、学習者を二言語使用者とみなす、バイリンガリズムの考え方だといえるでしょう。

　母語使用の推進については、慎重論もあります。母語使用は、理念上は認めたい一方、母語の過剰利用が懸念され、それを適切に制限する方法が見いだせないという議論もあり、教室内における母語使用（コードスイッチング）に対する教育上の原理、法則が必要だとの主張もあります。この点については第3節で詳しく説明します。

（3）教室内コードスイッチング

　ここではまず、コードスイッチングという現象について解説をします。二つの言語を日常的に使用するバイリンガルの人々の間のコミュニケーションにおいては、二言語が規則的に入れ替わる、**コードスイッチング**がよく見られます。以下に簡単な例を示します。

例1
A：This お茶 tastes really good!　（1）
B：Yeah I know! It's really tasty. いい香りがするね。（2）

　コードスイッチングとは、一つの分節内（発話内、（上の（1））あるいは文節（発話）を超えて（上の（2））言語が入れ替わることを指します。日頃一つのことばだけを使って生活している人々からみると一見混乱している、あるいは不完全な言語能力の象徴かのように映りかねないこのコードスイッチングという現象は、両言語の言語構造に基づき一定の規則にのっとって生じることが多くの研究で分かってきており、極めて自然な言語使用であると言われています（難波，2014）。想像しづらいという方は方言で考えてみるとよいかと思います。方言も言語と捉えると、東京方言を使いながら関西方言をところどころ織り交ぜる、あるいはご実家が福岡の人がご両親と話すときは福岡方言、東京の友人と話すときは東京方言へと切り替えるのも一種のコードスイッチングと言えます。
　コードスイッチングについては主にその形式面と使用状況に関する研究がなされてきています。形式面では、節内の切り替えにおいて使用される2言語の文法が一定の規則性をもって併用されることが分かっています。最も頻繁なのは語彙の挿入で、多くは内容語（名詞、動詞、形容詞など）で起きると言われています。また、コードスイッチングは一定の状況下で使われることも多くの研究が示しています。語彙を補う、その言語でしか表現できない概念を表す、話し相手や話の内容等に合わせる、アイデンティティ表示、内容の強調のために切り替える、などです。語彙不足を補うのは分かりやすい例ですが、他にも「お正月」「Thanks Giving」のように文化的要素を表すために原語で言う、ということもよくあることでしょう。また、話し相手が日本語話者であれば日本語を、英語の方が得意な人だと分かっていれば節や発話全体を英語に切り替えるようなことは幼いバイリンガルの子ども達でも自然に行いますし、例えば英語で見た映画については語彙等が思い出しやすいために英語でその内容を伝える、といった切り替えもあり得ます。また、例えば日本語と英語を日々併用するよう

なコミュニティでは二言語使用がアイデンティティ表示となるともいわれています。

第二言語の教室内での母語使用をコードスイッチングという枠組みで捉えて分析する研究も多くみられるようになりました。教室内のインターアクションを自然なやりとりと捉え、かつ教員と生徒とが母語を共有していれば、教室内でおきる目標言語と母語の交替も自然に生じるものとみなすことができます。実際に、教室内で生じる母語と目標言語との併用には、ごく一般的なコードスイッチングに見られる上述のような機能と同じものが観察されたという報告が多数あります（横山, 2014）。

それでは、教室内コードスイッチング研究の知見から、教室内の母語使用についてのガイドラインを見出していけるのではないでしょうか。

以下に具体的な提案をします。

3. 日本の小学校の英語授業における効果的な母語使用とは

(1) 教室内の母語使用の指針

まず、前提として確認をしておくべきことが2点あると思います。一点目は日本における言語状況です。日本においては、日本語が社会における多数派言語です。学校教育、公的機関、社会的活動、放送の多くでは日本語の使用が圧倒的に多く、他の言語については、地域差はあるものの、（一部の企業で共通語を英語としているものを除けば）日本語以外の言語が日本語と同格で使用されることは多くはないでしょう。つまり、英語はほぼ教室内（それも一週間に1、2回）にその使用が限られるという言語状況を踏まえての判断が必要です（日本人の英語使用率については第2章5節を参照）。二点目は、英語教育の目標、生徒たちが将来どのような言語使用をしていくのかについての展望を明確にもつことが必要です。つまり、母語を共有しない人々とのコミュニケーションに英語を使用するのか、日本語と英語のバイリンガルコミュニティで使用していくのか、です。そうなると、おそらく前者の方が可能性としては高いのではないかと思います。相手が日本語が分かるとは限らない、という認識は必要だということです。

つまり、英語の授業以外の時間、ならびに日常生活においては日本語が多数派言語である中で、母語を共有しない人々とのコミュニケーションが可能なレベルの英語力をつけていくことを目標とする、というのが大前提になるかと思います。このような考えに立つならば、基本的には目標言語のインプットをで

きるだけ教室内（外ももちろんですが）で提供することが望ましいと考えるのは妥当ではないかと思います。また、英語を使用する必要性は教室の外では高いとは言えないため、（英語圏における第二言語としての英語教育や欧州におけるCLILクラス、バイリンガルコミュニティにおけるイマージョン教育等に比べ）生徒達が英語を使おうという気持ちを維持することが難しいことは否めないでしょう。このような状況においては、特段の制限のない母語使用（教員、生徒両方）は第二言語習得という観点からいえば望ましくないかもしれません。限られた時間内でできる限りのインプットを与えたいところが、日本語との併用をしていくことで生徒たちが英語の語彙等を聞き使う機会を減らしていきかねないということです。また、あまりにも自由に日本語が行き交うことになると、あえて英語を使う必要性は極めて低くなることでしょう。この点は、母語使用が家庭内に限定される移民の子供たちにとって、そして第二言語で教科を学んでいる子供たちにとっての、教室内母語使用とは全く意味が異なることに注意すべきかと思います。

　また、母語の使用が意味をなさない状況（母語を共有しない人々とのコミュニケーション）で第二言語（つまり英語）を適切に使用する能力が発達しないことも懸念されます。与えられた目標言語から未知の語彙や概念について推測するのも重要な認知活動の一つですし、自身の持ちうる英語力でどこまで考えを伝えることができるか、言いたい概念を英語で言えないときに他の方法で言い換えるなどのストラテジーを身に着けるのも、一つの重要な認知活動、認知スキルではないかとも思います（第18章2節2項も参照）。

　さらに、母語が不足すると概念発達が阻害される、というのは日本の小学校の英語教育では想定しづらいと考えられます。英語を通して新しい概念を学ぶことは現段階ではさほど想定されておらず（あくまで「外国語」という教科であり、それを通して教科を学ぶのは、他教科との連携はあっても英語のみで新しい概念を学ぶことはまずないので）、英語の授業以外の時間は十分すぎるほどの日本語のインプットがあり、日本語で多くの概念を先行して学習しているためです。

　従って、教室内使用言語は基本は目標言語、そして一定の指針にのっとった母語使用（目標言語から母語へのコードスイッチング）が望ましいと思います。以下に効果的で第二言語習得にも貢献しうる母語の有効利用について提案していきたいと思います。

(2) 母語使用（コードスイッチング）の具体例

　上で述べたように、原則として授業内は目標言語、すなわち英語で行うことを前提とした上で、教員側が生徒たちの母語をどのように授業内のやりとりに盛り込んでいくか、また生徒たちの母語使用をどの程度容認するか、を示していきます。具体的には、1）授業内容理解の補助のための語彙挿入ないしは時間制限付きの使用、2）生徒の語彙不足による日本語語彙使用の容認と英語語彙の提供、3）文化的アイデンティティの共有、を目的としたものに絞るとよいと思います。以下具体例です。

授業内容理解補助を目的とした母語の挿入

　生徒が分からない部分が、目安として全体の10％を超える場合は日本語を英語の発話の中に入れていく（挿入）と教室内のインターアクションとしては極めて自然なものになるでしょう。読解においては、90％以上の語彙が既知でないと、残り10％の未知の語彙の意味を推測できないといわれています。これを発話によるやりとりにも当てはめて考えると、分からない語彙が10％を超えると意味の推測がしづらくなり、内容理解が不十分になっていくと考えられます。そこで、授業内で使用する語彙や表現について、あくまで目安ではありますが生徒が分からない部分が全体のおよそ10％程度に収まるよう計画すれば母語は必ずしも必要ないと考えてもよいと思います。が、明らかに不明な語彙が多いという場合、あるいは生徒たちの反応を見ながら明らかに伝わっていないと分かる時は、新出語彙や表現については母語で言い換える（母語の挿入）のは理解を早めると同時に語彙の導入にもなるでしょう。目標言語で行っている授業内における教員・生徒による母語使用は、その時点での内容と言語形式（文法、語彙）への注目を高めるという機能があるといわれています。例えば、以下の食品の輸入について扱った授業でのやりとりを見てみましょう。

例2　（食品のラベルを見せながら）
教員： Where do bananas come from?
生徒： Philippines!
教員： Good! Ok, Japan imports bananas from the Philippines.
　　　 YUNYUU SURU. OK?
教員： Ok, then where do oranges come from?
生徒： America!
教員： That's right! Japan imports oranges from America.

第15章　教室内コミュニケーションにおける効果的な母語使用

　日本はバナナをフィリピンから「輸入している」というのは状況から推測できる可能性は高いかもしれませんが、難しそうな場合は日本語を挿入しながら説明を続けると理解不足に陥ることを避けることができますし、反復して使用していくことで語彙習得を助けることもできるでしょう。"How do you say 'import' in Japanese?" 等と聞いてみるのもよいでしょう。あるいは "How do you say~?" というフレーズを使うように指導しておいた上で生徒に質問させるのも一案です。意味を尋ねるのは一旦対話の流れからそれる行為にはなりますが、それもまた自然なインターアクションの一つです。

　上記に関連して、教室内運営を効率的に行うために複雑な指示を伴う場合は一部母語へ切り替える、あるいはあらかじめ日本語で書いた指示を渡しておくことも効果的かもしれません。

　また、やや抽象度の高いテーマでのタスクを与えた場合、小グループ間の話し合いに母語使用を容認することもあってもよいでしょう。小グループ間では日英バイリンガル、全体発表では極力英語、というような切り替えをさせるのも、相手によって使用言語を切り替える実践的な練習になります。

生徒の日本語語彙使用の容認と英語語彙の提供

　生徒が母語を挿入する等した場合の反応として、それをいったん受け入れ、目標言語でも言い直す等すると効果的な語彙学習が可能となるでしょう。以下のようなやりとりは頻繁に見られるのではないでしょうか。

例3
教員：What is your favorite subject?
生徒：Uh.. I like TAIIKU..
教員：TAIIKU, P.E. Your favorite subject is P.E.

　英語でのやりとりの中で、生徒が語彙や表現、適切な文構造が思いつかないゆえに日本語を挿入することはよくあることだと思います。それに対して教員は、英語で相応しい語彙や表現を英語で示すことで、自然なコミュニケーションの中で言語形式に注目させ、また英語の語彙を際立たせ、より学習者の注意を引くことになります。このような、コミュニケーション上の問題点（語彙や表現の欠如）を母語と目標言語の両方を使って解決していくことで、言語意識を高め、語彙や概念の習得へとつながっていくと考えられます。これは二言語

を使用するからこそ得られる効果であるといえるでしょう。なお、ここで教員は生徒の日本語使用について注意するのではなく、それに一旦は合わせることで受け入れつつ会話の流れを中断することなく英語の語彙を導入しているところにも注目すべきでしょう。二言語使用を容認しているというメッセージとともに目標言語の語彙も導入し、目標言語でのやりとりを崩さない、自然なインターアクションになっています。

自然なインターアクション、といっても、生徒の発話における母語の容認は、原則として英語の発話への日本語語彙や表現の「挿入」に抑えた方が賢明かもしれません。以下に挙げる例では、*Frog, where are you?* というお話を聞いた上で、内容理解を確認していく際の対話ですが、教員は英語で尋ね、生徒は日本語のみで答えています。

例4
教員：Ok then what happened when the boy woke up?
教員：What happened? What happened to the frog?
生徒：INAKUNATTA.
教員：Yes. He couldn't find the frog. It escaped from the jar!
教員：Where did he go?
生徒：SOTO NI ITTA.

このような対話を dilingual conversation といいます。お互いに別のことばで話していながら意味のやり取りができているというものです。英語での答えを引き出そうとしてもそれが語彙力などの点から難しいと判断された場合は、内容理解をこのような二言語使用で行うとスムーズに活動が進むことは確かです。母語で回答することを可能にすることで、聴解はできても発信まではいかないレベルである場合でも目標言語のインプットを与え続けることができるということになります。ただし、このような対話を頻繁に使うと生徒たちは英語で発話をする意義を見失ってしまう可能性があります。実際に、親子の会話が dilingual conversation が主である場合、その子どもは親が話すことばを理解はできても話す力は発達せず、文法知識も正確さを欠くという報告があります。従って、このような言語使用が習慣になるようなことは目標言語の習得を目指す授業においては避ける必要があるでしょう。

文化の共有、アイデンティティ表示

　第 2 節でも述べたように、文化固有の意味合いを持つ語彙や表現はコードスイッチングを引き起こしやすいことが知られています。外国語の教室内でもそのような語彙・表現の挿入により、生徒と教員間の効率的な意味共有が可能であり、効果的な母語使用だといえます。また、効率的な意味伝達のみでなく、教員と生徒間のアイデンティティの共有にもなり、クラス内のラポール形成にも一定の役割を果たすことが考えられます。

例 5

教員：Good morning everybody.
生徒：Good morning, Mr. Suzuki.
教員：Ok how are you today?
生徒：I'm fine thank you and you?
教員：You put your hand on your desk to do AISATSU come on.
生徒：(changed his posture and shakes his head)

（石野，2015，p.5 より抜粋，表記を簡略化）

　あるいは、日本文化固有のもの（お年玉）や「もったいない」という表現は、日本語を挿入することでアイデンティティの共有ができるでしょう。もちろん、英語に置き換えるすべも合わせて伝えていくとなお効果的です。特定の文化固有の事物は簡単に別のことばで置き換えられないことを学ぶよい機会にもなるでしょう。

例 6

教員：Did you use all your OTOSHIDAMA at Disneyland? MOTTAINAI!
教員：What is OTOSHIDAMA in English? New Years allowance.

4．教室内の言語選択のこれから

　このように、外国語を使用した授業内インタラクションにおける母語の適度な使用は、目標言語の習得という授業の目的を達成するために一定の役割を果たすことができると考えられます。生徒たちの母語を教員も使うことが可能

であれば、そのメリットを生かしたバイリンガル授業が可能だということです。また、コードスイッチングという言語使用形態への理解と共感も涵養できると考えられます。自分たちも二言語使用者である、あるいはそうなっていくのだ、という意識が、バイリンガル、マルチリンガルに対する理解、日常的にそのような言語使用を行う人々との接点となっていくことが期待されるでしょう。

　ただし、母語をどれだけ教室内に取り込むかについては、1) 教室外の言語状況（そのコミュニティにおける多数派言語は何か、学習者と教師の母語は何か、など）、2) 第二言語教育の目的（第二言語の実践的な能力の習得なのか、第二言語学習を通して身につく知的能力、認知能力の向上なのか、両方か）、3) 学習者が想定する着地点（英語圏での使用か、日本国内での使用か等）によって大きく左右されると言えます。目の前の生徒たちを取り巻く環境と目指すものを冷静に見極めながら母語使用の有無、あるいはその範囲や指針を判断していくべきでしょう。

【引用文献】

Brinton, D., Snow, M. A., & Wesche, M. (1989). *Content-based second language instruction*. New York: Newbury House.
池田真（2011）.「CLIL の基本原理」渡部良典・池田真・和泉伸一（共著）『CLIL　内容言語統合型学習　第 1 巻　原理と方法』(1-13 頁). 上智大学出版.
石野未架（2015）.「EFL 教師が用いる相互行為資源としての母語へのコードスイッチング ――「英語で行う英語の授業」の相互行為分析」『言語文化共同研究プロジェクト』(43-51 頁)
中島和子（2002）.『バイリンガル教育の方法――12 歳までに親と教師ができること』アルク.
難波和彦（2014）.「コードスイッチング――社会言語学的側面」山本雅代（編著）『バイリンガリズム入門』(97-111 頁). 大修館書店.
横山吉樹（2014）. *Language learner's code-switching strategies in English as a foreign language*. 金星堂.

【推薦図書】

①山本雅代（編著）(2014).『バイリンガリズム入門』大修館書店.
➤ バイリンガリズム（二言語併用）についてさまざまな観点から論じた入門書です。コードスイッチングの本質をはじめ、バイリンガルの言語能力、言語使用等について分かりやすく解説されています。
②横山吉樹 (2014). *Language learner's code-switching strategies in English as a foreign language*. 金星堂.
➤ 外国語として英語を学ぶ環境で起きる、英語学習者による教室内コードスイッチングについて会話分析の手法を用いて分析しています。

第16章 コミュニケーションについての
  コミュニケーションに目を向ける

―― 「見方・考え方」そして「感じ方」に気づく一視点

榎本剛士

1. 授業中、何が起きているか？

　学習指導案を作成する時、授業全体の構成や展開のしかた、学習活動、指導上の留意点に加え、教師の質（発）問とそれに対する子どもの予期される反応を書くことがあります。また、研究授業などで授業の振り返りを行う時には、「なぜ、あのような導入にしたのか」「XX ではなく、YY のようにした方が、子どもたちが活動しやすく、内容も定着しやすかったのではないか」などと、実際に起きた特定のコミュニケーションに関する「意図」や「結果」について、議論が交わされることが多いのではないでしょうか。

　学術的にも、授業の録画・録音やその書き起こしをもとに、教室で実際に起きたコミュニケーションの研究が行われることがあり、そのような研究はしばしば**教室談話分析**（classroom discourse analysis）と呼ばれます。教室談話分析では、1970 年代という早い時期から、「授業」を特徴づける以下のようなコミュニケーションのパターンが指摘されてきました。

　　A：今、何時ですか？（What time is it now?）
　　B：1 時 15 分です。（It's 1:15.）
　　A：はい、その通りですね。（Yes, that's right.）

　このようなやりとりは、「時刻を知りたいが、時計を持っていない人（A）」と「近くに居合わせた、時計を持っている人（B）」との間のコミュニケーションとしては、かなり不自然です（普通は、まず「すみません」などと声をかけ、時刻を教えてもらったら、「はい、その通りですね」ではなく、「お礼」を言うのではないでしょうか）。しかし、時計の読み方を学習している授業、あるいは、

時刻の尋ね方を練習している英語の授業という状況であれば、実際に起こり得るコミュニケーションとして十分、想定できます（典型的に、AとBのどちらが教師であるかは言うまでもないと思います）。

Mehanは、このようなやりとりの連鎖を **IRE** と呼びました。Iは Initiation（教師の主導（的質問））、Rは Reply（子どもの応答）、Eは Evaluation（教師による評価）の略です（Rが Response、EがF（Feedback）とされることもあります）。こうしたコミュニケーションのパターンが「授業」を特徴づけていることには、学校という場所に関する知識や実際に教室で学んだ経験があれば、ある程度、納得がいくと思います。

とはいえ、少し想像力をはたらかせれば、また、現実的に考えれば分かる通り、授業中に起こるやりとりのすべてをこのようなパターンに回収することはできません。授業中の教師も子どもたちも、IREのパターンに則したコミュニケーションのみに従事しているわけではありませんし、教師だって、脱線することもあります。さらに、教師からの質問に対し、IREの「R」の部分を正式に占めることができるのは、一人の当てられた子どもだけかもしれませんが、その周辺で、多くの子どもたちが同時に、思い思いに、教室のあちこちで、さまざまな反応をしている様子も容易に想像できることでしょう。

また、授業時間中の子どもたちは、授業の内容のみならず、**授業時間中に起きているコミュニケーション**にも敏感に反応しています。例えば、同じ子どもが何度も当てられた時に聞こえてくる「昨日も当たりました」「なんでいつも〇〇ばっかり当たるの？」「〇〇、また当たって、ラッキー！」といった発言、一人の子どもが急に英語っぽい発音をした時に起こる笑い、満を持して当てられた子どもへの「だいじょうぶ、笑ってあげるから」という激励（？）とその子の発言に対する「え〜、全然面白くない」という評価、などです。

ところが、興味深いことに、学習指導案を作成する・授業の振り返りを行う教師のみならず、時に教室談話分析に従事する研究者にとっても、「授業の内容」ではなく「授業中に起きているコミュニケーション」についての子どもたちの（即興的な）反応ややりとりは、意識化のやや周辺に位置していたり、考察・研究の対象としてあまり積極的・体系的に採り挙げられなかったりするようです。

そこで、本章では、(1)「授業中に起きているコミュニケーション」についての子どもたちの反応に光を当てるための枠組み（視点）をまず整えたうえで、(2)子どもたちのそのような反応、つまり、子どもたちが教室で従事する**コミュニケーションについてのコミュニケーション**が持つ可能性について、考えてみたいと思います。

2.「言われていること」はコミュニケーションのごく一部

　上述の通り、教師が学習指導案を作成する時や、授業の振り返りを行う時には（研究者が「教室談話」を「分析」する時でさえ）、授業の内容に関するコミュニケーションがしばしば焦点化されやすく、反省・考察・分析の主な対象となりやすい一方、授業中に起きているコミュニケーションについての子どもたちの（即興的な）反応は焦点化されにくい傾向にあるようです。このことについて少し、踏み込んでみたいと思います。

　　「先生、『コミュニケーション』って何ですか？」

　この質問に対し、どのような答えが真っ先に思い浮かぶでしょうか。答え方は十人十色でしょうが、多くの場合、話者の意図に基づく（双方向の）「情報伝達」や「意思疎通」、「気持ちの伝え合い」といったことが、何らかの形でまず想起されるのではないかと思われます。そのような伝えること・通じることを支える要素として、「相手を思いやる気持ち」であるとか、「相手の真意を汲み取る力」「空気を読む力」などが加わることもあるかもしれません。

　日々コミュニケーションに従事している我々の日常的な感覚からすれば、そのような理解が間違いであるとは決して言えません。しかし、それは我々が**ことばを使って実際に行っていること**をどれほど上手く照らし出しているでしょうか。以下、色々な例を通じて、確認してみます。

　　でら、えらかった。
　　めっちゃ、疲れた。
　　大変、疲れました。

　「これら三つの意味は同じか、異なるか」と問われた時、いくつかの答え方ができます。まず、言われている内容という側面から考えると、いずれも、そのことばを発した人（たち）がとても疲労した状態である／あったことを言っていると考えられます。つまり、何が言われているかについては、これらはほぼ同じような意味であると言っても差し支えなさそうです。

　では、どのような人が言っているか、どのような場所で言われているか、話し手（送り手）と聞き手（受け手）はどのような関係にあるか、という側面から考えた場合はどうでしょうか。何が言われているかに関してはほぼ同じよう

な意味であるにもかかわらず、これらが指し示す、話者の出身地方や世代（ちなみに、筆者は愛知県西三河地域の出身です）、送り手と受け手との間の親疎・上下関係、これらが言われている場所のフォーマリティの度合いは、かなり異なると思われます。

次に、テストを返却する前、教師が普段よりも低い声で、怪しい笑みを浮かべながら、怪談を語るような口調でゆっくりと、「みんな、今回のテスト、本当に、よかったですよ〜」と言ったとします。この時、子どもたちはどのように反応するでしょうか。今回のテストは（かなり）悪かったのではないか、と不安になってしまうかもしれません。ここでは、教師の声の調子や表情が、言われている内容をどのように解釈すべきかを知らせる（つまり、字義通りに解釈しないことを強く促す）合図（ガンパーズ、2004）となっていることが分かります。

この例を少し広げます。子どもたちが不安がっている中、テストを返却してみると、実際は全員がよくできていて、平均点が100点満点中90点を超えていたとします。その時に起こるかもしれない、以下のようなコミュニケーションはどのように説明できるでしょうか。

児童A：先生、さっき「みんなダメだった」みたいに言ってたじゃん。
教師　：そんなことないよ。「みんな良かった」ってちゃんと言いました。
児童B：なんだ、冗談かー。
児童C：先生、脅かすのやめて。

ここでは、「さっき」起きた、「みんな、今回のテスト、本当に、よかったですよ〜」という発話の意味に関するコミュニケーションが行われていると考えられます。着目したい点は、やりとりの対象となっている意味が、「みんな、今回のテスト、本当に、よかったですよ」という文の意味、つまり、日本語の文法や（辞書に載っている）語句の意味を参照することで判明する類の意味ではなく、「特定の声の調子や表情で、『みんな、今回のテスト、本当に、よかったですよ〜』と言った」という先生の**行為の意味**であることです（第3章5節1項の会話例も参照）。言い換えると、ここで問題となっているのは、「何について、何が言われているか」ではなく、「何かについて、何かを言う」ことそれ自体が、（冗談や脅かしなど）どのような社会的性格を帯びているか、どのように枠づけられているか、どのように解釈されるべきか、ということです。

前節で示したIREについても考えてみましょう。そもそもなぜ、MehanはIREという、「授業」を特徴づけるやりとりの連鎖のパターンを見つけ出すことがで

第16章　コミュニケーションについてのコミュニケーションに目を向ける

きたのでしょうか。当然ながら、研究者としての鋭い観察眼・分析力もあったことでしょう。しかし、「教師は教える者」「子どもたちは学ぶ者」「授業中の教室は教科・科目内容にまつわるコミュニケーションが行われるところ」といった前提に基づいて、教室で起きていることが分析された結果、そのような前提に特に関連がある（と感じられる）発話の連続から IRE という一つのパターンが抽出され、逆に、そのような前提にあまり関連がない（と感じられる）やりとりから抽出され得る別のパターン（の可能性）が捨て去られてしまった、と考えることもできます。

さて、上に示した数々の例は、コミュニケーションについて、また、我々が・・・・・・・・・・・・・・・・・・・・・・・コミュニケーションについて考える**時の傾向（癖）**について、重要なことを示唆していると思われます。

まず、実際のコミュニケーションにおいて、言われている内容は、「自分（たち）は何者で、どのような社会的位置づけ・関係にあるか」「今・ここで、何が起きているか（どのような性格のコミュニケーションが行われているか）」「今・ここで何が為されているか」に関するコミュニケーションや解釈と一緒に起きて（共起して）います。言い換えれば、**言われている内容は、為されていることに強くつなぎ止められている**という意味で、コミュニケーションのごく一部です。

さらに敷衍すれば、今・ここで起きているコミュニケーションや為されていることに関する何らかのコミュニケーション・理解・解釈に支えられることがなければ、我々は言われていることの内容は理解できても、それに対してどのように反応すればよいかが分からない状態に陥ってしまいます。現に、今、皆さんが読んでいるまさにこの文を、今、皆さんが実際に行っているようなしかたで受容・拒絶・解釈できるのは、日本語が分かるからだけでなく、自分の意思で購入した（あるいは、図書館から借りてきた等）、小学校英語教育に関する、特定の出版社から出された特定の本の特定の章を、特定の視点や問題意識に基づいて読んでいるからではないでしょうか（榎本, 2017 も参照）。

このように、明示的な情報伝達や意思疎通、気持ちの伝え合いは、我々がことばを使って実際に行っていることのごく一部であるだけでなく、今・ここで起きているコミュニケーションや為されていることに関するコミュニケーション・理解・解釈とともにあります。にもかかわらず、また、言われてみればそのことを容易に理解できるにもかかわらず、なぜ我々は、そのことに気づきにくいのでしょうか。

その大きな理由の一つとして、コミュニケーションについて考える際、頭（あるいは、心）の中にすでにあるものとされる言いたいことや意図、また、言い

たいことを的確に表している（表すことが望ましい）とされる言及指示内容（言われていること）に我々の**注意**が向きやすいことが挙げられます。もちろん、実際のコミュニケーションの場において、我々は声の調子、表情、視線、仕草、ことばの社会的な声色（〇〇っぽい言い方など）の微妙な変化を敏感に察知しており、時にはそれらを意識的に操作することで、特定の印象を相手に与えようとすることすらあります。しかし、それらの要素がもたらす効果は**コンテクスト（文脈）に強く依存**しています（第3章2節も参照）。そのため、「コミュニケーションとは何か」をことばで説明する際には、コミュニケーションから比較的取り出しやすい言及指示（何かについて、何かを言うこと）が、コンテクストに強く依存した他の要素よりも、意識に上りやすいようです。（ここで、例えば、誰かの「嫌な言い方」や「〇〇っぽい言い方」が印象に残っていることと、「コミュニケーションとは何か」をことばで説明する際に特定の要素を意識化できることは大きく異なることに注意してください。）

　理解を容易にするために、例とともに説明します。赤ちゃんに向かって、普段よりもかなり高い声で、「かわいいね〜」と言った人がいるとします。その人に「今、何をした？」と聞いてみたら、どのような答えが返ってきそうでしょうか。きっと、「かわいい（ね）、って言った」という答えが普段の声で返ってくる可能性、あるいは、少し高い声で「かわいいね〜」が再現される可能性が高く、ことばやコミュニケーションについていつも思考を巡らせている人でもない限り、「普段よりもだいぶ声を高くすることで、小さくてとてもかわいい赤ちゃんに話しかけていることを非言及指示的に（つまり、『小さくてとてもかわいい赤ちゃんに話しかけています』とは一言も言わずに）も示した」といった答えが返ってくることは稀ではないでしょうか。

　二つ目の理由として、**比較的強く前提とできる社会・文化的なコンテクストが、そうでないコンテクストに比べて、より意識に上りやすい**ことが挙げられます。「学校は何をしにいくところ？」「授業は何をする時間？」「先生って、何をする人？」と聞かれたら、筆者も含め、「学校は勉強しにいくところ」「授業は（教科の）勉強をする時間」「先生は教える人で、子どもたちは学ぶ（教わる）人」といった答えが、比較的早く（つまり、あまり頑張って考えなくても）頭に浮かぶと思います。（このことを批判しているわけではありません。このような答えがまず思い浮かぶこと自体が、我々が特定の社会・文化に生まれ、その中で生きてきたことの証です。）

　多くの場合、上に挙げたような、社会・文化的な前提可能性が高いコンテクストは、濃い色眼鏡として機能します。我々は、さまざまな発話や出来事の中

から「関連があるもの」と「(あまり) 関連がないもの」とをその色眼鏡を通じて振り分け、そのようにして、実際に起こる発話や出来事と社会・文化的な前提可能性が高いコンテクストとの間の辻褄を (まず) 合わせながら、「ことばを使う」という行為、および、その理解・解釈に従事しているようです。その結果、「授業時間中、子どもたちは授業中に起きているコミュニケーションに敏感に反応している」といった、社会・文化的な前提可能性が比較的低いコンテクストは後景化し、よって、子どもたちのそのような行為も周辺化されたり、重要なこととして認識されなかったりする、ということがしばしば起きます。

3. ことばの授業に確かに在る「切実さ」に迫るために

　ここで、ここまでに述べてきたことを整理します。我々は日々、コミュニケーションという複雑なプロセスに、その複雑さをあまり意識することなく、従事しています。ところが、我々がコミュニケーションについて考えを巡らせ、それを説明する際、我々の**注意**は、コミュニケーションの特定の側面に向きがちです。

　このことを踏まえると、「コミュニケーション＝意図や目的に基づく相互の情報伝達・意思疎通」とする理解は、「ことばを使うこと」について我々が考えた (内省した) 時に最も浮き立つ (意識に上りやすい)「言いたいこと」や「言われている内容」が前面に押し出されることで現れてくる、**コミュニケーションという出来事に関する一つの解釈** (それ自体、社会・文化的なモデル) である、といえそうです。また、授業中に起きていることについて考える際には、比較的強く前提とできる社会・文化的なコンテクストが色眼鏡として機能し、その結果、教科の内容に関するコミュニケーションが前景化して、授業中に起きているコミュニケーションについての子どもたちの (即興的な) 反応ややりとり、および、そのようなコミュニケーションが指し示している子どもたちの (「学習者」以外の) 社会的な姿は、影に隠れてしまうようです。

　誤解のないように付け加えますが、筆者は、授業におけるコミュニケーションが教科の内容を中心に展開することそのものに異を唱えようとしているのではありません。ポイントは、我々の意識がコミュニケーションの特定の側面に向きがちであるかぎり、そのような意識化の癖をすり抜けていってしまうところで何か重要なことは起きていないか、と問うことは十分に可能である、ということです。

　ここから、筆者が実際に遭遇した二つの場面を例に、ことばの授業中に確か

に存在する、しかし、上記のような理由によって見過ごされがちな「重要なこと」を考えてみたいと思います。これらは中学校1年生の教室からの例ですが、小学校の教室にも大いに通じるところがあるはずです。

　授業中、教科書の本文、新出単語、学習のターゲットとなる文法事項を含んだ会話等が収録されたCD（音声教材）を使用することも多いと思います。ある日の授業中に再生されたCDからは、日本人女子生徒のYukiとアメリカ人男子生徒のMikeとの間の会話が流れてきました。その会話は、Yukiの日本語の質問にMikeが英語で答えたり、英語によるMikeの答えにYukiが日本語と英語を使ってコメントしたりするやり取りでした。このすぐ後、YukiとMikeのこのようなコミュニケーションについて、生徒から以下のような声が上がりました。

「あいつら、どっちで話すのか決めた方がいいと思う」
「そうそうそう」
「英語か日本語か」
「そろそろ統一しなさい」

　別の例を挙げます。インドから来た友人を自宅でのディナーに招いて日本食をご馳走する設定で、会話を考える場面です。周知の通り、インドには多様な宗教があり、宗教によっては、食することを禁じられたものがあります。そこで教師は、インドで大きな割合を占めるヒンドゥー教では、牛を食べることが禁じられていることを紹介（確認）しました。以下は、その時の生徒の反応です。

「えー、かわいそう」
「かなしい」
「人生の10割損してる」

　上に挙げた生徒の声・反応は、明確な目標が定められた「本時の授業」の展開そのものには関係がない、いわば野次のようなものかもしれません。しかし、それらは、そのまま周辺に追いやってしまうにはあまりに重要過ぎる何かを示してはいないでしょうか。

　一つ目の例に関していえば、生徒のコミュニケーションについてのコミュニケーションから、「コミュニケーションにおいては、言語を統一すべき」「コミュニケーションは、単一の言語で行うもの」という、**コミュニケーションに関する規範やステレオタイプが生徒の間に存在していることが窺えます**（規範は

第16章　コミュニケーションについてのコミュニケーションに目を向ける

第17章3節、コードスイッチングは第15章3節を参照)。

　同様に、二つ目の例について考えてみます。厳密に考えれば、ヒンドゥー教徒にとっての「牛を食べ（られ）ないこと」の意味と、生徒にとっての「牛肉を食べられないこと」の意味は、社会・文化的に大きく異なるはずです。このことから、ヒンドゥー教徒が牛を食べ（られ）ないことに対する「かわいそう」「かなしい」「人生の10割損してる」といったコミュニケーションは、**子どもたち自身のアイデンティティ**、すなわち、彼らが「焼肉」や「ステーキ」などとして牛肉が「美味しく」食される（さらには、牛肉が「ランク付け」されている）食文化を享受し、そのような価値観を共有している者たちであることを指し示しているといえます。

　もちろん、上記のような声を発した生徒を咎める必要などありません。しかし、「コミュニケーションする時は、言語は一つでなければいけないの？」「なぜ、それぞれが使いやすい言語を使ってコミュニケーションしてはいけないの？」「なぜ、牛肉を食べられないと『かわいそう』なの？」「『人生の10割損してる』って言ったけど、何が、どういうふうに『損』なの？」「『損をしているのはあなたたちの方だ』と言い返されたら、どうする？」などと問うことは可能です。このような問いかけができれば、コミュニケーションにおけることばのあり方、自分たちが知らぬ間に陥ってしまっている**自文化中心主義**的なものの見方について、その場で考えるきっかけが生まれます。

　毎時の授業には、確かに、目標があります。また、授業の進度も、教師にとっては重要な懸念事項です。上に示したような、子どもたちのコミュニケーションについてのコミュニケーション、また、子どもたちのとっさの反応が示す、子どもたち自身のアイデンティティを、授業の中心に据えることには無理があるかもしれません。しかし、ところどころで発せられる子どもたちの素の声を取り上げて、それを、何かを考えるための材料にしない理由は一体、どこにあるのでしょうか。あるとすれば、それは、本章で説明したような、コミュニケーションに関する我々自身の発想、意識化の癖にあるのではないでしょうか。

　飾らない、正直な反応であればあるほど、それは、自分たちの問題として、立ち止まって考える・反省するに値するものであると思われます。「コミュニケーション＝意図や目的に基づく相互の情報伝達・意思疎通」とするコミュニケーション観や、比較的強く前提とできる社会・文化的なコンテクストという色眼鏡を通じて、授業の可能性が狭められてはいないでしょうか。**授業というコミュニケーションに対する見方**が拡がれば、**授業時間中に子どもたちが行っているコミュニケーションに対する見方**も拡がります。

261

ことばやコミュニケーションの教育における価値ある学びの源泉は、いわゆる教材の中だけに存在するものではありません。教師自身が、子どもたち自身が、社会・文化の中でことばを使って生きている当事者だからこそ、当事者としての素直な、飾らない、時には狭隘な心の声をすくい取り、それらを最も身近でリアリティのある教材に変えていく発想が必要であると筆者は考えます。

4.「なんで英語やるの?」という疑問にどう答えるか

　唐突ですが、「先生、なんで英語やるの?」という疑問を子どもたちから突き付けられた時、先生として、どのように答えますか。「英語をやっておくと、将来きっと役に立つよ」や「英語を学ぶと世界が広がるよ」という答え方も、確かに可能です。もしこれらが、自らの実体験に根ざしたこと、心から感じていることであり、世界におけることばのさまざまな現実・実態を踏まえたうえでもなお、子どもたちに伝えたいメッセージであるならば、誠実な説得力を持つことでしょう。

　しかし、ここで筆者は、あえて言いたいと思います。「なんで英語やるの?」という子どもたちの切実な疑問は、「なぜ、小学校で英語を教えなければならないのか?」という教師自身の切実な疑問と表裏一体ではないでしょうか。子どもの疑問か、大人の疑問か、という差をそこに設ける必要はありません。両方が、この社会に生きる市民として、至極全うな疑問です。

　そうであるならば、ぜひみんなで、大人と子どもの分け隔てなく、一緒に考えてみてはいかがでしょうか。その場で答えを出す必要などありません。たとえ答えを出さなくとも、「なんで英語をやる(教える)の?」という疑問を別の色々な問い、例えば、「誰が、どこで、どうして、『小学生に英語をやらせる』って決めたの?」「東京でオリンピックが開かれることと、小学生が英語をやることって、本当に、そんなに関係があるの?」「コミュニケーションする時は、ことばを一つに統一しないといけないの?」「ことばも、文化的な背景も異なる人たちとともに生きていくうえで、そもそも『ことば』『コミュニケーション』『文化』についてどのように考えておくと良いだろう?」といった問いに変換するだけでも、新たな視点が生まれてくるはずです。

　つまり、ことばやコミュニケーションに関する発想を問題化する眼、どのような状況でそのような発想が生まれてくるのかを見据える眼、ことばやコミュニケーションについて社会で起きていること(そこには当然、自分自身も巻き込まれています)を一歩引いた視点から捉え直す眼、さらには、一歩引いたは

第 16 章　コミュニケーションについてのコミュニケーションに目を向ける

ずの自分自身の視点が結局自文化中心的になってしまっていないかをチェックできる眼、そして、そのような思考を経由したうえで「では、どうするか？」を考えて実践するきっかけ、これらを**コミュニケーションについての問いの連鎖**を通じて生み出していく、ということです。そのための材料は、あらかじめ定められた目標・情報・知識が達成／伝達される場としての「授業」という色眼鏡をすり抜けていってしまうような、それぞれの日常感覚からくる、俗であるがゆえに切実な、まさに授業中に子どもたちが発する声に散りばめられています。

「今の話、実はとても大事だから、ちょっとだけ考えてみようか」という遊び（余裕といってもよいかもしれません）を生み出すことができる、**コミュニケーションについてのコミュニケーション**へのアンテナを張った教師が、ことばやコミュニケーションに関する子どもたちの素朴な疑問を拾い上げ、そのような疑問が大切であること、実は的を射ていることを伝え、さらに、それらを私たちが今・ここで生きている社会の切実な問題として子どもたちに返す。こうした機会となれるのであれば、小学校での英語教育には、大きな可能性が宿っていると言えるでしょう。

2017年3月に公示された新学習指導要領の外国語、および、外国語活動の目標には、「外国語によるコミュニケーションにおける見方・考え方を働かせ」という文言がありますが、「見方・考え方」を働かせて意思疎通を図る態度（だけ）ではなく、自分の「見方・考え方」がどのような性格のものであるのか、どのような社会的・文化的制約を受けたものであるのかを見つめ直す思考、そして、そのような思考とともにある、ことばや文化に対するできるだけフェアで、柔軟で、議論に開かれた向き合い方こそ、小学生のうちから大切に、できれば教科の枠を越えて育んでいきたいものではないでしょうか。

5. 実践に向けて

最後に、本章では、中学校1年生の教室で実際に起きた生徒の反応を基にして、そこから問題意識を拡げるきっかけとなると思われる具体的な「問い」を示しましたが、その先のやりとりや実践例までは、あえて示しませんでした。

そのわけはいくつかあるのですが、最も大きなものは、本章で論じた「コミュニケーションについてのコミュニケーション」は「こうすれば、こうなる」といった単純な因果論に還元できるものではないため、具体的なやり取りや実践のイメージを安易に提示することは逆に、先生方の想像力を阻害することに

つながるかもしれない、と筆者が強く考えたことです。

　筆者はこれまで、週1回のペースで1年間英語の教室を訪問するフィールドワークを中学校と高校で1回ずつ経験しましたが、その中で、授業中の生徒のいわゆる「素の反応」と「授業を意識している反応」とがかなり異なる場面に幾度となく出会いました。分かりやすく言えば、授業中の子どもたちは「授業用」の反応とそうでない反応とを上手に、しばしば無意識に、やり繰りしているようです。(このことは、筆者のような研究者に言われなくとも、子どもたちと毎日を過ごしている先生方こそ、強く感じていることではないでしょうか。)

　上に挙げた、「コミュニケーションする時は、言語は一つでなければいけないの?」「なぜ、牛肉を食べられないと『かわいそう』なの?」といった問いが、「今日の授業のテーマ」などの形で授業の主要な部分として導入される場合と、子どもたちの素の反応に対する教師のその場の真摯なリアクションとして提示される場合とでは、子どもたちの構え方、子どもたちへの響き方が大きく異なると考えられます。そうであるならば、同じ授業時間中であっても、本章で扱ったような問いをどのような文脈で提示する・できるかが、非常に重要となります。ここに、ある程度定められた授業実践というよりも、脱線のような形でもよいから、長いスパンで、習慣的に「コミュニケーションについてのコミュニケーション」を授業の時間・空間に招き入れることの可能性を指し示したい理由があります。

　もちろん、上記のようなテーマを、数時間かけて、授業で扱うことにも大きな意義があると思います。しかし、授業の内容として、知識として扱ってしまうと、子どもたちは授業が終わった途端に忘れてしまう、そのことについて考えなくなってしまう、ということもまた、よくあることです。そうではなく、ことばや文化について、できるだけフェアで、柔軟で、議論に開かれていることを目指すならば、ことばや文化について、**普段からそのように問い、語る**こと、そして、時間をかけて、そのような問い方・語り方を共有し、磨き上げ、内面化していくことが必要です。

　それが可能になるかどうかは、豊富な「実践例」の引き出しがあることに加え、教師自身が普段からどれだけ物事を根本的に考えているか、また、他者だけでなく、自分自身との知的な対話をどれだけ繰り返しているか、そして、時が経つ中で変化する子どもたちの声にそれをいかに適切に重ね、両者の相互作用を紡いでいけるかに懸かっていると思われます。

　ここまでお読み下さった方にとって、本章が教師という仕事の制約と自由、創造性、醍醐味について考え直すきっかけとなることを切に願い、筆を擱きた

第 16 章　コミュニケーションについてのコミュニケーションに目を向ける

いと思います。

【引用文献】

榎本剛士（2017）．「ここに書かれていることは、嘘です——フレーム、あるいは『ことばの使用』をめぐるこの身近な大問題」『日本語学』第 36 巻，第 4 号，104-114 頁．

ガンパーズ，J. J.（2004）．『認知と相互行為の社会言語学——ディスコース・ストラテジー』（井上逸兵・出原健一・花崎美紀他 訳）松柏社．［原著：Gumperz, J. J. (1982). *Discourse strategies*. Cambridge, UK: Cambridge University Press］．

Mehan, H. (1979). *Learning lessons*. Cambridge, MA: Harvard University Press.

【推薦図書】

①広田照幸（2009）．『ヒューマニティーズ　教育学』岩波書店．
➤「教育について考えること」について考えるきっかけを与えてくれる、入門的好著です。教師、保護者、学生、研究者、（国会・地方議会）議員、教育行政に携わる（国家）公務員など問わず、教育に関わる大人たちがぜひとも共有しておきたい視座が平易に書かれています。最終章の読書案内も、大いに参考になります。

②久保田竜子（2018）．『英語教育幻想』筑摩書房．鳥飼玖美子（2018）．『英語教育の危機』筑摩書房．施光恒（2015）．『英語化は愚民化——日本の国力が地に落ちる』集英社．苫野一徳（2014）．『教育の力』講談社．
➤手に取りやすい新書を 4 冊、挙げました。久保田竜子、鳥飼玖美子、施光恒各氏による著作は、「英語教育」に関する議論の出発点となりがちな「思い込み」に、それぞれ批判的応用言語学、英語教育学・（異文化）コミュニケーション論、政治学の視点から切り込むものです。苫野一徳氏の著作は、教育哲学の視点から、教育全般を取り巻く今日的問題を根本から考えようとするものです。これらを読むと、「日本人は英語ができない」から始まる語りを乗り越えるべき時が来ていることを痛感します。

③南雅彦（2009）．『言語と文化——言語学から読み解くことばのバリエーション』くろしお出版．
➤言語学の基礎を踏まえたうえで、社会・文化のなかにある言語を研究する学問としての社会言語学、言語人類学、言語心理学の視座が、親しみやすい例とともに、分かりやすく紹介されています。本章で論じた「コミュニケーションについてのコミュニケーション」を支える知識を得るのにも大いに役立つ入門書です。

④森田京子（2007）．『子どもたちのアイデンティティー・ポリティックス——ブラジル人のいる小学校のエスノグラフィー』新曜社．
➤異質な存在が教室（学校）に入ってきた時、教師や児童（ブラジル人児童も含む）はどのように行動し、どのような人間関係（の変化）を紡いでいくのか、その様が鮮やかに描かれています。英語教育に直接関わる著作ではありませんが、学校における他者理解のあり方を深く反省するための視点をきっと与えてくれます。

第17章 〈社会文化〉と〈コミュニケーション〉の接点

―― 規範意識と行動様式から言語使用を考える学習

綾部保志

1. コミュニケーション能力を高めるためには？

　小学校の英語教育の目標の一つは「コミュニケーション能力の素地や基礎となる資質・能力を育成する」となっていることから、中高と同じように、小学校でも「コミュニケーション」という概念が重視されていることが分かります。学習指導要領の文言を読んでみると、小学校英語で想定されているコミュニケーション能力とは、身近で簡単な事柄のやり取りをするための技能を指しているようで、それは、聞いたり話したり、読んだり書いたりしながら、自分の気持ちや考えたことを相手に伝えたり、相手の意図や感情を理解したりする、個人間の情報伝達が中心となっています。

　ところが、言語学やコミュニケーション論など「コミュニケーション」を専門的に研究する学問分野では、ことばを単なる個人間の「情報伝達」や「情報交換」としてだけ見るのではなく、それを取り巻く場面や状況と一体的、全体的に捉えようとします。例えば、"Do you like it?" といった単純な質問でさえ、ことばの背景にある状況を参照しなければ、"it" が何を指すのか特定できません。この背景や文脈のことを**コンテクスト**（context）と呼びます。私たちが普段行っているコミュニケーションは、必ず、コンテクストの中で行われているので、コミュニケーション能力を育てるためには、ことばとコンテクストをどのように関連づけるのかが鍵となります（詳細は第3章4節を参照）。

　コンテクストには、指示代名詞や人称代名詞が指す人や物、副詞が示す時間や場所など、比較的**ミクロ（極小）のコンテクスト**から、社会や文化、歴史や自然、概念・抽象世界や信念体系など**マクロ（極大）なコンテクスト**までもが含まれます。上の例文の "it" が何を指しているのかは、例えば、昨晩見たテレビ番組など、会話の参加者たちによって共有されているミクロコンテクストに関わる次

第17章 〈社会文化〉と〈コミュニケーション〉の接点

元の話です。他方、マクロコンテクストは、**社会文化コンテクスト**（socio-cultural context）とも呼ばれますが、ミクロコンテクストと同様に、コミュニケーションの進展に大きく関わります（第16章2節も参照）。

マクロコンテクストが、コミュニケーションの参加者たちの解釈や展開に影響を及ぼす例として、英語学習でよく行われるインタビュー活動を取り上げます。仮想の人物になりきってお互いに自己紹介をし合う活動で、Aさんが "I live in Beverly Hills. Where do you live?" と質問し、Bさんが "I live in Ibaraki, Japan. It's a good place to live." と言ったとします。英語学習で典型的に見られる会話のパターンは、会話が成立したらそれで終わり、というもので、社会や文化の枠組みへと意識を向ける深い学びに発展しないことです。

上のような短い会話のやりとりでさえ、単に、居住地の地理的な情報を交換した、という意味以上のコミュニケーションを行っている可能性があります。それは、言及されている地名が、AさんとBさんの社会的属性（職業、地位、階層など）までをも指し示すからです。［ハリウッド］は、言わずと知れた世界的な映画産業の中心地で、豪邸が建ち並び「セレブ」（celebrity）と呼ばれる特権階級の人々が住むエリアですが、他方、筆者の出身地である［茨城県］は、ここ数年、全国都道府県魅力度ランキングでワースト1位になっていることからも分かるように、（断定はできませんが、）明示的に言わなくてもハリウッドと比較すると、経済的・文化的な水準が劣る地域だと解釈できます。このように、住んでいる国や地域の違い一つをとってみても、社会資本（社会的地位や社会階層など）や文化資本（美的感性や立ち振る舞い方など）の解釈の違いに目を向けるきっかけとなります。

社会階層が異なる人間同士が交わると、コミュニケーションの展開が変化するもう一つの例として、映画『ノッティングヒルの恋人』（*Notting Hill*）に触れてみます。この映画は、ロンドンのノッティングヒルで小さな書店を営む冴えない男（William Thacker）と、一流のハリウッド女優（Anna Scott）との恋愛の奇跡を描いたロマンティック・コメディーです。映画の冒頭で主人公のウィリアムが次のようなナレーションを語ります。

"Of course, I've seen her films and always thought she was, well, fabulous, but, you know, million miles from the world I live in. Which is here -- Notting Hill."
（もちろん、彼女の映画は見たことがあるし、いつも彼女のことは、素晴らしいと思っていたけど、まぁ、でも、住んでいる世界がまるで違うから、ここノッティングヒルとは。）

［ノッティングヒル：ハリウッド］という地理的な距離の遠さが、［凡人：有名人］という解釈を生み出し、社会的、職業的、心理的な距離にまで投影され、彼女（Anna Scott）がウィリアムにとって「手の届かない遠い存在」であることが強調されています（社会階層と英語の使用率については第2章5節を参照）。

　これらの例が示すのは、すべての人間が、特定の社会や文化に根差して生きている**生活者**であり、彼ら彼女らが話す言語には、その社会や文化の枠組みによって形成された固有の「見方」や「考え方」や「感じ方」などの価値観が色濃く反映されているということです。コミュニケーションを行う時には、こうした解釈枠組みが、いわば「色眼鏡」となって無意識的、無自覚的にコミュニケーションの進展に作用します。よって、コミュニケーションを重視した教育を行うのであれば、ことばの意味を狭く捉えて「情報交換」ばかりに終始するのではなく、ことばと社会文化の結びつきがどのような関係になっているのかを思考できるような実践を心がけることが肝要です。

　このことは英語を教える上で、とても重要な視点です。日本人的な前提知識を持たない出身国や文化が異なる相手に英語を使う国際コミュニケーションの場では、自文化中心主義的な見方や態度を押し通すのではなく、自己の解釈枠組みを相対化して、社会文化コンテクストに照らして言語や行為の意味を柔軟に解釈して対応できるようにする必要があるからです。これを**異文化理解能力**（intercultural competence）と言いますが、本章では、この能力を高めるために、情報伝達に特化したコミュニケーションという概念を拡張して**社会文化コミュニケーション**（socio-cultural communication）と捉え、それは一体どのようなもので、実際の授業でどのように展開したらよいのかについて詳しく述べてゆきたいと思います。

2. 従来の言語学習における社会文化の所在

　小学校英語の授業では、短い会話の受け答えを練習したり、歌や踊りをしたり、ゲーム活動をしたりすることなどが推奨されることがあります。他にも、「私の〇〇」「私の好きな〇〇」など、狭い意味での自己紹介や自己表現活動が頻繁に行われます。こうした類の学習活動は、積極的な態度や意欲を育むという点では効果的かもしれませんが、使用していることばを、社会や文化とつなげて思考したり、ことばが使われている状況や背景に目を向けたりする機会がほとんどないので、社会文化コミュニケーションに意識を向ける学習とは言えません。

社会文化コンテクストから切り離した言語の学習というのは、どこか「機械的」「人工的」「不自然」で味気ないと感じられるかもしれません。理由は、学びが深まりにくく、知的好奇心や探究心が生まれにくいためです。ではどうすればよいのでしょうか。「社会や文化に目を向ける」というと、皆さんは、中学校の英語教科書に頻繁に出てくる、貧困、環境、戦争・平和、人権、開発などの**地球規模の問題**（global issues）を思い浮かべるかもしれません。国際共通語とも言われる「英語」という言語の性格上、広い視野をもって現代の国際社会や人類が直面する地球的課題について学ぶことは、当然、否定されるべきではありません。だからこそ中高の検定教科書にも、国籍の違う登場人物たちが、こうしたトピックについて語り合う題材が頻出しているのでしょう。ただ、さまざまな要因が複雑に絡み合う解決困難な国際政治的問題を、入門期である小学校の英語授業で扱おうとすると、かえって問題自体を単純化したり、誇張したりしてしまう恐れもあります。

　もっと児童の日常生活に関わりの深い次元で社会文化的な事象を扱うことはできないものでしょうか。身近な生活の社会的な場面というと、「外食」「買い物」「道案内」などのロールプレイがあります。2018年9月に「TOKYO GLOBAL GATEWAY（TGG）」と呼ばれる施設（英語村）が東京にできて、英語を通して異文化体験ができるということで、確かに活況を呈しているようです。日本への外国人観光客が増加の一途をたどっている昨今の状況に鑑みれば、街中ですぐに役立つ「使える英語」を教えることは有効かもしれません。しかし、この手の英語は、仕事や旅行で海外に出かける機会があれば、すぐに身に付くレベルのものなので、そもそも小学校の教科で教える必要があるのかは疑問が残ります。また、異文化理解や社会文化コミュニケーションという観点からも、表面的な体験・理解で終わってしまいそうです。遠足で訪れて「楽しさ」を感じる動機づけにはよいかもしれませんが、教科としての学びの質は別次元で真剣に考えるべきでしょう。

　感性が豊かで、批判的な意識が芽生えつつある、小学校高学年の時期だからこそできるような、コミュニケーション能力と社会的な洞察力の両方を高められる授業はできないものでしょうか。次節では、まず、社会や文化といった曖昧で抽象的な概念を、具体的に把握するための理論を解説します。

3. ことばが使われる社会的な場面を理解する

　まず、私たちが普段何気なく行っているコミュニケーションの中に、社会的

な側面がどのように作用しているのかを見てゆきます。社会や文化と言うと、政治、経済、法律、歴史、宗教、芸術、あるいは、衣食住や伝統芸能、集団的な行動パターンや価値観などの精神性を挙げるかもしれません。でも、小学生に英語を教えるときに、これらを扱おうとすると、授業内容が英語から離れて、社会や芸術になってしまわないでしょうか。こうして考えてみると、英語の授業で、社会や文化に触れることは難しそうです。

それでは、ここで、社会文化の枠組みを把握するために、**言語人類学**（linguistic anthropology）という分野の研究者**デル・ハイムズ**（Dell Hymes, 1927-2009）が提唱した理論を紹介します。ハイムズの名前は、英語教育の分野で知らない人はいないというほど有名で、**コミュニケーション能力**（communicative competence）という用語を初めて定義したことで知られています（Hymes, 1972）。ハイムズは、異なる社会文化コンテクストを記述／記録するために、"**SPEAKING**"という8つの枠組みを示しました。以下では、8つの構成要素を一つずつ詳しく解説しながら、日本で一般に行われる「授業」をどのように分析できるのかを例に挙げるので、皆さんも読み進めながら一緒に考えてもらいたいと思います。

＊＊＊

まずは、相互行為が行われる**場所**（**S**etting）です。「授業」を例に挙げると、場所はもちろん「教室」ですが、教室とは一体どのような場所でしょうか。教室は児童・生徒たちの学校生活の中心の場で、普通、そこには指定された個人空間（机・椅子・ロッカー・下駄箱など）があり、授業中は指定された座席に着席していることが求められます。机は決められた方向（前）を向いて規則的に並べられ、前には黒板があります。教室はどれも、構造上、同じ設計で作られています。以上から、この場所はどのような目的で設計されているのでしょうか。一般的に、法廷や宮廷など四角い場所（上座／下座）は身分序列と権力関係を明確にするため、特定のコミュニケーション様式が存在します。これに対して、円卓（round table）と比較してみてください。

＊＊＊

次は、**参加者**（**P**articipants）です。人間は社会的な生き物です。一人の人間でも、国籍、地域、世代、年齢、性別、学歴、職業、階層、地位、役割など多様な社会的アイデンティティを持っています。教室には児童たちと学級担任がいます。児童たちは同年齢で構成されていますが、教師だけが成人です。教師は教員免許状を有しているので、当然、権力関係としては教師が上位となり、こうした年齢や地位が相互行為に影響します。上下関係が明確な場合、呼称や話し方はどう変化しますか。他にも、学校やクラスには教育目標があり、集団の連帯感

(solidarity) を養うことが重視され、個々の人間関係は、性格や趣味など、社会的アイデンティティを共有しているほど親密さ (intimacy) が強くなり、接触する機会も増えて、話し方や行動パターンも共通性が高くなる傾向があります。参加者たちの結びつきを社会的アイデンティティの共有度によって把握してみましょう。

＊＊＊

　三つ目は、**目的** (**E**nds) です。参加者たちが集う目的は何でしょうか。「授業」は「教科について学び、自己の能力や技能を高める」となりそうです。ただ、他にも「友達と会うこと」「勉強は嫌いだが仕方なく登校する」など、参加者によって個別の解釈／反応があり得ます。1つのタイプの出来事でも、参加者たちの解釈の違いが存在し、コミュニケーションの進行に影響を与えます（詳細は第16章1節・2節を参照）。コミュニケーションの目的と、その目的が参加者たちにどのように解釈されて、結果的に、どのようなものとしてコミュニケーションが終結するのか、コミュニケーションの目的と帰結の両方を考慮することが重要となります。

＊＊＊

　四つ目は、**行為の連鎖** (**A**ct sequence) です。授業はチャイムによって［始まり］と［終わり］の合図があり、「起立→礼→着席」という「号令」があるかもしれません。授業中の談話はどうでしょうか。一般的には、教師の発問 (Initiation)→生徒の回答 (Response)→教師の評価 (Evaluation) という流れが観察されるので、これらの頭文字をとって「IRE構造」と呼ばれます（詳細は第16章1節を参照）。教室の発問に生徒が回答するときは、挙手で発言権を獲得することが多いですが、グループ学習では、発話者の発言交替はもっと流動的になります。入学式や終業式、運動会や発表会など「式」や「会」という名称が付くフォーマリティーの高い「儀礼」は、行為の順序（構造）が明瞭に決まっています。フォーマリティーの低い「休み時間」と比較してみるとどうでしょうか。

＊＊＊

　五つ目は、話し方の雰囲気や**調子** (**K**ey) です。話し手の声の大きさは大きい／小さいか。語り方は一方的／双方向的か。誰がどのような語り方をしていて、聞き手に何を伝えようと意図しているのか。「説明」なのか、「指示」なのか、「説教」なのか、「物語調」なのか、それとも「冗談」や「皮肉」なのか。トーンの高さから「喜び」「驚き」「興奮」といった感情が表出しているか、それとも低いトーンで「悲しみ」「冷静さ」「深刻さ」「優しさ」を示しているのか。たとえ同一人物で会っても、行為の連鎖と同様に、場や参加者によって変化します。

＊＊＊

六つ目は、コミュニケーションの**メディア／形態・スタイル／使用域**（**I**nstrumentalities）です。これは、参加者たちが接触するときの回路（電話、手紙、メール、マイクなど）、会話の形態・文体（口頭／書記言語、標準語、地域方言など）、言語の使用域（レジスター；女性語、幼児語、若者言葉、流行語、古語、職業語、教師語、隠語など）です（第10章2節2項も参照）。発言権をもつ話者は、何らかの道具をもっていることがよくあります。講堂で行われる「校長先生のお話」であれば、舞台に上がって、マイクを使って標準語・丁寧語で話すかもしれません。教室であれば、教師が教壇に上がって、黒板にチョークで板書をしながら、教師語や学習言語を使って分かりやすく話している可能性が高いでしょう（teacher talk）。

＊＊＊

七つ目は、**規範**（**N**orms）です。言語が使用される場面では、どのような規範があるのかを考えます。振る舞い方、服装、持ち物、時間、話し方、それらの規範を逸脱するとどうなるのでしょうか。例えば、ほとんどの小学校では児童がランドセルをもち、中高生は学校指定の「制服」や「かばん」や「上履き」がありますが、教員にはこうした指定が無い場合がほとんどです。他にも、授業中なら、私が中学生のとき、初めて英語母語話者の先生が教室に来たときにガムを噛んでいて、日本人教師が注意したのを記憶していますが、通常、授業中に食べ物や飲み物を摂ることは許されません。教育内容についても規範が存在します。「検定教科書」の登場人物は、悪者や罪人がおらず、そのほとんどが「心優しき人間」として描かれており、会話も平和的に合意形成が行われる点で「理想的なコミュニケーション」が描かれています。他にも、学校文化には、以下の指摘のような、隠れた規範も存在します。

> 日本の中学校教師は、子どもの知的成長のみならず人格的な成長を願い、彼らとの信頼関係を築くべく、全人格的にかかわろうとする傾向が強い。しかし、個々の教育ニーズを見極めるというよりは、集団に対する働きかけを優先し、集団内および集団間での切磋琢磨を通じて、子ども個人の達成度を高めようとする。そして、その際により重視されるのは、個性や能力というよりは、態度や努力といった要因である。（志水、2003、p.78）

＊＊＊

最後は、**ジャンル**（**G**enre）です。これは、話されている話題がどのような種

第17章 〈社会文化〉と〈コミュニケーション〉の接点

類のものか、ということです。「教育」の授業というジャンルは、前述したように、規範性や形式性が、かなり高いことが特徴です。「医療」の診察、「政治」の答弁や演説、「法律」の判決や陳述、「宗教」の説教やお祈り、「メディア」の報道、「ビジネス」の商談なども規範性が高いジャンルです。実際に起こっている出来事のタイプが、どのジャンルに属するのか、そのタイプごとの規範性や形式性の度合いを考えます。

＊＊＊

　以上、コミュニケーションが行われる社会文化コンテクストを把握するための8つの枠組みを確認しました。英語教育界では、ハイムズの名前は参照されますが、残念なことに、上で確認したような、彼の理論や思想については語られません。私たち人間は、いつでも、どこでも、誰とでも、自由に話せるわけではありません。特定の場面でコミュニケーションが成立するためには、その前提として、特定の社会文化的な状況が、まず、存在しています。普段、私たちが日本語を使って話しているときは、その前提についてあまり意識しません。
　しかし、外国語を学んで使うためには、異なる社会や文化を理解して柔軟に対応することが不可欠です。つまり、言語を学ぶことは、広い意味で、その社会や文化を学ぶことと一体で、両者は不即不離の関係にあるのです。ハイムズの理論を使って、社会や文化と関係づけながらコミュニケーションについて思考する授業ができれば、ことばと社会文化の結びつきを考える足掛かりとなるはずです。次節では、そのための授業案を示したいと思います。

3. ことば、相互行為、社会文化の結びつきを考える学習

　前節では、ハイムズの理論でコミュニケーション出来事の社会文化的な枠組みを分析・記述できることを確認しました。本節で提案する授業は、「規範」(norms) に注目して、コミュニケーションが行われる場で、あえて、社会のルールやマナーを破ったらどうなるのかを想像して、規範性や形式性について思考する学習です。
　そのために、まず、絵本を題材にします。扱う教材は *No, David!* というシリーズ化された人気のある洋書で、日本語版も出版されています（邦題『だめよ、デイビッド！』）。あらすじを述べると、幼児である主人公デイビッドがさまざまな場面で愉快ないたずらをして、その都度、大人から「注意」や「叱責」を受けながら逞しく成長するという内容です。最初の授業では、導入として絵本の読み聞かせをおこない、出てくる英語表現の意味を場面から推測しながら内

容を理解します（第9章3節も参照）。

　悪ふざけをするディビッドの挿絵と、それに対する母親の口頭注意とが見開き1ページに収められています。そのやり取りが反復することから、読者はディビッドの手に負えない腕白ぶりに驚かされます。発話者が母親だと分かるので "Don't play with your food!" "Be quiet!" などの命令文の意味も特定できるでしょう。他にも "Come back here, David!" "That's enough, David!" "Settle down!" "Stop that this instant!" などが出てきますが、イラストから母親が何と言って叱っているのかを推測するのは楽しい活動になります。

(pp.12-13)

　呆れるほど腕白なディビッドですが、エンディングでは子どもらしさや可愛らしさを垣間見せます。読み終えた小学生たちには、たとえどんなにたくさん失敗を犯しても、ディビッドのように恐れずに新しいことにチャレンジする勇気を、大人には子どもの失敗を受け入れる忍耐力や寛容の精神、そして何より愛情をもつことの重要性を訴えているかのようです。

　No, David! を読んだ後には、同シリーズの *David goes to school* も読み聞かせします（邦題『ディビッドがっこうへいく』）。2つの物語を比較すると、ナレーションの主語が "David's mom" から "David's teacher" に変化しています。「母親」から「先生」に人間名詞が変わったことから、物語の舞台が「家庭」から「学校」になっていることが分かります。

　次にどんないたずらがされるのか期待に胸を膨らませながらページをめくると、愉快にはしゃぐディビッドと、先生の強いメッセージが発せられます。"Don't chew gum" などの意味もイラストから推測できます。ページをめくりながら、一つひとつの生き生きとした描写から表現の意味を問いかけたいものです。

第 17 章　〈社会文化〉と〈コミュニケーション〉の接点

(pp.8-9)

　そしていよいよクライマックスです。怒られてばかりのディビッドですが、最後は教室の掃除をきちんとやり終え、先生に "Good job." "Yes, David…You can go home now." と言われて家路につくエンディングで成長を感じさせます。"No" という否定語が "Yes" に変化しています。

　初回の授業の目標は、物語に慣れ親しませることです。児童にとってディビッドの姿は、親や先生に叱られながら成長してきた自分の姿と重なるので、経験とユーモアを交えながら振り返ることができるのではないでしょうか。二つの作品を読み比べることで、［導入→展開→結末］という物語の流れ（構成）も把握できます。

　もう一つの目標は、それぞれの場面でメッセージの意味を推測させることです。ナレーションはほとんどないので、ディビッドに浴びせられる命令文（呼びかけ語と命令法）の意味は、イラストから容易に想像可能です。"Sit down." や "Raise your hand." などの表現は、教師が児童に指示するときの「教室英語」（classroom English）と重なるので易しいかもしれません。

　2 時間目の授業は、前節で紹介したハイムズの理論（SPEAKING）を用いて、各場面について理解を深める学習をします。例えば、以下のように、それぞれ異なる絵本のページを 8 つの項目に基づいてグループで分析するタスクを与えます。

(pp.26-27)

275

グループによって違いはあるかもしれませんが、おおむね下のような答えになるでしょう。私たちが日常生活の中で行っている相互行為は、その出来事を取り巻く社会文化の枠組みに依拠しています。普段は語られない暗黙の前提を、この学習を通じて言語化することで、言語の基盤である社会や文化の基層を探る力、その社会や文化の基底を成す「当たり前」とされている前提を見つけ出し理解する力、そのような力を育む効果が期待できます。そうした異文化理解能力とともに獲得された表現こそ、さまざまな社会文化が共存し、時にはせめぎあう現代の社会文化のなかで生きていくために必要な「生きたことば」になると思われます。

{
Setting（場所）リビングルーム＝家族で団らんする場所
Participants（参加者）ディビッド、母親
Ends（目的）注意、叱責
Act sequence（行為連鎖）野球→禁止
Key（声の調子）強い調子、怒り口調
Instrumentalities（メディア、文体、使用域）命令形、話し言葉
Norms（規範）家の中では静かに、という規範が共有されていない
Genre（ジャンル）子育て、家庭での躾
}

　この理論を使った場面分析の学習活動は、あらゆるコミュニケーションの場面を分析することが可能なので、中学校や高校でも使えるよう次頁のように質問文を英訳しておきました。
　3・4・5時間目の授業（3時間分を配当）では、*No, David!* シリーズの絵本をグループで作る創作活動をします。グループには本のページ数と、「始まり→展開→終わり」の流れは崩さないことを全体で確認しておき、「家庭」や「学校」のように、それぞれのグループに異なる場面設定（Setting）を与えます。ここでは「銭湯／温泉」を例として、その指導法を順序立てて説明します。
　物語の幕開けは、大人のナレーションから始まります。「銭湯／温泉」なら、それは「番頭（bath attendant）／受付（receptionist, clerk）」となり、オープニングは "A bath attendant always said ..." とでもなるでしょうか。「銭湯」は最近少なくなっていますので、内なる日本文化を再発見するために「番頭」という語を知ることも学びの機会となります。昔の銭湯の様子が分かる映像を視聴してもよいでしょう。
　次に、ディビッドのいたずらを考えます。前の授業で "SPEAKING" の理論を

第 17 章 〈社会文化〉と〈コミュニケーション〉の接点

> 次の場面についてグループで話し合って答えを考えてみましょう。
> ① (**S**etting) 会話が行われている場所はどこですか？ Where is this conversation taking place?
> ② (**P**articipants) どのような人々が参加していますか？ What kind of people have joined the conversation?
> ③ (**E**nds) 会話の目的と結末は何ですか？
>   What is the purpose of the conversation? And what is the conclusion like?
> ④ (**A**ct sequence) どのような順番で行動が起こっていますか？ In what order is each spoken act done?
> ⑤ (**K**ey) メッセージはどのような声の調子ですか？ How is the message vocally conveyed to the hearer?
> ⑥ (**I**nstrumentalities) どのような文体、形態、メディア、使用域が使われていますか？ What forms, styles, media or registers are being used?
> ⑦ (**N**orms) どのような規範性や価値観があると思いますか？ What are the shared norms or values?
> ⑧ (**G**enre) この会話はどのような内容のものですか？ What genre is the topic of the conversation?

学んだので、浴場でのマナー違反行為をあれこれと考えるにちがいありません（泳ぐ、大声で騒ぐ、水かけする、お湯を飲む、など）。また、「靴を下駄箱に入れる→入湯料を払う→脱衣所で着替える→洗い場で身体を洗う→湯船につかる→身体を拭く→浴場を出る」という行為の連鎖（Act sequence）を考えるかもしれません。

児童にヒントを与えるとしたら、いたずらとは、他人に迷惑をかけるためその場で禁止されている行為、または、その場に相応しくないと考えられる行為ですから、普段の行動基準の真逆を考えればよいわけです。エンディングは、逆に、ディビッドが正しい判断で行動できるように導けばよいと分かります。感性が豊かな高学年の児童ですから、愉快ないたずらがいくつも生まれることでしょう。

4時間目は、メッセージとイラストを考えます。もし、児童の表現したい言葉をその場で英訳できなければ、一旦保留にしておいて、次の授業までに調べて教えてあげましょう。もちろん、どんないたずらにでも使える "No, David!" "Stop it, David!" "David! Don't do that!" などにすることもできますが、その場の状況に応じた禁止表現をたくさん挿入したいものです。

では、表現したい内容がうまく英訳できないときはどうするか。それ自体を学びの機会とします。英語補助教員に尋ねるのもよいですが、「分からないことは

調べる」ことも大切です。迷惑行為を禁止する英語はどこで、誰によって使われているのかを児童たちに考えさせます。銭湯や温泉の経営者は、急増する外国人観光客に対して、きっと正しいマナーを英語で発信しているにちがいありません。そこでインターネットを活用した「調べ学習」ができます。情報教室が利用できない環境であれば、事前にハンドアウトとして配布してもよいでしょう。

　ちなみに、大田区浴場連合会は次頁にあるように、独自の「銭湯ガイド」を日本語・英語・中国語・韓国語で公開しています。こうしたサイトの英語を参考とすれば、絵本の台詞づくりに役立てられます。これらは何の前触れもなく、教科書や単語帳に突如現れた文ではありません。現実社会で使われている「生きた表現」です。

　あとは、命令法についての補足説明をします。命令法（imperative mood）は、"please" などを伴うと「助言」(advice) や「提案」(suggestion) を表しますが、"please" をつけずに文末に感嘆符 (!) をつけると、「命令」(command) や「指示」(instruction) となります（ただし実際にはもう少し複雑で、例えば、"Have a nice day!" などのように、相手にとってプラスになる内容の発言の場合は、"please" を付けなくても「命令」や「指示」ではなく、より丁寧な表現となり、"please" を付けると却っておかしな文となりえます）。ディビッドのいたずらに対する「注意／禁止」は語気が強くなるので、文頭の "Please" を削除し、文末のピリオドを感嘆符 (!) に変えて、呼びかけ語（David）を加えるなど、適宜、英語のアドバイスをします。

　他にも、例えば「図書館」でのルールを調べるなら、海外の図書館のホームページにアクセスしてみます。"library" "rules" などのキーワードで検索すると、下のような表現がいくつも見つかります。

- Use your inside voice. （小さな声で）
- No food or drink. （飲食禁止）
- Turn your cell phone off or setting it "vibrate".
  　（携帯電話は電源を切るか、音が出ないように）
- Don't sleep. （居眠り禁止）
- Return your books on time. （本の返却は期日を守る）
- Don't run. Always walk. （走らないで、歩く）
- Treat the books with care. （本は丁寧に扱う）
- Put the books in the right place. （本は読んだら元の場所へ戻す）
- Don't write or draw in books that don't belong to you.
  　（本への書き込みはしない）

第 17 章 〈社会文化〉と〈コミュニケーション〉の接点

　学習内容が予め決まっている伝統的な教科書中心の授業とは違って、こうしたプロジェクト型の授業で大切にしたいことは、難しい単語がある、などの理由で**学びの機会を制限してしまう**のではなくて、学習者が知りたい／表現したい内容があるなら、それを実際に使ってみることです。それから、**問いの正解／答えは決して一つではない**、ことを教える側が認識しておかなければなりません。

（大田区浴場連合会公式サイト「銭湯ガイド」より引用）

4時間目は、ページの絵を分担して、画用紙に鉛筆で下書きをします。美術の授業のようで楽しい雰囲気になりそうです。作り終えたら、発音できるように指示しておきます。5時間目は、下書きした絵に、クレヨンや絵の具で色付けをして完成です。自分が担当するイラストが終わっていれば、まだ終わっていないメンバーの手伝いをさせて協力関係をつくるように仕向け、グループで何度もリハーサルをして発表の完成度を上げることを目指します。

 最後の6時間目に発表会を行います。グループごとに異なる場面設定なので、「銭湯／温泉」「図書館」「スーパー」「レストラン」「公園」「映画館」「遊園地」「駅／電車」「水族館」（釣り・海水浴・サーフィンなどの目的で）「海」など、お互いのグループの作品を共有するのは興味深いものとなりそうです。発表後も、今回のプロジェクトで創り上げた作品を冊子として記録、展示、配布、保存できるので、小学校を卒業した後も良き思い出となります。以上のように、英語を社会や図工などの他教科とつなげる発想はCLILとも重なるので、この点において小学校英語は大きな可能性を秘めていると言えるでしょう（CLILについては第13章を参照）。

4. 参加学習と行動規範から社会文化コミュニケーションへ

 小学校は、おそらく多くの児童にとって、初めて外国語と出会う場となります。そのとき、児童が最初に教わることの一つは**教室英語**（classroom English）になるはずです。例えば、"Stand up. / Sit down." "Raise your hand." "Have a look at this." "Listen to the CD." "Repeat after me." "Get into pairs." "Give it a try." など、教室ではさまざまな指示が飛び交い、児童たちはその通りに行動することが求められます。指示を出すのは教師で、ふざけたりして指図に従わない場合は注意／指導され、よくできたら褒められます。

 人間が言語を学ぶ目的の一つは、特定の社会や文化で「正しい」とされている**コミュニケーションの様式を身につけて、適切に行動できるようにすること**だと考えられます。外国語を学ぶ機会は、授業だけにとどまらず、あらゆる場面での他者との接触によって与えられ、そのとき、その場では、明示的に語られない社会文化的な参照枠がコミュニケーションに先だって存在しています。「子ども」は「大人」から、「児童／生徒」は「先生」から、「新参者」は「熟練者」から、「新入社員」は「上司」から、言語とともに行動様式、規範意識、文化的知識などを獲得／習得してゆきます。

 そうだとするならば、小学校段階では、単語や表現を闇雲に詰め込もうとす

第 17 章　〈社会文化〉と〈コミュニケーション〉の接点

るよりも、コミュニケーションと社会文化との接点について思考させながら、言語学習に対する意識づけをすることが効果的なのかもしれません。「英語」にとどまらず母語や他の外国語を含めて、言語を学ぶということは、学校教育を終えて社会に出てからも一生続く営みといっても過言ではないからです。生涯学習の観点からみて、小学校段階だからこそ、将来を見据えた強固な地盤と確かな道標をつくることが大切だということです。

　それには、教える側の言語観や言語教育観が、一体どのようなものなのかが問われます。言語を学び使うことは、決して単純作業ではなく、複雑な思考や行動を伴う、知的な魅力にあふれた探究活動です。本章では、「コミュニケーション」を単なる情報伝達の手段と決め込むのではなく、理論的根拠に基づいて、現実社会で起こる**接触出来事**と理解しています。こうした視座を軸に据えた授業づくりが今後進められれば、小学校英語の実践はより豊かになるでしょう。

【引用文献】

Hymes, D.（1972）. Models of the interaction of language and social life. In J. Gumperz & D. Hymes (Eds.), *Directions in sociolinguistics: The ethnography of communication* (pp.35-71). New York: Holt, Rhinehart & Winston.

Shannon, D.（1998）. *No, David!* New York: Blue Sky Press.

Shannon, D.（1999）. *David goes to school.* New York: Blue Sky Press.

志水宏吉（2003）.「「再生産」という眼鏡――ブルデューと日本の教育」宮島喬・石井洋二郎（編）『文化の権力――反射するブルデュー』65-86 頁．藤原書店.

【参考資料】

大田区浴場連合会公式サイト「銭湯ガイド」（2016）．2017 年 1 月 27 日 http://ota1010.com から取得．

【推薦図書】

①綾部保志（編著）（2009）．『言語人類学から見た英語教育』ひつじ書房．
➤ 英語教育の分野に言語人類学の知見を導入した分かりやすい入門書です。本章で紹介した理論的背景について、より詳しく専門的に書かれているので、この分野に関心をもたれた読者にお薦めします。

②小山亘（2012）．『コミュニケーション論のまなざし』三元社．
➤ 社会文化的コミュニケーションについての考え方だけではなく、言語やコミュニケーションについての包括的な理論を平易な文体で丁寧に解説しています。言語の構造や機能の全体像が把握できます。

③Lave, J. & Wenger, E.（1991）. *Situated learning: Legitimate peripheral participation.* New York:

Cambridge University Press.［邦訳：レイヴ，J. & ウェンガー，E.（1993）.『状況に埋め込まれた学習——正統的周辺参加』（佐伯胖・訳）産業図書.
➤「学習」という実践行為が、いかに社会的な状況と結びついているかを詳しく扱った本です。本章で紹介した学習観と授業案は、この本に着想を得ています。

第18章 コミュニケーション力を育てる英語教育

――クリティカルな視点から

久保田竜子

1. 英語によるコミュニケーションと国際化・グローバル化

　小学校における英語教育は、1980年代から盛んになった国際化の議論、また近年のグローバル人材育成の枠組みの中で捉えることができます。つまり、「英語＝国際化・グローバル化」が当然の等式として考えられてきたのです。さらに、ここで「英語」と呼ばれるものは、従来の外国語教育で重視されてきた文法理解や読解能力を指すのではなく、グローバル化に対応できる「コミュニケーション能力」と理解されています。

　日本の英語教育政策が「コミュニケーション」に大きく舵を切りはじめたのは、1980年代に開かれた臨時教育審議会の報告書をうけて1989年に告示された教育指導要領からでした（久保田、2018）。この指導要領が実施されたのは、小学校が1992年、中学校が1993年、高等学校が1994年です。それ以来、「コミュニケーション能力の育成」は初等中等教育を通して英語教育の柱になってきました。文部科学省が2015年に発表した「小学校英語の現状・成果・課題について」という資料では、「小中高を通じて、コミュニケーション能力を育成」とあり、その下に次の3項目が挙げられています。

・言語や文化に対する理解を深める
・積極的にコミュニケーションを図ろうとする態度を育成する
・「聞く」「話す」「読む」「書く」の4技能をバランスよく育成する

　ここでは文化理解や積極性といった言語以外の知識や態度にかかわる目標がかかげられているものの、従来の4技能に関する記述もあります。実際、上記3項目のうち、1番目と3番目の目標は、戦後の中学校学習指導要領の目標として

表現は多少異なるものの、長年ひきつがれてきました。2番目の目標が登場するのは、やはり1989年に告示された学習指導要領からです。これを歴史軸で考えると、「積極的にコミュニケーションを図ろうとする態度を育成する」という目標は、「英語＝国際化・グローバル化」の等式が強調され始めた時期と一致します（詳細は第2章2節・3節を参照）。

　英語はグローバル化社会で不可欠であり、だれでも英語でコミュニケーションができるようにすべきだ、という考えについて否定する人は少ないでしょう。しかし、ここで前提とされている「英語＝国際化・グローバル化」の等式は現実を正確に捉えているのでしょうか。また、上記の学習目標では、「コミュニケーション」を図るためには「聞く」「話す」「読む」「書く」の4技能の育成が前提となっていると考えられます。実際、現行の小学校学習指導要領（2017年3月告示）では「外国語」の目標として「外国語によるコミュニケーションにおける見方・考え方を働かせ、外国語による聞くこと、読むこと、話すこと、書くことの言語活動を通して、コミュニケーションを図る基礎となる資質・能力を（中略）育成することを目指す」とあります。では、「コミュニケーション能力」とは4技能と同義なのでしょうか。さらに、学校教育における外国語学習の目標は「言語や文化に対する理解」を深めながら「コミュニケーション能力」を育てることであるとされていますが、具体的にはどのような理解や能力を指すのでしょうか。

　本章は、英語と国際化・グローバル化の関係を問い直し、コミュニケーションとは何か、ひいては外国語教育の目標は何かを捉え直すことを目的とします。これを論じる上で、筆者がおこなってきた非英語圏で働く日系企業駐在員のコミュニケーションについての研究を引き合いに出すことにします。小学校の英語教育とは無関係だと思われるかもしれませんが、研究結果は外国語教育に重要な示唆、つまり英語はつねに万能とはかぎらないことと、コミュニケーション力とは4技能だけではないことを示してくれます。その上で**越境コミュニケーション**の力を育てる体験学習のアイディアを紹介します。

　そこでまず、外国語教育の前提となっている「英語＝国際共通語」の問題点を指摘したいと思います。

2.「英語＝国際共通語」の問題点

　英語は国際化・グローバル化というイメージと重なって認識されてきました。「英語＝国際共通語」という概念は自明の理として広く受け入れられています。

第18章　コミュニケーション力を育てる英語教育

2003年に文部科学省が発表した「『英語が使える日本人』の育成のための行動計画」にはこのように書かれています。

> 英語は、母語の異なる人々の間をつなぐ国際的共通語として最も中心的な役割を果たしており、子どもたちが21世紀を生き抜くためには、国際共通語として英語のコミュニケーション能力を身に付けることが不可欠です。

もちろんこの見方は否定できません。現に世界各国での英語教育はますます盛んになっており、結果として英語が**リンガフランカ**（lingua franca: 特に非母語話者のあいだの共通語）として使える機会は増していると言えるでしょう。しかしここでの危惧は、「英語＝国際共通語」が拡大解釈され、英語力さえあれば世界中のすべての人々と意思伝達ができるという幻想が生みだされてしまっているのではないかという点です。この幻想は特に、英語好きの学習者や英語教育関係者に影響をおよぼしているかもしれません。

「英語＝国際共通語」という等式の拡大解釈に疑問をはさむことの根拠はいくつかあります。ここでは、英語話者の人口に関する考察と海外の職場におけるコミュニケーションの2点から指摘したいと思います。

(1) 英語話者人口

世界の英語話者の数について述べる前に、ひとつエピソードを紹介します。

2020年の東京オリンピック開催が決まったのち、2014年に当時の舛添東京都知事がロシアのソチオリンピックの視察に出かけました。帰国後の定例記者会見で、このように発言しました。

> それから、困ったのは、ほんとにロシア語しか通じません。普通、私たちが知らない国に行って、お土産物を買いに行ったら、ワン、ツー、スリーぐらいは普通に言えるはずなんで（中略）とにかくロシア語以外は全くだめだという状況なんで、これはやっぱり日本で同じことがあって、日本語以外、全くだめだったらとどうしようもないんで、前から言ってますように、ボランティアの通訳というようなことも、英会話教室みたいなことをやるということがいいことだと思います。(東京都, 2014)

つまり、ソチオリンピックでロシア語しか通じなかったので、東京オリンピックでは英語が通じるようにしなければならない、という内容です。多くの人

はこれに納得するでしょう。しかし、読者の中にはこの論理の矛盾に気づかれる方もいるかもしれません。つまり、ソチで英語話者がいなかったのなら、ソチから東京へオリンピック観戦にくるロシア人はロシア語しかできない可能性がある、ということなのです。

そこで、世界の英語話者の人口を考えてみましょう（日本人の英語使用率については第2章5節を参照）。まず、いわゆる**中心円**（inner circle）、つまり伝統的な英語国（アメリカ・カナダ・イギリス・オーストラリア・ニュージーランド）の人口は世界人口の6%にすぎません。これらの国々でも非英語話者は移民一世など少数ながらいるはずです。ここに**外周円**（outer circle）、つまりイギリスやアメリカの旧植民地であり、英語が公用語として使用されている国（例：インド・シンガポール・ナイジェリアなど）の英語話者をくわえると、この数は増しますが、それでも2桁前半でしょう。ブリティッシュ・カウンシルの研究員であるデイビッド・グラドル（David Graddol）によると、母語または非母語として英語を使う世界の人口は、おそらく全体の4分の1程度です。これには日本やロシアのように英語が外国語として学習されている、いわゆる**拡張円**（expanding circle）の国の話者も含まれます。この4分の1という数は多いのでしょうか。それとも少ないのでしょうか。これは読者の判断次第でしょう。

この世界人口4分の1の英語話者の多くは非母語話者です。では、この英語の非母語話者たちはどんな人々なのでしょうか。日本などの拡張円の国に住む英語非母語話者は教育程度が比較的高いと考えられます。ということは、特に非英語圏で英語を使って意思疎通ができる相手は、経済的エリートである確率が高いということになります。英語教育政策の根底にある国家の期待は、子どもたちが成人して就職したとき、世界の人々とビジネス・教育・文化交流・外交などの面で積極的に英語を媒介に対話してほしいという願望でしょう。実際、1990年代からの英語教育施策は財界の要望に応えるかたちでまとめられてきました（江利川, 2009；久保田, 2015a）。

それでは、日本で教育を受けたのち、就職してグローバルな職場で働いている日本人社員は、つねに英語を使用しているのでしょうか。英語はすべての国際ビジネス場面で万能なのでしょうか。この問題を明らかにするために、日系企業の社員で非英語圏に駐在したことのある社員に海外の職場でのコミュニケーションについてインタビュー調査をしました。

(2) 海外駐在員の言語使用――越境コミュニケーション

この調査では、海外進出している日系企業の中でも数の多い製造業に焦点を

おいて、非英語圏（中国・韓国・タイ）に駐在している、あるいは駐在したことのある社員の職場でのコミュニケーション体験についてインタビューを通して調査しました。中国とタイへは多くの日系企業が進出しており、経済産業省の2015年のデータによるとそれぞれ海外日系現地法人総数の26％と8％をしめています。韓国に進出している日系企業の数は少ないものの（3％）、韓国は日本と言語・文化・経済・教育などの面で共通点があること、また大日本帝国の植民地であったことなどから調査対象としました。ちなみに、海外の日系現地法人のうち、じつに3分の2（67％）はアジアにあり、次に多い地域は、北米（13％）、ヨーロッパ（12％）と続きます。

インタビューに応じてくれた日本人駐在員は中国11名、タイ12名、韓国12名でした。これらの駐在員は職場でどのことばを使っていたのでしょうか。この答えはおおまかに言うと次の4つの要素に左右されます。まず、その国や企業のローカルな事情で、職場に日本語のできる現地社員やほかの日本人駐在員がいるかどうかなどです。2つ目に、駐在員がどのような部署で業務をおこなっているのかという問題です。たとえば、工場で生産した製品のグローバル市場への販売、日本の本社との連絡、工場での現地ワーカーの監督、と考えてみると、それぞれ英語、日本語、現地語とおもに使うことばが異なってきます。3つ目に駐在員個人的要素が挙げられます。これはあらかじめ持っている言語能力や現地語学習意欲・学習機会などが含まれます。4つ目は言語的要素で、日本語と現地語との言語学的距離が影響をおよぼします。たとえば、日本語と中国語をくらべると文法は異なりますが、両者とも漢字を使います。韓国と日本語では表記は異なりますが、文法は似かよっています。韓国人は学校で漢字を学ぶので漢字も意思疎通の手段になりえます。ところが、日本語とタイ語は話しことばも書きことばも大きく異なります。

では、駐在員はどのことばを使っていたのでしょうか。中国の場合、英語・中国語・日本語をおもに使った駐在員がほぼ同じ割合でした。2名は本社から中国の大学に約1年間の語学研修に派遣されたあと、中国語を使って業務をおこなっていました。タイでは、英語を使う駐在員が多い傾向がありました。これは、タイ人の日本語学習者の数がまだ少ない上、日本人がタイ語を学ぶのが難しいことも原因です。ただし、タイ語・英語・日本語を混ぜて使っていた社員が2名、会話にはほぼ全部タイ語を使ったという社員が1名いました。一般的な傾向としては、製品の製造・販売・修理などローカルな現場に近づけば近づくほど、現地語が必要になってくるようでした。これに対して、韓国ではすべての駐在員が日本語をおもに使ったと回答しました。韓国には日本と同様、あるいはそ

れ以上の英語熱があります。それなのに英語があまり使われないのはなぜなのでしょうか。さまざまな要因が考えられますが、韓国における日本語学習者の多さが挙げられます。日本の植民地時代のなごりと言えるでしょう。韓国の高校カリキュラムには第二外国語があり、日本語はいまだに履修者数でトップとなっています。

　ここまでまとめると、英語教育を推進する日本企業においてでさえ、グローバル化の最前線で働く駐在員はつねに英語を使って仕事をしているとは限らないことが分かります。英語は駐在員が現地のエリート（実業家や現地スタッフ）とやりとりするときに使われますが、現地の顧客は全員英語ができるとは限らない上、工場の労働者たちの多くは非英語話者なのです。

　それでは、駐在員たちは、グローバル社会で働くためにはどのような能力や資質を重要と考えているのでしょうか。もちろん、基本的英語力がグローバルビジネスに不可欠であることには異論がありませんでした。ただ、この英語力とはどんな能力を指すのでしょうか。英語を仕事で使う場合、ネイティブスピーカーに準ずる正しい文法や幅広い語彙はさほど必要ありません。特別な業務や役職をのぞいて、日常の職場で使う英語の範囲は限られているからです。そして究極の目的は業務を円滑化し利潤を上げることであり、**ことばはそのためのツールでしかない**のです。その上、世界の英語話者の多くは非母語話者です。したがって、現地社員や顧客の使う英語は標準英語と異なります。このような状況下では、必要な情報を「ストレートに、シンプルに、クリアに、かつ失礼にならないように伝える」ことが重要になります。

　駐在員たちへのインタビュー調査を通して明らかになったのは、学校で教えられる正確な文法や語彙は、実際のコミュニケーションのほんの一部にすぎないと言うことです。グローバルな場面で必要な能力や資質を**越境コミュニケーション**と名づけ、図1に示しました。

　まず「越境コミュニケーション」では、コミュニケーション能力、つまりすでに持ち合わせているスキルや知識を土台として**コミュニケーション・ストラテジー**を駆使しながら、相手の言わんとすることを理解したり自分の言いたいことを伝えたりします。コミュニケーション・ストラテジーの例として駐在員たちが指摘したのは、ジェスチャーを使う、指さす、ことばを紙に書く、伝えたい内容を絵や図に描く、分かりやすいことばに言い換える、ゆっくり言う、繰り返す、漢字圏では筆談する（漢字を書く）などでした。これらのストラテジーは非英語話者と意思疎通する際、必須となります。

　ここで脱線しますが、ストラテジーの点で大変参考になる筆者の体験談があ

第 18 章　コミュニケーション力を育てる英語教育

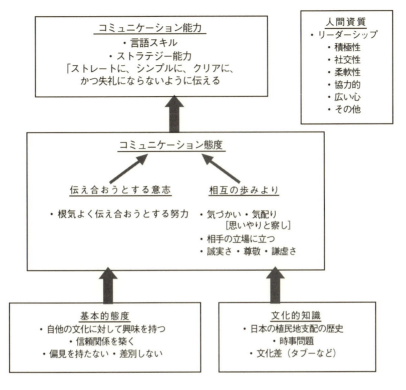

図 1　越境コミュニケーションの資質

るので紹介します。北米から中国へ仕事で旅行したときのことです。飛行機には中国人の子どもたちが団体旅行で搭乗していました。通路側の私の座席の横には 10 歳ぐらいの男の子が座りました。その隣の窓側には若い男性が座っていました。男の子は退屈だったと見えて、他の友だちと自分の席との間を行ったり来たりしていました。途中で友だちから借りてきたゲーム機を手に持って戻ってきました。自分の座席に腰かけ、さて、それで遊ぼうとするのですが、どうやってスイッチを入れていいのか分からないようすです。あれこれ試してみたのですがうまくいきません。そこで、男の子は窓側の男性に向かって、"How to open?" と尋ねました。中国語で「スイッチを入れる」は「開ける」と同音異義語なので直訳したのでしょう。ゲーム機を渡された男性は文字通り開けようとしますが、もちろん開きません。すると驚いたことに、男の子は自分の携帯電

話を取り出してスイッチを入れ、スイッチを指さして"open"と言ったのです。この機転には本当に感心しました。これこそすばらしいストラテジー能力でしょう。

「越境コミュニケーション」にもどります。これらの基本的言語力・ストラテジー能力を支えるのがコミュニケーションに向き合う態度です。これに含まれるのは、忍耐強く確認しながら「伝え合おうとする意志」と、相手の立場に立ち気づかいや気配りをしながら「相互の歩み寄り」を図ろうとする態度です。

さらに、これを支えるのが基本的態度や知識です。基本的態度とは、信頼関係を築くために、自他の文化への興味を持つ、偏見を持たない、差別しない、相手を見下さないなどの資質であり、多くの駐在員たちは「この国でビジネスをさせてもらっている」という謙虚な態度が大切であると語りました。また、これらを補完する知識として、歴史・政治・文化に関する認識、特にアジアにおいては歴史認識の必要性も指摘されました。

また、ほとんどの駐在員たちは現地語の必要性を感じていました。ロシアのソチでロシア語しか通じなかったように、英語や日本語ができない現地の人々がたくさんいるからです。

ここでひとつ強調したいのは「コミュニケーション」の概念です。駐在員が業務を遂行するためには基本的言語力は欠かせません。スキルのレベルが高ければ高いほどスムーズに意志伝達できるでしょう。ただし、これまで指摘してきたように「コミュニケーション」とは言語スキルのみを示すのではありません。文部科学省が示しているような「聞く」「話す」「読む」「書く」の4技能をこえて、コミュニケーション・ストラテジーならびに態度や知識が不可欠なのです。

これらの態度や資質はビジネス以外にもグローバル・コミュニケーション全般に欠かせないと考えられます。そして興味深いことに、2020年度から教科化される道徳の内容の一部と重なることです（2018年度から移行措置として先行実施）。以下、小学校学習指導要領から抜き書きします。

〔友情，信頼〕
〔第3学年及び第4学年〕友達と互いに理解し，信頼し，助け合うこと。
〔第5学年及び第6学年〕友達と互いに信頼し，学び合って友情を深め，（中略）人間関係を築いていくこと。
〔相互理解，寛容〕
〔第3学年及び第4学年〕自分の考えや意見を相手に伝えるとともに，相手のことを理解し，自分と異なる意見も大切にすること。

〔第5学年及び第6学年〕
自分の考えや意見を相手に伝えるとともに，謙虚な心をもち，広い心で自分と異なる意見や立場を尊重すること。
〔公正，公平，社会正義〕
〔第3学年及び第4学年〕
誰に対しても分け隔てをせず，公正，公平な態度で接すること。
〔第5学年及び第6学年〕
誰に対しても差別をすることや偏見をもつことなく，公正，公平な態度で接し，正義の実現に努めること。
〔国際理解，国際親善〕
〔第3学年及び第4学年〕他国の人々や文化に親しみ，関心をもつこと。
〔第5学年及び第6学年〕他国の人々や文化について理解し，日本人としての自覚をもって国際親善に努めること。

　つまり、このような基本的態度は良好な人間関係を築くために不可欠であり、身近な同級生や友だち、コミュニティーの人々との交わりの中から培う必要があるのです。学習指導要領や改正教育基本法の中の「日本人としての自覚」や「国を愛する態度」に関しては賛否両論があります。私見では、このような感性は多様な相手を知り、さまざまな意見や立場を体験し、異なる国や文化に対する偏見に立ち向かう中から自然と生まれてくるものと考えます。外国語教育の目標のひとつは、美化した「日本文化」だけを強調し、日本はすごい、という優越感を持たせるのではなく、アジアを含めた他の国々も日本も、それぞれすごいところがある、と思えるような謙虚な文化理解が必要なのです（第16章3節も参照）。
　ここまで、日系企業の海外駐在員について紹介してきましたが、これらの駐在員は社会の中のエリートであると言えます。これらエリートたちでさえ、英語力が十分でなく、さらに企業の幹部などが英語力不足のため国際会議で議論に参加できない、といった不満が産業界を英語教育推進に駆り立てているのでしょう。これらエリート中のエリートたちの体験だけをもとに英語教育に対する提言をおこなうのは傲慢であるとのそしりを受けるかもしれません。無論その通りです。ただここでの意図は、「英語＝国際共通語」ならびに「英語能力＝国際化・グローバル化」の等式を疑問視することにあります。これまで見てきたように、英語の持つ国際的地位は否定できませんが、同時に、真のグローバル・コミュニケーションに必要なのは、さまざまな言語を学ぼうとする意欲、非言

語ストラテジーを駆使して伝え合おうとする努力、そして相手を大切にしようとする態度なのです。そこで企業中心のエリート教育をこえたもうひとつの教育理念を見てみましょう。

3. もうひとつの外国語教育目標論

　日本は、おおやけの場面において、おもに日本語のみが使用されるモノリンガル社会です。にもかかわらず、英語は学校で必修となっています。将来英語を使うか使わないか、あるいは英語に興味があるかないかにかかわらず、だれもが学習しなければなりません。このような理由もあって、外国語教育は「教養」と「技能（スキル）」のどちらを目標にすえるかという問題が長年議論の対象となってきました（寺沢，2014）。最初に紹介した文部科学省がかかげる外国語教育の3つの目標は、スキル面の育成と非スキル面の育成を並立させていますが、現実には入学試験があるために、テストで測定できる言語スキルの育成に主眼をおいた教育観が広く支持されていると考えてよいでしょう。これは、駐在員が体験するグローバル・コミュニケーションの実態とはかけはなれているのですが、皮肉にも財界の提言によって支持されています。

　これに反して「越境コミュニケーション」を目指す教育では、スキル面であるコミュニケーション能力をささえる態度や知識が重要視されており、それがなければいくらスキルがあっても理想的なコミュニケーションは成り立たないことになります。「越境コミュニケーション」とある意味で呼応しているのは、2001年に日本教職員組合の教育研究全国集会で確認された「外国語教育の4目的」です。

1. 外国語の学習をとおして、世界平和、民族共生、民主主義、人権擁護、環境保護のために、世界の人びととの理解、交流、連帯を進める。
2. 労働と生活を基礎として、外国語の学習で養うことができる思考や感性を育てる。
3. 外国語と日本語とを比較して、日本語への認識を深める。
4. 以上をふまえながら、外国語を使う能力の基礎を養う。

　ここでは、「越境コミュニケーション」で中核となっている「態度」の内容は明示されていませんが、2番目の「外国語の学習で養うことができる思考や感性」がこれに共鳴します。つまり、1番目の目的である世界の人々との理解・交流・

連帯を進めるためには、相手の尊重・歩み寄り・偏見を持たない・多様な意見やものの見かたを知る、などの感性や思考が不可欠なのです。さらに、日本国内にも外国にルーツのある人たちがたくさん住んでいます。学級の中にはそのような友だちもいるでしょう。これらの人々とお互いに人権を尊重しながら平和的に共生するためには、コミュニケーションが欠かせません。ここでのコミュニケーションは単に4技能と文法・語彙・発音だけではなく、ストラテジーや態度が大きな役割を果たします。

　したがって、義務教育における**外国語・英語教育はコミュニケーション教育の一環として捉えるべき**であって、多言語・多文化への関心、身近な友だちや多様な人々との理解と協調、意思疎通しようとする意欲をつちかうことを目的とするべきであると考えます。

　英語教育をこのように捉えると、おのずから英語に対する向き合いかたが変化します。英語はグローバルに拡散しているもの、世界に存在する何千もの言語のひとつでしかなく、英語スキルは国際理解や他国からの人々との交流とは必ずしも直結しないことが分かります。言い換えると、英語ができれば、世界を知り世界の人たちと交流するのに役立つ反面、世界のすべてを知ることはできないのです。世界には英語のできない人々がたくさんいる、また、日本語を外国語として学んでいる人もたくさんいる、ということにかんがみると、日本を訪れる外国人にはあまねく英語を使う、というある意味での常識も相手の外国人にとっては不都合だったり失礼だったりするかもしれないのです。

　そこで木村（2016）は節度を持って英語を使おう、という意味で**節英**という概念を提唱しています。英語教育関係者に向かって節英を呼びかけるのは矛盾しているかもしれませんが、グローバル社会における英語の実際のステータスを考えるとおのずから導き出される結論です。具体的には、まず、外国人に対してはじめに日本語で接してみる、そして相手語が使えるのなら相手語で話す、そして英語は最終手段にすべきだと提唱されています。もちろん相手が英語話者であれば英語が意思疎通のツールになりえますが、そうでなければコミュニケーション・ストラテジーを用いて日本語で話すことも有効的です。海外では、できるだけ現地語を使うようにすることも大切なマナーです。

　節英にくわえて、どんな英語をだれと使うのかという問題も大切です。英語を通して世界平和や民族共生のための相互理解・交流・連帯を実現させるためには、言語的・人種的・民族的な平等主義にもとづかなければなりません。従来、英語教育は中心円（inner circle）の英語、特にアメリカ人のネイティブスピーカーが使う標準語が学習目標とされてきました。さらにこのネイティブスピーカ

ーのイメージはつねに白人でした。JET プログラムの ALT もいまだに白人アメリカ人が大半を占めています。しかし、日系企業の海外進出データや駐在員の研究調査でも明らかなように、私たちが世界で英語を使う相手は、非白人の非母語話者、特にアジア近隣諸国からの人々である可能性が圧倒的に高いのです。評論家のダグラス・ラミスは 1976 年に『イデオロギーとしての英会話』という本の中で、「英会話の世界は人種差別である」と批判しました。この実態は多少改善してきたものの、いまだに引きつがれていると言わざるをえません。

　最後に英語教育をコミュニケーション教育の一部として考えたときに、どのような教育活動ができるのか、以下、2 つの例を紹介します。

4. 学校における越境コミュニケーションの実体験

　ひとつ目のアイディアは、野山 (2011) が紹介している「教室まるごと学校訪問」という事例です。これは東京都武蔵野市の日本語教室が学習者と近隣の小学校・中学校の児童生徒との国際交流を目的に定期的におこなっていた行事です。この活動では、外国出身の日本語学習者が小・中学校を訪問し、児童生徒とタスク活動を通して交流します。訪問者は成人で、英語話者とはかぎりません。ここで紹介されているのは小学 3 年生が対応グループだった例です。訪問者を迎える子どもたちは、ひとりひとり訪問者の世話係になり、タスクを遂行します。たとえば、自分で作った学校の地図を見せながら、学校の中で一番好きな場所に訪問者を案内します。訪問者のほうは、自分の好きな場所や出身地について絵・写真・音・ことばなどを使って説明できるでしょう。タスクを達成したあとで、10 人ぐらいのグループに分かれ、給食をともにとりながら、グループごとにファシリテーターを介してタスクの振り返りをします。筆者はこの活動の編集記録ビデオの内容について、次のように書いています。

> そのさいの共通言語はほとんど日本語となるわけだが、学習者の母語が飛び交うこともときどきある。不思議なことに、そのコミュニケーションはなんとなく成立している。(中略) また、三年生の好奇心は旺盛であり、その訪問者が何人であれ何語を話す人であれ、堂々と (先入観や固定観念もほとんどなく) 日本語でコミュニケーションしようとする。状況によっては、その伝えたいことばを繰り返したり、ゆっくり話したりと、さまざまな工夫 (言語習得の分野ではいわゆるフォリナートークといわれる話し方も駆使) しながら、言いたいことをわかりやすく伝えようとする。

第18章　コミュニケーション力を育てる英語教育

　ここで描写されているのは、前述の飛行機の中のエピソードに見られるような、ジェスチャーや機転を駆使したコミュニケーション・ストラテジーと重なり合います。まさに「越境コミュニケーション」が実践された例と言ってよいでしょう。

　この活動を有効におこなうには、入念な事前準備が必要です。受け入れ側の教師と訪問側の関係者が連絡を密にし、参加者がおこなうタスクを明確にさだめ、参加者に必要な準備をさせてから実際の訪問をおこないます。

　この活動では英語学習が促進されないという批判をうけるかもしれません。しかしこれまで述べてきたように、語学力はコミュニケーションのツールにすぎません。コミュニケーション力を高めるには、コミュニケーション・ストラテジーや多様性を受け入れる態度・背景知識などを培うことが不可欠です。そのためには、コミュニケーションする楽しみを味わいながら実体験できる機会を作ることが有用となります。コミュニケーション・ストラテジーを前後の授業の中で明示的に取り上げ、さまざまな状況における意思疎通の方策を子どもたちとともに模索するのも重要でしょう。そして、体験の中から学んだことについてつねに振り返り、英語で意思疎通する場合にはどう当てはまるのか考えることが大切です。

　学校によっては、このような活動をおこなわなくても、すでに外国につながる子どもたちが多く在籍しているかもしれません。これらの子どもたちを巻きこんで文化・言語理解をおこなうことも可能でしょう。私がアメリカの小学校で教師たちとおこなった"shock language"という活動では、日本で国際教室に当たるESL（English as a second language）教室に通い英語がまだ十分にできない子どもたちの苦労について、ESLでない児童たちの理解と共感を高めることを目的にしました（Kubota, et al., 2000）。これは、事前に校庭で起きたいじめ問題を解決する手段でもありました。この活動の名前通り、通常教室を日本の教室に様変わりさせ、日本人の教師が、他の教室から動員してきた日本人のESL児童たちも含めて20分間国語の授業をおこないました。日本人の子どもたちは日本語の分からない子どもたちに指さしたりジェスチャーを使ったりしながら理解をうながしました。そのあとで、スクールカウンセラーがファシリテーターになり、振り返りをしました。子どもたちは、英語のできない同級生たちの気持ちがよく分かった、コミュニケーション・ストラテジーが助かった、などの感想を述べました。その活動の直後、体育館で、アメリカ人の子どもたちが転校してきたばかりの日本人の女の子を囲んで助けてあげようとしているのを目の当たり

にしました。この活動は「教室まるごと学校訪問」とは方法がだいぶ違いますが、相互理解、共感、コミュニケーション・ストラテジーなどの点では共通点があります。日本の教室でも外国につながる児童たちの協力を得て、このような活動ができるでしょう。

5. ワールド・イングリッシュズ

「越境コミュニケーション」で強調したいのは、言語の多様性です。英語はさまざまな変種があり、決して一様ではありません。また、英語のコミュニケーションでは、英語の非母語話者どうしがリンガフランカとして英語を使う場面が圧倒的に多いと考えられます。たとえば2020年の東京オリンピック・パラリンピックに訪れる選手・関係者・観客と意思疎通を図る場合、多くはこのような英語を介しておこなわれると想像できます。そこで英語の多様性とともに、外国や日本の言語的多様性を認識するためにおこなった「ワールド・イングリッシュズ（world Englishes）」の活動を紹介します。

これは、筆者が地方の小学6年生を対象に、英語のボランティア指導者と協働でおこなった90分の授業です。当時その学区には、中国・ブラジル・ペルー・タイ出身のいわゆるニューカマーが多く生活していました。以下、活動の手順について説明します。

最初に指導者2人が英語で簡単なあいさつをして、子どもたちにも英語のあいさつをうながします。そのあと、英語が使用されている国名（中心円と外周円の国々）をいくつか挙げて、世界地図の上で場所を確認しながら、英語の多様な地域性を示します。その際、パワーポイントを使ってさまざまな人種の写真など視覚教材を見せながら多様性を補強します。だいたい理解ができたところで、それらの国の場所を地図上で当てるゲームをします。

次に、アメリカの国勢調査（United States Census）を参考にし、アメリカ国内の家庭で話される言語の統計（languages spoken at home）を見て、アメリカでも住民全員が家庭で英語を話すわけではないことを認識します。アメリカを選んだのは、最も身近な国であるからです。それを日本と比較して、全国および地域の外国籍住民の人口の割合を示します。全国のデータは出入国在留管理庁の統計から調べることができます。市町村の人口統計も入手可能です。言語のデータはありませんが、日本においても人口の多様性が認識できます。最後に、指導者2人が、地域で聞かれる外国語（ここでは中国語とタイ語）で簡単なあいさつをし、子どもたちにも繰り返させます。

第18章　コミュニケーション力を育てる英語教育

　この実践では意外な成果がありました。タイ人の母親を持つ児童がクラスにおり、事後に次のような感想文を書いてきたのです。

> アメリカの事とか学んで私は外国に行きたくなりました。とくにタイ。お母さんはタイ人だから小さいころにいったことあるけど、あんまりおぼえてないからもう一度。女の人は（サワディ：「こんにちは」の）最後に「カッ」だけど男の人は、「クラップ」です。すこししゃべれるけど、タイに行ってもっと学びたいなあーとおもいました。

　児童たちの母語や文化を授業で取り上げることで、子どもたちは認められたという喜びがわき、自信を持ち、自己のアイデンティティへの興味が芽生えると考えられます。上記の"shock language"アクティビティの後でも、参加した日本人の子どもたちから同様の感想が寄せられました。

　さらに、地域の外国人をゲストスピーカーとして招き、外国のようすや個人的な体験について話してもらうこともできるでしょう。また、言語面に焦点をおいて、地域の外国人が使っていることばで交流に役立つ簡単な会話を練習してみたり、日本語・ゲストスピーカーの話すことば・英語をならべ、単語や表現について比較してみたりすることも有意義でしょう。また、ゲームを通して楽しく学ぶこともモチベーションを高めることにつながるのではないでしょうか。

6. クリティカルな視点をもつ

　英語のスキルはグローバル人材育成に不可欠だとよく言われます。もちろんその通りです。しかし、英語は万能ではありません。つまり英語はグローバル化の必要条件ですが、十分条件ではありません。ローカルならびにグローバルのコミュニティーで責任ある社会の一員として平和と民主主義を築き、幸福に生活していくためには、「越境コミュニケーション」の力をつけることが必須であると考えます。外国語教育では、4技能を伸ばすことだけが最終的な目標なのではなく、「越境コミュニケーション」のための技能・資質・態度・感性を培っていくことがもっとも重要です。そのためには、「英語」という概念がかもしだす言語イデオロギーを鵜呑みにするのではなく、社会的に当然とされている概念をつねに疑問視する態度です。たとえば、「英語＝国際語」という考えや、ネイティブスピーカー・正しい英語・白人に与えられた優越性など、知らず知らずのうちに受け入れてしまっている考えを問い直す必要があります。英語指導

をコミュニケーション教育として捉えることによって、さまざまな違いに謙虚な態度で対応できる人間育成を推し進めていくことができるのではないでしょうか。

【引用文献】

江利川春雄（2009）．『英語教育のポリティクス——競争から協同へ』三友社出版．
木村護郎クリストフ（2016）．『節英のすすめ』萬書房．
Kubota, R., Gardner, K., Patten, M., Thatcher-Fettig, C., and Yoshida, M.（2000）. Mainstream peers try on English Language Learners' shoes: A shock language experience. *TESOL Journal, 9*（4）, 12-16.
久保田竜子(2015a)．『グローバル社会と言語教育——クリティカルな視点から』(単著:和訳) くろしお出版．
久保田竜子（2015b）．『英語教育と文化・人種・ジェンダー』（単著：和訳）くろしお出版．
久保田竜子（2018）．『英語教育幻想』ちくま新書．
野山広(2011)．「地域日本語教育の展開と複言語・複文化主義」北脇保之（編）『「開かれた日本」の構想——移民受け入れと社会統合』148-181頁．ココ出版．
寺沢拓敬（2014）．『「なんで英語やるの？」の戦後史——《国民教育》としての英語、その伝統の成立過程』研究社．
東京都（2014）．「舛添前知事『知事の部屋』記者会見　平成26年2月27日」http://www.metro.tokyo.jp/GOVERNOR/ARC/20160621/KAIKEN/TEXT/2014/140227.htm から取得．

【推薦図書】

①江利川春雄（2009）．『英語教育のポリティクス——競争から協同へ』三友社出版．
➤日本における英語教育史が専門の著者は、大学で教員養成にたずさわりながら今日の英語教育政策への批判を精力的におこなっています。本書は2000年代の英語教育政策を振り返り、政治的・経済的面からも問題点を投げかけています。
②木村護郎クリストフ（2016）．『節英のすすめ』萬書房．
➤国際語としての英語への過剰な依存を疑問視すると同時に、いくつかの対応策が示されています。現地語を優先すること、りんご（隣語）をかじること、日本語を活用することなどはさっそく実践できるでしょう。
③久保田竜子（2018）．『英語教育幻想』ちくま新書．
➤北米の大学で教鞭をとってきた本章の筆者が、英語教育に関する10のよくある思い込みを学術的裏付けにもとづいてクリティカルに検証し、日本の一般の読者向けに分かりやすく書いた新書版です。

エピローグ

　英会話ロボット、学習アプリ、オンライン英会話、子供向けの資格試験、教員研修や講師派遣事業など、民間による英語ビジネスは活況を呈しており、小学校英語の準備が着々と進められています。
　しかし、私は教科化が決定してから報道や広告を見聞きするたびに、期待感よりも不安の念を抱いてきました。心の奥底で、重要で決定的な「何か」が欠けているのではと感じていました。その足りないものとは、小学校に限らず、学校教育を根底で支える〈柱〉になるものです。それを確認するために、文科省の基礎資料「学校教育（特に義務教育）に関する提言事項」の冒頭文を引用します。

　　学校教育は、すべての国民に対して、その一生を通ずる人間形成の基礎として必要なものを共通に修得させるとともに、個人の特性の分化に応じて豊かな個性と社会性の発達を助長する、もっとも組織的・計画的な教育の制度であり、国民教育として普遍的な性格をもち、**他の領域では期待できない教育条件**と**専門的な指導能力を必要とする教育**を担当するものである。
　　（太字は筆者による強調）

　太字部分を「学校教育にしかできない教育条件」「学問に裏打ちされた専門的な教育」と読み替えることもできます。この２本の柱が、学校教育の生命線といっても過言ではないでしょう。この柱が揺らぐと、学校教育の存在価値が失われてしまいます。大学入試への英語民間試験導入延期をめぐる一連の騒動からも分かるように、学問的な根拠や検証の乏しい政策、利権が絡んだ不透明な意思決定プロセス、教育体制構築の準備不足などは、教育現場を混乱に陥れ、教育的意義を歪めてしまいます。
　小学校英語の教科化は、大学入試制度のように延期にはならず、2020年度から始まります。上述した２本の柱を支えにした授業づくりの一助となれば、との想いから本書を編みました。一口に「専門性」といっても、英語教育の分野は多岐にわたります。分野ごとにはさまざまな奥深さがあり、新たな可能性に満ち溢れています。授業で教えることには、たとえ教室で明示的に語られない

としても、その背後で、学問の理論的基盤や専門的知見が作用しています。したがって、本書を読まれた皆さんが、英語教育学に関わる分野の多様なエッセンスを吸収し、各々が独自の手法でアレンジしながら、ことばの世界を拓くような授業づくりのヒントとしていただけたら、これ以上の喜びはありません。「専門的アプローチ」とは、授業実践を豊かにする源泉なのです。

　私自身はこれまで、小中高大の一貫連携教育を意識しながら、中高で英語教育に専門性と一貫性をもたせ、自律的な学習者を育てることを目標としてきました。独自の実践を模索しようとしても、なかなか難しく、失敗と後悔の連続でした。高校3年生を送り出すたびに、彼らの成長に喜びを覚えますが、他方、自分の実践については反省と葛藤ばかりです。力量不足と自己限界を感じることも多くありますが、その悔しさと不甲斐なさをバネにして、改善するための原動力としてきました。

　理想には遠く、未だ目標とするゴールには辿り着けていませんが、ブレずに1つのことに集中していると、徐々に変化も見えてきます。中学入学時から現在の高校2年まで5年連続で担当している学年が中学3年のとき、詩的機能にヒントを得て、卒業文集で具象詩（concrete poem）や折句（acrostic poem）などの英詩を書く活動をしました。本書の第3章で作品を2つ紹介しましたが、他にもユニークな詩が数多く創られ、ことばの世界を拓くような実践ができたと感じた瞬間がありました。現在は、英語と卒業研究論文と進路意識を結びつけようと挑戦しています。

　私が英語教育の専門領域と初めて出会ったのは、2004年から2年間在籍した立教大学大学院異文化コミュニケーション研究科での「学び直し」がきっかけです。それまでの私は、明らかに狭隘な視点でしか物事を捉えていませんでした。大学院での経験がなかったら、自分が進むべき実践の方向性を見据えることはできず、探究心を持ち続けることもできなかったでしょう。学びの過程で、独自の道を追究する人々との出逢いに多く恵まれたことが、とても幸運なことでした。修了後もこうした方々との繋がりや出逢いが、自分の支えとなっています。本書を書くことができたのも、ひとえに私の無謀とも思える企画を、真摯に受け止めて協力して下さった皆様のおかげです。皆様のお力添えなくして、本書の完成はあり得ませんでした。

　2016年に本書の構想を得てから、出版まで4年の歳月が流れました。その間、校務の忙しさが増し、私生活が大きく変化する中で、2009年の前著からちょうど10年の節目の年に、こうして新たな書を刊行できることを嬉しく思います。

エピローグ

　春風社の岡田幸一編集長には、執筆の段階からすべての原稿に目を通して的確なアドバイスを頂戴し、細部にわたってプロフェッショナルな編集をしていただきました。それから今まで私を支えて下さっているすべての方々、特に、日頃からお世話になっている職場の皆様、英語教育で導いて下さる方々、中央教育研究所の皆様、古くから付き合いのある友人たち、長野と茨城の家族、そして、いつも近くにいる妻と娘に心から感謝します。

　最後に、未来の小学校英語に関わるすべての方々に、勇気と希望を込めて本書を捧げたいと思います。

2019（令和元）年11月

朝霞にて　　綾部保志

索引

【あ】

アクティブ・ラーニング 5, 22-23, 103, 155, 191-192
「新しい」リテラシー 222
異化 144, 160-162
異文化理解 6, 21, 23, 29, 34, 39-40, 140, 154, 157, 191, 197, 241, 268-269, 276
意味論 54
イントネーション 66-71, 73-76, 78, 80-81, 184
隠喩（メタファー）50-51, 56, 59
英語使用率 45-46, 246, 286
英語民間試験 14, 19, 22, 25
演繹的アプローチ 98-99, 103, 111
オーディオリンガル教授法 83
音韻認識能力 85, 141
音素 54, 56-57, 86, 90, 92, 94

【か】

外国語（英語）活動 21-23, 31-33, 35-38, 40-42, 82, 90, 94-96, 111, 129, 131, 145, 153-154, 173, 192, 206, 213, 217, 220, 263
階層的フレーム 196-197
核 64, 68, 76, 103, 159, 211, 292
学習言語能力（CALP）60, 109-110, 112, 224
学習指導要領（指導要領）14, 20-23, 29, 31, 33-36, 38-44, 82, 108, 111, 154-155, 191-192, 208, 220, 239-240, 263, 266, 283-284, 290-291
学習動機 191, 194
下降アプローチ 84
感情同化 161-162
換喩（メトニミー）52, 59-61
記号論 49-53, 56, 64-65
機能語 78, 92, 124

帰納的アプローチ 98-100, 102-104, 108, 110-111
教室談話分析 253-254
協働学習 5, 99, 190-199, 201-204, 232
グローバル人材 21-22, 29, 154, 157, 159, 283, 297
形態素 54
言及指示的意味 54-55, 57
言語人類学 55, 64, 265, 270, 281
現代絵本 143-144, 149-150, 152-153
高次思考力 99, 194, 203, 207, 209-210, 217
コード 50, 52-55, 65, 158, 239, 244-248, 251-252, 261
コードスイッチング 239, 244-248, 251-252, 261
語強勢 69, 71-72, 76-77
国語 5, 12-17, 19-26, 29-38, 40-44, 46, 63, 82, 84, 90, 94-96, 103, 106, 108-112, 115-116, 118-123, 125-127, 129, 131, 140, 142, 144-145, 148, 153-154, 163, 173, 177-178, 188, 191-192, 197-198, 206-208, 211-213, 217-220, 234, 239-241, 247, 251-252, 263, 273, 278, 280-281, 283-284, 286-289, 291-293, 295-297
国際共通語 13, 21, 207, 269, 284-285, 291
国際理解 6, 25, 33-35, 39, 41-42, 44, 46, 154, 157, 206, 211, 219, 241, 291, 293
語用論的意味 54-55
コンテクスト 11, 20, 26, 51-52, 54-55, 57, 61-64, 157, 218, 258-259, 261, 266-270, 273

【さ】

サイト・ワード・リーディング 92, 94
シェイクスピア 131, 138-139, 156, 163-164, 167

自己モニタリング 178, 184
詩的機能 56-58, 133, 147
指標性 51-52, 55-56, 59-61, 63
自文化中心主義 261, 268
社会階層 46, 267-268
社会言語学 26, 157-159, 222, 252, 265
社会指標的意味 54-55, 57, 62
社会文化理論 192
修辞 115-116, 124-125
上昇アプローチ 84
象徴性 51-53, 61
自力読み 149
自律 26, 65, 99, 108, 115, 191-192, 194, 196-197, 204
スキル 39-40, 42-43, 95, 100, 103, 112, 191, 209, 219, 223, 227, 247, 288-290, 292-293, 297
総合的な学習の時間（総合学習） 6, 32, 34, 38-39, 41-43

【た】

大学入学共通テスト 14, 19, 22
大学入試改革 22
態度 20, 22-23, 39-44, 123, 154, 171, 196-197, 218, 263, 268, 272, 283-284, 289-293, 295, 297-298
多言語主義 24-25
中央教育審議会 33, 35, 154
直接教授法 108, 112
沈黙期 106
低次思考力 194, 207, 209-210, 217
同韻語 58, 146
同化 79-81, 117, 125, 160-162
統語 54, 124
読本テクスト 144, 151-152

【な】

内容言語統合型学習（CLIL） 189, 206-220, 241, 247, 252, 280

内容語 68-74, 76, 78, 124, 245
内容重視型授業（CBI） 206, 241-243
ナチュラルメソッド 83
日常会話能力（BICS） 60, 109, 224
日本語 5, 13, 24, 33, 35, 40, 43, 57-58, 60, 63, 65-68, 71-75, 77, 80-81, 83, 90, 100-106, 110-112, 116, 118-120, 122-123, 130-131, 133-134, 142, 164-166, 168-171, 179, 181, 185, 190, 197, 199-200, 204, 206, 223, 234-235, 239-240, 245-251, 256-257, 260, 265, 273, 278, 285, 287-288, 290, 292-295, 297-298
能力記述文 25-26

【は】

バランスト・アプローチ 84-86, 94
ピーク 67-76, 78, 116
ピーターラビット 130
平泉・渡部英語教育論争 15
フォニックス 58, 80, 85-86, 90, 92, 94-95, 130, 139, 178
複言語主義 24-25, 241
複合語 70-71
フレーズ 67-70, 72, 74, 76, 120, 141, 146-148, 151, 202, 249
文化的意味範疇 53, 55-56, 61-63, 65
文強勢 74-78, 119
文法の意味 54-56
方略（ストラテジー） 190, 196-197, 213, 247, 265, 288-290, 292-293, 295-296
ホール・ランゲージ・アプローチ 86
母語 25-26, 39-40, 66, 80, 82-83, 92, 97, 103-104, 106, 108-110, 112, 115-116, 119-121, 123, 126, 140-141, 144-146, 206, 212, 224, 226, 228-229, 239-244, 246-252, 272, 281, 285-286, 288, 294, 296-297

【ま】

マザー・グース 58, 130-131, 138-139, 204

マルチモダリティ 222-223, 236
マルチリテラシー 222-224, 236
身近な役割モデル 194
名詞句階層 59-60
メタ認知 190, 195-197
目的論 13, 31-32, 37, 39-40, 44
物真似 51, 124-125, 127

【や】

役割演技 160-162
ヨーロッパ言語共通参照枠（CEFR） 15, 24-26, 28-29, 129
4技能 14-15, 18, 26, 83, 86, 95, 128-131, 157, 283-284, 290, 293, 297

【ら】

ラポール 193, 202, 251
理解可能なインプット 83, 104, 207, 241-242
理解のためのドラマ 159-160, 162, 171
リテラシー 141, 144, 158-159, 221-225, 233-234, 236
リンガフランカ 285, 296
臨時教育審議会（臨教審） 19-20, 27, 29, 283
類像性 51, 56, 61, 124
レジスター 56, 158-159, 272
連結 78, 123, 143
ローマ字 5, 83, 117-118
6機能モデル 56

執筆者紹介（目次順）

第 1 章
鳥飼 玖美子（とりかい くみこ）
- 立教大学名誉教授
- サウサンプトン大学（University of Southampton）大学院人文学研究科博士課程修了（Ph.D.）
- 主要業績

『通訳者と戦後日米外交』（みすず書房，2007）
Voices of the Invisible Presence. John Benjamins, 2009.
「グローバリゼーションの中の英語教育——国際共通語としての英語をどう考えるか」広田照幸・吉田文・他（編）『グローバリゼーション，社会変動と大学（シリーズ大学 第 1 巻）』（岩波書店，2013，pp.138-167）

第 2 章
寺沢 拓敬（てらさわ たくのり）
- 関西学院大学社会学部准教授
- 東京大学大学院総合文化研究科博士課程（言語情報科学専攻）単位取得退学、博士（学術）
- 主要業績

『「なんで英語やるの？」の戦後史』（研究社，2014）
『「日本人と英語」の社会学』（研究社，2015）
牲川波都季・庵功雄・有田佳代子・寺沢拓敬『日本語教育はどこへ向かうのか——移民時代の政策を動かすために』（くろしお出版，2019）

第 3 章
綾部 保志（あやべ やすゆき）
- 立教池袋中学校・高等学校英語科教諭
- 立教大学大学院異文化コミュニケーション研究科博士前期課程修了（M.A.）
- 主要業績

『言語人類学から見た英語教育』綾部保志（編）綾部保志・小山亘・榎本剛士（著）（ひつじ書房，2009）
「教員になってから「学び直し」てみて」『英語教育　2011 年 3 月号』（大修館書店，2011，pp.21-23）

「中学3年生による英詩ライティングの授業実践——言語芸術、詩的機能、創作作品」『自律した学習者を育てる英語教育の探求——小中高大を接続することばの教育として——』（中央教育研究所，2018, pp.68-90）

小山 亘（こやま わたる）
- ◆ 立教大学異文化コミュニケーション学部教授
- ◆ シカゴ大学（University of Chicago）大学院言語学研究科博士課程修了（Ph.D.）
- ◆ 主要業績

"The rise of pragmatics: A historiographic overview." In Neal Norrick and Wolfram Bublitz, eds., *Handbooks of Pragmatics*, Vol.1: *Foundations of Pragmatics*. 2011, De Gruyter Mouton, pp.139-166.

『コミュニケーション論のまなざし』（三元社，2012）

「社会言語学とディスコーダンスの空間——葛藤と合意の絡み合いによる現代世界の編成とプラグマティズムの原理」武黒麻紀子（編）『相互行為におけるディスコーダンス——言語人類学からみた不一致・不調和・葛藤』（ひつじ書房，2018, pp.237-260）

第4章
川越 いつえ（かわごえ いつえ）
- ◆ 京都産業大学名誉教授
- ◆ 大阪大学大学院文学研究科博士課程（英語学専攻）単位取得満期退学（M.A.）
- ◆ 主要業績

『新装版：英語の音声を科学する』（大修館書店，2007）

"The phonology of *sokuon*, or geminate obstruents." In Haruo Kobozono, ed., *The handbook of Japanese phonetics and phonology*. 2015, De Gruyter Mouton, pp.79-119.

「音声学・音韻論と英語教育実践——対話能力を強化する英語音声指導に向けて」有働眞理子・谷明信（編）『兵庫教育大学教育実践学叢書）英語音声教育実践と音声学・音韻論——効果的で豊かな学びを目指して』（ジアース教育新社，2018, pp.38-93）

第5章
畑江 美佳（はたえ みか）
- ◆ 鳴門教育大学大学院学校教育研究科准教授
- ◆ 日本大学大学院総合社会情報研究科総合社会情報専攻博士後期課程修了（Ph.D.）

◆ 主要業績

『英語好きな子に育つたのしいお話365』（誠文堂新光社，2016，p.61, p.164, p.335）

「外国語活動におけるサイト・ワード・リーディングの試み」（*JES Journal 16*，2016，pp.34-49）

「小学校におけるアルファベット指導の再考――文字認知を高めるデジタル教材の開発と実践――」（*JES Journal 17*，2017，pp.20-35）

第6章
古田 直肇（ふるた なおとし）
◆ 東洋大学文学部准教授
◆ 東京大学大学院総合文化研究科博士課程（言語情報専攻）単位取得満期退学、および、サンフランシスコ州立大学（San Francisco State University）大学院英語研究科修士課程（TESOL専攻）修了（M.A.）
◆ 主要業績

"On the Social Status of the Thief in *Beowulf*: Is He a Slave or Not?" 唐澤一友編『忍足欣四郎先生追悼論文集『ベーオウルフ』とその周辺』（春風社，2009，pp.210-226）

『英文法は役に立つ！――英語をもっと深く知りたい人のために』（春風社，2015）

「第二言語習得研究の示唆する英語史の教育的価値」家入葉子編『これからの英語教育――英語史研究との対話』（大阪洋書，2016，pp.35-53）

第7章
安原 章（やすはら あきら）
◆ 立教池袋中学校・高等学校英語科教諭
◆ 東京大学大学院総合文化研究科（言語情報科学専攻）修士課程修了（M.A.）
◆ 主要業績

「先ず隗よりはじめよ――教師自身の外国語学習から」鳥飼玖美子（編者）『一貫連携英語教育をどう構築するか――「道具」としての英語観を超えて――』（東信堂，2015，pp.84-86）

「すべては正しい「型」の習得から」斎藤兆史著『英文法の論理』書評『英語教育 2008年1月号』（大修館書店，2008，pp.94-95）

第 8 章

菊池 亮子（きくち りょうこ）
◆ 立教池袋中学校・高等学校英語科講師
◆ ロンドン大学バークベックカレッジ（University of London, Birkbeck College）大学院美術史研究科映画・視覚芸術専攻博士課程満期退学
◆ 主要業績

「撮影監督　ジャック・カーディフ歓迎」『映画撮影 No. 155』（日本映画撮影監督協会，2002，pp.64-67）

「ジャック・カーディフ氏 90 歳の誕生日に参加して」『映画撮影 No. 164』（日本映画撮影監督協会，2005，p.50）

A book review for *Early Cinema: From Factory Gate to Dream Factory*, by Simon Popple and Joe Kember, Wallflower, 2004, *filmwaves*, Issue 25, Obraz Productions, 2004, p.8

第 9 章

村松 麻里（むらまつ まり）
◆ 金沢学院大学文学部講師
◆ 立教大学大学院異文化コミュニケーション研究科博士後期課程満期退学
◆ 主要業績

「英語教育における絵本の活用に関する考察——Real Books, Reading Schemes, ELT 絵本の比較分析を通して」『異文化コミュニケーション論集　第 8 号』（立教大学大学院異文化コミュニケーション研究科，2010，pp.57-72）

「小学校英語教育におけるホール・ランゲージ型の学びの可能性：新学習指導要領を踏まえて」『未来を拓く教育実践学研究　第 1 号』（共創型対話学習研究所，2016，pp.83-92）

「英語教育における「コミュニケーション」再考：Education Through Music の歌遊びを通して」『金沢学院大学教育研究所紀要　第 1 号』（金沢学院大学，2017，pp.243-259）

第 10 章

飛田 勘文（ひだ のりふみ）
◆ 早稲田大学坪内博士記念演劇博物館助教
◆ ウォーリック大学（University of Warwick）教育研究所（Institute of Education）博士課程（芸術教育学）修了（Ph.D.）

◆ 主要業績

「日本の英語劇の歴史 − 第1期・第2期 −」『清泉女子大学人文科学研究所紀要 第38号』（清泉女子大学，2017，pp.93-112）

「多文化共生と演劇ワークショップ――理論と実践」松尾慎（編著）．『多文化共生 人が変わる、社会を変える』（凡人社，2018．pp.109-130）

「21世紀における英語劇の展開――異なる文化的背景を持つ人々とともに生きるための英語――」『清泉女子大学人文科学研究所紀要　第40号』（清泉女子大学，2019，pp.95-118）

第 11 章

小林 隆史（こばやし たかし）
◆ 立教池袋中学校・高等学校英語科教諭
◆ 上智大学外国語学部英語学科卒業

第 12 章

津田 ひろみ（つだ ひろみ）
◆ 明治大学国際日本学部、実践女子大学教職課程・生活科学部講師
◆ 立教大学大学院異文化コミュニケーション研究科博士後期課程修了（異文化コミュニケーション学）（Ph.D.）
◆ 主要業績

『学習者の自律をめざす協働学習――中学校英語授業における実践と分析』（ひつじ書房，2013）

「大学授業における協働学習の効果の検証：自律的な学習者の育成を目指して」『明治大学教職課程年報 No.38，別府昭郎先生退職記念号』（明治大学，2016，pp.133-144）

「児童英語教育のめざすべきゴール――親の期待と教師の意識のズレからみえてくる課題」『実践女子大学教職課程年報　第2号』（実践女子大学，2019，pp.37-47）

第 13 章

山野 有紀（やまの ゆき）
◆ 宇都宮大学准教授
◆ 上智大学大学院外国語学研究科言語学博士前期課程修了
◆ 主要業績

「小学校の CLIL 教材例：学校での学び」『CLIL（内容言語統合型学習）――授業と教材――第 3 巻』（上智大学出版，2016，pp.61-66）

「国際理解を深める高学年の題材と活動は？」『Q&A 小学英語指導法事典』（教育出版，2017，pp.87-88）

『学びをつなぐ小学校外国語教育の CLIL 実践』（三修社，2019）

第 14 章

本林 響子（もとばやし きょうこ）

◆ お茶の水女子大学基幹研究院人文科学系助教

◆ トロント大学 オンタリオ教育研究所（Ontario Institute for Studies in Education, University of Toronto）博士課程修了（Ph.D.）

◆ 主要業績

"Autobiographic episodes as languaging: Affective and cognitive changes in an older adult." *Language and Sociocultural Theory 1*(1), 2014, pp.75-99.（Merrill Swain, Sharon Lapkin と共著）

"Language teacher subjectivities in Japan's diaspora strategies: Teaching my language as someone's heritage language." *Multilingua 35*(4), 2016, pp.441-468.

"State management of bilingualism: A comparative analysis of two educational language policies in Japan." *International Journal of Bilingual Education and Bilingualism*, 2018.

第 15 章

森（三品）聡美（もり（みしな）さとみ）

◆ 立教大学異文化コミュニケーション学部教授

◆ カリフォルニア大学ロサンゼルス校（University of California, Los Angeles）大学院博士課程応用言語学プログラム修了（Ph.D.）

◆ 主要業績

"A longitudinal analysis of language choice in bilingual children: The role of parental input and interaction." 2011. *Journal of Pragmatics, 43*(13), pp.3122-3138.

"Cross-linguistic influence at the syntax-pragmatics interface in Japanese-English bilingual first language acquisition." 2015. *Studies in Language Sciences: Journal of the Japanese Society of Language Sciences,* vol 14, pp.59-82. 開拓社.（Kazumi Matsuoka, Yoko Sugioka と共著）

"Cross-linguistic influence in the use of objects in Japanese/English simultaneous bilingual acquisition." 2019. *International Journal of Bilingualism.* https://doi.org/10.1177/1367006919826864

第 16 章

榎本 剛士（えのもと たけし）
- 大阪大学大学院言語文化研究科准教授
- 立教大学大学院異文化コミュニケーション研究科博士後期課程満期退学、博士（異文化コミュニケーション学）
- 主要業績

「英語教科書登場人物とは誰か？──『教育』と『コミュニケーション』のイデオロギー的交点」綾部保志（編）綾部保志・小山亘・榎本剛士（著）『言語人類学から見た英語教育』（ひつじ書房，2009, pp.195-241）

「多層的相互行為としての『ボーナス・クエスチョン』──教室におけるメタ語用的言語使用という視点から」『社会言語科学　第 14 巻第 2 号』（2012, pp.17-30）

「教室における『授業』と『英語』の非自明性から考える『英語教育』の再帰的批判と『ことばの教育』の再興」佐藤慎司・村田晶子（編著）『人類学・社会学的視点からみた過去、現在、未来のことばの教育──言語と言語教育イデオロギー』（三元社，2018, pp.146-169）

第 17 章

綾部 保志（あやべ やすゆき）
＊第 3 章で掲載のため省略

第 18 章

久保田 竜子（くぼた りゅうこ）
- ブリティッシュコロンビア大学教育学部教授
- トロント大学 オンタリオ教育研究所（Ontario Institute for Studies in Education, University of Toronto）博士課程修了（Ph.D.）
- 主要業績

『グローバル社会と言語教育──クリティカルな視点から（久保田竜子著作選 1）』（くろしお出版，2015）

『英語教育と文化・人種・ジェンダー（久保田竜子著作選 2）』（くろしお出版，2015）

『英語教育幻想』（ちくま新書，2018）

_____	**小学校英語への専門的アプローチ** ——ことばの世界を拓く
	2019 年 12 月 21 日　初版発行
編者	綾部保志　あやべ やすゆき
発行者	三浦衛
発行所	春風社　*Shumpusha Publishing Co.,Ltd.* 横浜市西区紅葉ヶ丘 53　横浜市教育会館 3 階 〈電話〉045-261-3168　〈FAX〉045-261-3169 〈振替〉00200-1-37524 http://www.shumpu.com　✉ info@shumpu.com
装丁	矢萩多聞
印刷・製本	シナノ書籍印刷株式会社

　乱丁・落丁本は送料小社負担でお取り替えいたします。
　©Yasuyuki Ayabe. All Rights Reserved. Printed in Japan.
　ISBN 978-4-86110-647-7 C0082 ¥2000E